Claude-Catherine Kiejman

ELEANOR ROOSEVELT

First Lady et rebelle

Tallandier

Éditions Tallandier, 2 rue Rotrou – 75006 Paris
www.tallandier.com

À Denise et Roger, mes parents.

SOMMAIRE

« Quel chemin choisir, telle est la grande question que nous devons poser aujourd'hui. Allons-nous donner prééminence aux questions matérielles, jugeant seulement les résultats à l'aune des succès économiques et laissant de côté toutes les autres valeurs ? L'histoire montre qu'une nation qui accorde la priorité aux questions matérielles se trouve sur la pente descendante… »

E.R., 1927

PRÉAMBULE

Eleanor pousse timidement la porte, hésite et pénètre sur la pointe des pieds dans le grand salon. Vêtue de blanc, un ruban blanc aussi retenant d'épais cheveux couleur de miel, des yeux bleus très clairs mis en valeur par une frange, la petite fille, qui vient juste d'avoir cinq ans, s'arrête net, soucieuse de ne pas déranger.

En cette matinée de l'automne 1889, auréolée d'une lumière dorée dispensée par trois hautes fenêtres donnant sur Madison Avenue, sa mère installée au piano joue une valse de Chopin. Eleanor craint plus que tout de l'interrompre, mais elle veut l'écouter, la contempler sans être vue. Âgée de vingt-cinq ans, Anna est si belle, mais si distante avec elle. Pourtant l'enfant espère toujours un mot, un geste de tendresse, et cet espoir se trouve maintenant accru par l'émotion que lui procure la musique.

Refermant le couvercle de l'instrument, sa mère l'aperçoit : « Tiens, granny, vous étiez là. » Eleanor sursaute, les larmes lui montent aux yeux. Ce sobriquet – « grand-mère » – que lui donne sa mère parce qu'elle la trouve trop sérieuse, trop timide, trop solennelle, lui fait mal.

Eleanor a conscience qu'elle n'est pas l'attrayante petite fille qu'aurait désirée Anna, « une des plus jolies femmes qu'il m'ait été donné de voir », écrit-elle dans ses mémoires[1]. Sa mâchoire est proéminente, son menton fuyant, ses manières trop peu gracieuses. Eleanor sait déjà qu'elle ne sera jamais une « belle ». Plus tard, elle écrira : « Je n'avais pas encore six ans et je devais

1. Première phrase de son autobiographie, *This is my Story*.

être très sensible, j'éprouvais un très fort désir d'affection et de louanges, causé peut-être par le fait que j'étais consciente de mon aspect ordinaire et de mon manque de manières. Ma mère était troublée par mon absence de beauté et je le savais car à cet âge les enfants ressentent ce genre de choses. Elle tentait de toutes ses forces de bien m'élever pour que mon comportement compense mon aspect physique, mais ses efforts me faisaient mieux sentir encore mes insuffisances. » Eleanor, petite fille mal aimée, mal comprise par sa mère, très tôt orpheline – sa mère meurt quand elle a huit ans, son père quand elle en a dix –, fragilisée, mélancolique, en quête de l'amour absolu, se réfugie dans ses rêves. Jamais elle ne surmonta totalement ces blessures et ces pertes[1].

Mais on ne peut la réduire à ce portrait douloureux. Il existe une autre Eleanor forte de ses origines Wasp[2], une patricienne fière de son ascendance et qui recèle l'énergie et la ténacité de ses ancêtres hollandais. Une jeune fille intelligente et cultivée qui épouse à vingt-deux ans, en 1905, un cousin éloigné, Franklin Delano Roosevelt, futur président des États-Unis. Mariage d'amour ? Sans doute, mais pour combien de temps ? Le ciel s'effondre quand elle découvre que Franklin la trompe. De cette nouvelle blessure surgit une nouvelle Eleanor, qui ne sera plus jamais l'épouse soumise de Franklin. Si elle choisit de rester pour lui une partenaire privilégiée, de l'accompagner à travers heurs et malheurs tout au long de sa vie, elle n'en soutient pas moins ses propres combats sur la scène publique, engagée

1. Selon l'aîné de ses petits-fils, Curtis Roosevelt, qui fut très proche de sa grand-mère, « l'enfance austère d'Eleanor ressemblait beaucoup à celle des enfants de son époque. Les rapports entre parents et enfants étaient beaucoup plus distants qu'ils ne le sont aujourd'hui, en particulier dans les classes supérieures, les gouvernantes jouant un rôle essentiel. D'une manière générale, ma grand-mère a tendance, dans ses mémoires, à noircir cette partie de sa vie aussi bien que d'autres épisodes ». (Entretien avec l'auteur, avril 2012. Curtis Roosevelt vit en France, il est l'auteur d'un livre paru en 2008 : *Too Close to the Sun, Growing up in the Shadow of my Grand Parents, Franklin and Eleanor*, Public Affairs US, 2008 – à paraître prochainement en français.)

2. White Anglo-Saxon Protestant.

socialement et politiquement. Dévouée au Président, elle mène aussi sa vie, pense et agit indépendamment de son rôle de First Lady, quitte à transgresser conventions et traditions quand elle les estime surannées ou injustes.

Jamais avant elle ni depuis, l'épouse d'un président américain ne s'est montrée aussi active, n'a connu une telle popularité, exercé une telle influence, aux États-Unis dans son rôle de First Lady qu'elle construisit à sa mesure, comme aux Nations Unies où elle présida à l'élaboration de la Déclaration universelle des droits de l'homme. Certains souhaitèrent même la voir accéder à la magistrature suprême et Hillary Clinton ne cessa de voir en elle un modèle. Mais elle fut aussi la bête noire des conservateurs, considérée comme un danger national, pour sa défense de la communauté afro-américaine et pour ses liens dans les années trente avec des communistes au sein de l'American Young Congress.

Patricienne et progressiste, soumise et autoritaire, idéaliste et naïve, rationnelle et impulsive, timide et audacieuse, puritaine et passionnée, Eleanor apparaît, au cours de ses presque quatre-vingts années de vie, faite de tant de contradictions et de paradoxes qu'elle reste insaisissable. Cinquante ans après sa mort, la question se pose toujours : qui fut au plus profond d'elle-même Ann Eleanor Roosevelt, née Roosevelt ?

Chapitre premier

NÉE ROOSEVELT

Il y a moins de vingt ans que la guerre de Sécession a pris fin, les États-Unis, une fois réalisée la conquête de l'Ouest, s'étendent maintenant de l'Atlantique au Pacifique, et, pour la première fois depuis vingt-huit ans, un démocrate, Grover Cleveland, accède à la magistrature suprême (est-ce un signe prémonitoire ?) lorsque Anne Eleanor Roosevelt – patronyme qu'elle portera de sa naissance à sa mort – voit le jour le 11 octobre 1884 dans le quartier le plus élégant de New York, entre la Cinquième Avenue, Madison et Central Park. Ses parents, Anna née Livingstone Ludlow Hall et Elliott Roosevelt, font partie de cette aristocratie américaine protestante qui s'enorgueillit de ses origines, si bien décrite par Edith Wharton dans *Le Temps de l'innocence.*

Elliott, issue de la branche aînée d'Oyster Bay[1], appartient à la huitième génération des Roosevelt d'Amérique. L'histoire de la famille débute en 1640, l'année où un certain Claes Martenzen débarque de Hollande et s'établit à La Nouvelle-Amsterdam. Ce n'est alors guère plus qu'un comptoir dépendant sur le plan administratif de la Compagnie hollandaise des Indes occidentales, une bourgade fortifiée d'une centaine de foyers à l'extrémité sud de Manhattan. Elle est en plein essor,

1. Les deux petits-fils de Claes Martenzen Van Roosevelt, Johannes et Jacobus, ont fondé les deux branches de la famille Roosevelt, celle d'Oyster Bay à laquelle appartient Eleanor et celle de Hyde Park, la cadette, à laquelle appartient Franklin Delano Roosevelt.

grâce notamment au commerce des fourrures, lorsque les Anglais s'en emparent en 1664, mettant ainsi un terme à la rivalité commerciale et maritime qui les oppose aux Hollandais depuis plusieurs décennies. La Nouvelle-Amsterdam devient New York et Claes adopte le nom de son village natal, Van Roosevelt.

Marchands et négociants, les Roosevelt se multiplient et prospèrent de génération en génération. La quatrième assoit définitivement la fortune familiale grâce aux spéculations immobilières et au commerce du sucre avec les Antilles. Devenus propriétaires d'immenses terrains, les Roosevelt jouent un rôle actif dans la cité. « Isaac le Patriote », né en 1726, contribue à la création de la Chambre de commerce de New York, préside la City Bank, et atteint la notoriété au Congrès de New York, où il prêche l'indépendance en 1776 et participe à l'élaboration de la constitution du nouvel État.

Sautons quelques générations jusqu'à Elliott. Son père, Theodore Roosevelt senior, homme d'affaires avisé, philanthrope et mécène, a contribué à la création du Metropolitan Museum et du musée d'Histoire naturelle ; quant à son frère aîné, Theodore Junior, il devint en 1901 le 26e président des États-Unis. Pour sa part, Anna est encore plus jalousement attachée qu'Elliott à sa généalogie : trois de ses ancêtres n'ont-ils pas signé la Déclaration d'indépendance ? Lorsqu'ils se marient le 2 décembre 1883, « un des plus brillants mariages de la saison », écrit le *New York Times*, Anna a dix-neuf ans, Elliott vingt-trois. Aînée de quatre sœurs, élevée par un père pieux et despotique et une mère effacée devenue précocement veuve, la ravissante Anna aime plus que tout le bal et le beau monde. Elliott, excellent cavalier, grand voyageur – auréolé dès leur première rencontre du prestige d'un récent périple aux Indes où il a chassé le tigre et l'éléphant – et de belle naissance, a tout pour lui plaire : il est riche, beau, élégant, amoureux.

Dans New York en pleine expansion, trois lignes de métro aérien récemment mises en service transportent chaque jour des milliers de New-Yorkais, le pont de Brooklyn vient d'être achevé et les demeures fastueuses des nouvelles fortunes acquises dans les chemins de fer, l'industrie ou la banque – celles des Vanderbilt, des Rockefeller, des Morgan ou des Carnegie – se multiplient au centre de Manhattan. Dans une Amérique qui passe non sans heurts[1] du monde rural au monde industriel, le couple mène, en dépit du ralentissement économique, une vie insouciante et mondaine : dîners en ville, réceptions, bals, fêtes champêtres et voyages en Europe.

Tout n'est pourtant pas si simple. Vécu au départ comme un rêve, le mariage se transforme au cours des années en tragédie. Enfant doué et prometteur, Elliott a souffert à l'âge de quatorze ans de violents maux de tête et de convulsions. Plusieurs hypothèses ont été envisagées : hystérie, épilepsie, tumeur au cerveau, sans qu'aucune ait été finalement retenue. Mais le fait est là : même si sa santé s'est améliorée, il reste fragile, sujet à des dépressions. Incapable de se concentrer, de poursuivre des études ou d'avoir un métier, en dépit de plusieurs tentatives dont celle de jouer un rôle comme son frère Theodore dans le parti républicain, il doit se rendre à l'évidence, sa volonté est aussi faible que ses espoirs sont grands. Privilège pernicieux – beaucoup d'hommes de son temps et de sa classe n'ont guère plus d'activités que lui –, sa fortune et son rang social lui permettent de mener une vie oisive où l'alcool prend de plus en plus d'importance.

À ce père singulier, Eleanor, si blessée par sa mère, voua une véritable passion. « Il fut le grand amour de mon enfance [...] il domina mon existence tant qu'il vécut et fut l'amour de ma vie de longues années après sa mort », écrivit-elle dans le premier tome de ses mémoires.

Elliott, qui n'a pas caché sa joie et sa fierté lors de sa naissance, le lui rend bien. Il la cajole – une photo de 1889 les montre tendrement enlacés –, lui apprend à monter à cheval, l'encourage dans ses goûts et l'appelle petite Nell, du nom de la douce héroïne de Dickens. Il la veut indépendante et instruite.

1. Manifestations ouvrières et grèves, notamment à Chicago en 1886 ; organisation de l'American Federation of Labor, fondée par Samuel Gompers, regroupant un certain nombre de syndicats spécialisés.

Ainsi quelles que soient ses inconséquences liées à l'alcoolisme, comme ce jour où il l'oublie pendant six heures à la porte de son club, Eleanor, en dépit des larmes et des désillusions, ne cessa sa vie durant d'idéaliser son père.

À mesure que le temps passe, le comportement d'Elliott et la dégradation de sa santé par l'alcool affectent de plus en plus ses proches. Peu préparée aux difficultés de la vie et pleine d'illusions sur son mari, Anna n'est guère capable de lui apporter une aide véritable. Par amour ou par défi, elle refuse d'abord d'écouter les conseils du frère et des sœurs de son mari qui l'incitent à éloigner Elliott – Theodore suggéra même un divorce –, et supporte ses incartades et ses fausses promesses. Elle attend, elle résiste. Les voyages ont toujours produit un effet salutaire sur son mari, aussi décident-ils de partir pour un tour d'Europe en emmenant la petite Eleanor, âgée de deux ans et demi. Accompagnés d'une sœur d'Anna et d'une gouvernante, ils embarquent au printemps 1887 sur le *Britannic*, mais le brouillard est tel au moment de quitter le port qu'un steamer heurte leur navire. Il y a des morts et des blessés. Eleanor est terrorisée lorsqu'un marin auquel elle s'accroche désespérément tente de la faire descendre dans un canot de sauvetage où pourtant l'attend son père qui lui tend les bras.

Fermement décidés pour le bien d'Elliott à faire ce voyage, ses parents partent finalement sans elle. Confiée à Corinne, dite Pussie, la plus jeune sœur de son père, la petite fille reste sombre et silencieuse pendant plusieurs jours. Traumatisée par l'accident du *Britannic*, elle resta longtemps habitée par la peur. Peur de la mer : au contraire de Franklin, son futur époux, passionné de navigation, Eleanor n'apprit à nager qu'à plus de quarante ans. Peur aussi d'être séparée des personnes qu'elle aimait, notamment de son père. Peur de manquer d'affection : « J'avais peur. Peur de presque tout : d'une souris, du noir, de dangers imaginaires, de mes propres insuffisances[1]... »

Les effets bienfaisants de ce voyage furent éphémères et la naissance d'un premier fils, Elliott Junior, en 1889, n'arrangea

1. *The Autobiography of Eleanor Roosevelt*, p. 412.

rien. D'autant que cette même année, Elliott, victime d'un terrible accident de cheval, se brisa la cheville. Mal soigné, il ne s'en remit jamais. Pour soulager la douleur, les médecins prescrivent laudanum et morphine, à quoi Elliott ajoute l'alcool. Fugues, liaisons, séjours en clinique, retrouvailles suivies de la naissance en 1891 d'un second petit garçon, Grace Hall – la situation ne fait qu'empirer malgré un nouveau et long périple que la famille fait en Italie et en France.

Anna n'a cessé jusqu'ici d'espérer la guérison de son mari, mais après une tentative de suicide d'Elliott à Innsbruck, ses accès de violence l'effraient tant, alors même qu'ils s'installent à Paris, qu'elle s'en remet à Theodore. Exaspéré depuis longtemps par ce frère qu'il estime être un danger pour sa famille, celui-ci persuade enfin Anna, épuisée, de se séparer de son mari et de rentrer à New York avec les enfants. Elliott est interné plusieurs mois au Château Suresnes, une maison de santé située dans la banlieue parisienne. Lors de son retour aux États-Unis, il obtient le droit de retrouver sa famille à la stricte condition de rester sobre. Mais, en dépit de ses efforts et de ses promesses, Elliott n'y parvient pas. Dorénavant, il a beau prier et supplier, Anna refuse toute rencontre. À un éloignement provisoire succède une séparation définitive.

Pour Anna comme pour Eleanor, l'année 1891 est particulièrement difficile. Anna tente de mener une vie normale. Elle emménage au numéro 56 de la 60e rue Est, reprend ses activités mondaines et charitables, s'occupe de l'éducation d'Eleanor et d'Elliott Junior. En public, elle s'efforce de faire bonne figure, mais elle souffre de violentes migraines qui l'obligent à s'aliter. Eleanor, de son côté, supporte mal l'absence de son père et ne cesse d'attendre la visite qu'il lui promet dans ses nombreuses lettres. Elle sait qu'Anna a besoin d'elle, ce qui les rapproche : « Je dormais dans la chambre de ma mère et je me souviens bien de l'excitation que j'avais à la voir se préparer pour sortir le soir. Elle était si jolie et j'étais reconnaissante d'avoir la permission de toucher sa robe et ses bijoux. » Elle se sent utile lorsqu'elle lui masse le front pour soulager ses maux de tête. Eleanor perçoit toutefois que sa mère est plus proche de ses deux jeunes frères. Déçue, elle la blâme intérieurement pour les souffrances et le malheur de son père. De ce père qu'elle voit si peu.

Le pire est cependant à venir. En 1892, les migraines d'Anna redoublent, elle souffre de problèmes de vue. Une opération des yeux est prévue pour l'automne lorsqu'une violente fièvre la terrasse. Les médecins diagnostiquent une diphtérie. Trop faible pour résister, elle meurt quelques jours plus tard, à l'aube du 7 décembre. Pour éviter la contagion, les enfants ont été éloignés. Eleanor a été confiée à sa marraine, Susie Parish, cousine de sa mère. C'est elle qui lui apprend le décès. Blottie dans l'encadrement d'une fenêtre, la petite fille de huit ans reste muette et ne pleure pas : « Je sentais que quelque chose de terrible venait de se passer mais la mort ne signifiait rien pour moi, écrivit plus tard Eleanor. Un seul fait comptait plus que tout, j'allais revoir mon père. » Elle le retrouve, en effet, ce même jour au domicile familial. Elliot a reçu l'autorisation de sa belle-mère de venir dire un dernier adieu à Anna. Il est là, assis sur une chaise, désespéré, contrit, entièrement vêtu de noir. Mais Eleanor peut se serrer dans ses bras. Elle évoque cet étrange attachement fusionnel : « C'était toujours lui et moi et j'ai senti alors qu'un jour nous aurions une vie ensemble[1]. »

La réalité est autre. Après l'enterrement de sa mère à Tivoli, dans le village où la famille Hall possède sa résidence d'été, Eleanor et ses deux jeunes frères sont recueillis, selon le vœu d'Anna, par leur grand-mère maternelle. Veuve depuis plusieurs années, plus jeune que ne le laisse penser son apparence austère, Mme Ludlow Hall estime qu'elle a raté l'éducation de ses enfants, dont quatre d'entre eux, deux filles et deux fils, déjà adultes et seulement soucieux de se divertir, vivent encore auprès d'elle. Aussi se montre-t-elle d'autant plus stricte, plus exigeante avec ses petits-enfants. Elle sait pourtant leur manifester son affection, et Eleanor trouve là, aussi bien l'hiver dans la sombre demeure de New York que pendant les mois d'été à Oak Terrace – la demeure campagnarde de Tivoli –, une cer-

1. *This is my Story.*

taine stabilité, une discipline nécessaire et quelque divertissement auprès de ses jeunes tantes qu'elle aime profondément. Edith dite Pussy, sa préférée, lui donne le goût de la poésie et de la musique, l'associe à ses fantaisies, en fait la complice de ses amours et l'emmène admirer la Duse qui se produit pour la première fois à New York. Il lui arrive aussi de rencontrer par hasard son père, par exemple le jour où, à sa grande frayeur, son cheval se met à dépasser au triple galop tous les coupés dans une allée de Central Park. Mais rien ne peut lui faire plus plaisir que le poney qu'il lui offre pour son neuvième anniversaire.

La petite fille reste toutefois une enfant solitaire, timide, introvertie, qui aime avant tout se réfugier dans ses songes : « Chacun essayait de me parler, mais je souhaitais rester seule pour vivre dans un rêve dont j'étais l'héroïne et mon père le héros. Je me retirais dans ce monde dès que j'allais me coucher ou quand je me réveillais le matin, ou encore quand quelqu'un m'ennuyait. » Cet univers qu'elle fantasme à sa guise, l'aide à affronter de nouveaux drames. Un an après la mort d'Anna, son petit frère Elliott, âgé de quatre ans, disparaît, victime d'une scarlatine compliquée de diphtérie. Eleanor qui croit en Dieu se console en pensant qu'il a rejoint sa mère parmi les anges. L'année suivante, en 1894, survient le décès de ce père adoré. Elle ne l'a pas vu depuis plusieurs mois, mais père et fille n'ont cessé de s'écrire. Dans des lettres pleines de tendresse, Elliott encourage sa fille à la sagesse et à l'étude. Le 13 août 1894, il lui apprend qu'il est malade. Ce sera son dernier message. Elliott meurt le jour suivant à New York chez une de ses maîtresses, Mme Evans, après une terrible crise d'éthylisme.

Lorsque ses tantes lui annoncent cet événement, Eleanor refuse d'y croire, d'autant qu'elle n'est pas autorisée à assister aux funérailles qui, selon la décision de Theodore, n'ont pas lieu à Tivoli auprès de sa femme, mais à Greenwood, lieu de villégiature des Roosevelt. Comment, alors, se résoudre à l'évidence, à la disparition de ce père presque toujours absent, attendu avec tant d'impatience, aimé avec tant de ferveur ? Comment à dix ans accepter l'idée d'être orpheline ? La petite fille, plus silencieuse que jamais, s'enferme dans l'imaginaire : son père reviendra un jour d'un long voyage après avoir accompli des faits héroïques. La vie enfin les réunira. Dans son premier livre de souvenirs : *This is my Story*, Eleanor, qui n'exprime ses sentiments intimes qu'avec retenue, évoque ces circonstances en deux lignes : « Mon esprit accepta la mort de mon père, toutefois je me mis à vivre dans mon cœur encore plus intensément avec lui que lorsqu'il était vivant. »

Sa tendance à fuir la réalité aide Eleanor à traverser la difficile période de l'adolescence. Son physique n'est pas celui d'une future beauté. Trop grande pour son âge, fluette et voûtée – elle porte un corset de fer pendant un an –, elle est bien peu élégante dans les vêtements démodés que lui impose sa grand-mère. Elle ne montre pas non plus l'insouciance et la gaieté de ses quelques compagnes, notamment sa belle et moqueuse cousine Alice, fille de l'oncle Theodore – une vraie princesse ! Les fillettes ont le même âge, mais des caractères aussi opposés que possible, comme Alice s'en souviendra plus tard : « Alors qu'elle répondait à son insécurité en se montrant bonne et vertueuse, moi, je me montrais turbulente, prête à tout pour me mettre en valeur… Elle faisait toujours un effort énorme pour correspondre à ce qu'elle pensait qu'on attendait d'elle… Je peux encore voir ses larges yeux bleus fixés sur vous, s'inquiétant pour chacun et cherchant à vous faire savoir que vous aviez en elle une amie[1]… » Soixante ans plus tard, revenant elle aussi sur cette période, Eleanor écrivit : « La seule chose dont j'avais besoin était d'être approuvée, d'être aimée, et je faisais tout ce qu'on exigeait de moi, espérant seulement être approuvée et aimée autant que je le souhaitais[2]. »

C'est certain, Eleanor est différente. Encouragée par l'exigence de sa grand-mère et toujours inspirée par son père, elle trouve refuge dans l'étude, apprend le français, lit beaucoup de romans – Charles Dickens, Walter Scott, William Thackeray – et apprécie la poésie. Elle montre d'ailleurs un certain don

1. Hazel Rowley, *Franklin and Eleanor, an Extraordinary Marriage*.
2. *The Autobiography of Eleanor Roosevelt*.

pour l'écriture. Sensible à la beauté et aux mystères de la nature découverts pendant ses séjours à Tivoli, elle rédige de petits contes où elle fait parler les fleurs et les papillons en leur imaginant des aventures extraordinaires.

Elle ne se contente pas d'inventer des histoires. À quatorze ans, Eleanor a appris à réfléchir, à se former des opinions personnelles qui peuvent surprendre de la part d'une jeune fille si peu sûre de ses compétences. « Les peintres, s'interroge-t-elle, auraient-ils peint ces merveilleux portraits et les écrivains ces chefs-d'œuvre s'ils n'avaient été portés par l'ambition ? » Elle-même rêve de devenir chanteuse, là encore pour être aimée, admirée. « Certains considèrent l'ambition comme un péché, mais il me semble que c'est un grand bien car elle mène les hommes à accomplir des choses qui sans elle n'auraient jamais existé. » Sur l'amitié, elle remarque : « La loyauté est une des rares vertus dont les femmes manquent le plus. C'est pourquoi il y a si peu de réelle amitié entre les femmes, celle-ci ne pouvant exister sans la loyauté… » Sans doute la compagnie de petites filles inconstantes et frivoles qu'elle fréquente alors l'incite-t-elle à parler ainsi. Vingt-cinq ans plus tard, c'est avec des femmes, des féministes, qu'elle vivra ses plus fidèles attachements.

À quinze ans, sans être belle, Eleanor n'est pourtant pas dénuée de charme, d'intelligence et de caractère. Quoique durablement et profondément marquée par les abandons et les morts, elle est entourée d'attentions – à l'exception de la très acariâtre nurse Madeleine. Rien d'ailleurs ne lui manque pour qu'elle devienne un jour une jeune fille accomplie : gouvernantes, répétiteurs, leçons de danse, de maintien, de musique, d'équitation. Grand-mère Hall a fait de son mieux. D'ailleurs, il est temps pour Eleanor, en cette dernière année du XIXe siècle où le monde est dominé par l'Europe, de quitter la sombre demeure de Tivoli et d'aller, selon le souhait de sa mère, parfaire ses études outre-Atlantique. Le lieu est choisi : ce sera Allenswood, près de Londres, une *finishing-school* dirigée par une Française, Mlle Souvestre, où a déjà étudié une de ses tantes.

Chapitre II

DÉPART POUR L'EUROPE : ALLENSWOOD

Une photo prise peu avant son départ montre une adolescente sérieuse. En blouse blanche à petits plis, ses cheveux retenus sur la nuque par un catogan, le regard doux et profond, elle serre contre elle Hall, son jeune frère âgé de dix ans, coiffé à la page et vêtu d'un costume marin. De ce cadet dont elle se sentira responsable toute sa vie, Eleanor écrivit : « Mon frère était pour moi comme un enfant. » Le geste est protecteur, l'expression grave. Craint-elle qu'il n'ait hérité des faiblesses de leur père et devienne lui aussi alcoolique ?

Accompagnée de la sœur aînée de sa mère, tante Tissie (Elisabeth Livingstone Hall) – qui vit à Londres depuis son mariage avec Stanley Mortimer, peintre portraitiste et collectionneur –, Eleanor, à la fois excitée et inquiète de se séparer des siens, s'embarque pour l'Europe, au début de l'automne 1899.

Elle quitte une Amérique en pleine transformation, bondissant de toute sa vigueur dans le nouveau siècle. Les pères fondateurs – en particulier George Washington et Thomas Jefferson –, soucieux avant tout de la construction de la nation, ont choisi de prendre leurs distances avec l'Europe. Suivant la doctrine de Monroe[1], « L'Amérique aux Américains », l'isola-

1. Déclaration du président James Monroe au mois de décembre 1923 : le continent américain se veut libre et indépendant, et n'a pas vocation à être colonisé par les puissances européennes. Toute intervention de ce type serait considérée comme hostile par les États-Unis. Ceux-ci s'engagent à respecter les colonies européennes existantes.

tionnisme est devenu la règle d'or des États-Unis en matière de politique étrangère. Ce qui ne les a pas empêchés, lorsque leurs intérêts étaient en jeu, d'adopter parfois un rôle de médiateur, notamment en Amérique latine et même en Asie. Assurés maintenant de leur sécurité territoriale de l'Atlantique au Pacifique, et devenus depuis 1894 la première puissance industrielle du monde, ils affirment une nouvelle ambition : l'ascension vers la puissance mondiale à partir de leurs zones d'influence économique et politique. L'année précédant le départ d'Eleanor, les États-Unis ont annexé les îles Hawaii et déclaré la guerre à l'Espagne pour libérer Cuba de son emprise. Victorieux, ils annexent aussi Porto Rico, Guam et les Philippines.

Allenswood n'est pas une école comme les autres. On est loin du conformisme victorien. Fréquentée par des jeunes filles issues d'une élite libérale, plus bourgeoise qu'aristocratique, et venues d'Europe, des Amériques ou d'Orient, elle dispense une éducation qui s'appuie sur l'exigence intellectuelle et l'indépendance d'esprit imposées par la directrice Marie Souvestre. Fille du romancier et philosophe français Henri Souvestre, Marie a hérité de lui ses idées progressistes en matière de culture et de politique. Proche du groupe de Bloomsbury, elle est comme Virginia Woolf une féministe avant la lettre, et ses inclinations la portent à préférer les femmes aux hommes. Très jeune, dans les années 1860, elle a créé une première école près de Fontainebleau, Les Ruches. Mais un scandale – une de ses élèves avec qui elle entretenenait une relation amoureuse, se voyant délaissée, a tenté de se suicider[1] – l'a contrainte à fermer l'école avant de s'exiler quelques années plus tard en Angleterre.

Mlle Souvestre a près de soixante-dix ans quand Eleanor arrive dans son établissement. Elle est encore solide, la force et l'autorité qui se dégagent de toute sa personne frappent la jeune Américaine, qui la trouve belle. Le front est haut sous

1. Un roman, *Olivia,* de Dorothy Bussy (Strachey), sœur de l'écrivain Lytton Strachey, publié en 1949 et qui connut un assez grand succès, s'inspire du personnage de Marie Souvestre et de cet épisode.

les cheveux blancs retenus en chignon, les traits énergiques, la bouche mince et volontaire, le regard pénétrant : « ses yeux vous transperçaient, elle semblait en savoir beaucoup plus que vous ne lui en disiez[1] ». Séductrice, autoritaire et ironique, elle intimide nombre de ses pensionnaires, celles qu'elle juge trop passives, trop conformistes. Tel n'est pas le cas d'Eleanor. Au contraire, celle-ci devient une de ses meilleurs élèves et compte parmi ses favorites, sans qu'il existe la moindre ambiguïté dans leur relation. Marie Souvestre a pour Eleanor une affection quasi maternelle ; quant à la jeune fille, encore peu avertie, elle ignore tout des amours saphiques. Avec Marie Souvestre, elle se sent en confiance.

À Allenswood, l'enseignement est surtout littéraire et historique, peu de place est accordée aux sciences. Les élèves ont l'obligation de s'exprimer en français, chose facile pour Eleanor qui le parle depuis son enfance. L'allemand, l'italien, l'histoire de l'Angleterre et le latin, ainsi qu'un peu d'algèbre font aussi partie du programme. Eleanor s'avoue peu douée pour les arts : « Je me débattais avec le piano… Je ne pouvais pas dessiner et encore moins peindre, j'enviais toutes les comédiennes, mais j'étais incapable de jouer. » Elle qui n'est pas non plus très sportive remporte pourtant un jour, à sa grande stupéfaction et pour sa plus grande fierté – elle souligne l'événement dans ses mémoires –, un championnat de hockey !

Mlle Souvestre enseigne dans la bibliothèque décorée de sculptures de Rodin et de tableaux dont quelques nus de Puvis de Chavannes. Elle encourage ses élèves à penser par elles-mêmes, à discuter. Ne jamais manquer, dit-elle, une occasion d'en savoir plus. Eleanor semble avoir su profiter largement de ses conseils. Elle lit avec passion Shakespeare, dont elle dit dans un devoir : « Ce n'est pas un homme, mais un continent », de même que Dante et Racine dans le texte.

Quelques élèves, dont la jeune Américaine, bénéficient d'un traitement de faveur : être conviées après le dîner dans le bureau de Mlle Sevestre pour écouter dire des poèmes. La

1. *The Autobiography of Eleanor Roosevelt.*

directrice en personne excelle dans la lecture d'Andromaque ; sa voix à la fois claire et profonde, son émotion font palpiter le cœur des adolescentes. La politique trouve aussi sa place. Mlle Souvestre, dreyfusarde, condamne l'antisémitisme et ne cache pas ses sympathies pour les Boers dans leur lutte contre les Britanniques. Tant pis si elle heurte parfois les convictions de son auditoire composé en bonne part de jeunes Anglaises, mais elle s'est donné une règle : défendre les plus faibles.

Bien que l'oncle Theodore, ancien secrétaire d'État à la Marine et héros de la guerre hispano-américaine en 1898, soit un des hommes les plus en vue de Washington, Eleanor, en arrivant à Allenswood, est étrangère à la politique. Dans l'Amérique fin de siècle et plus encore dans le milieu traditionnel où elle a grandi, les affaires publiques sont du domaine exclusif des hommes. Ainsi, pour la première fois de sa vie se trouve-t-elle en contact avec une femme qui ne craint pas d'afficher ses opinions et même de s'engager pour une cause. Séduite par son audace et sa liberté de ton, Eleanor, naturellement sensible aux malheurs d'autrui, prend peu à peu conscience des réalités sociales. Jamais elle ne manqua de reconnaître l'influence de la directrice d'Allenswood sur elle, à une seule exception : la question religieuse. Marie Souvestre est athée et ne s'en cache pas : seuls, dit-elle, les faibles ont besoin de Dieu. Élevée dans une famille où la religion protestante est omniprésente et trouvant elle-même quelque consolation dans la prière, Eleanor ne doute ni de Son existence ni de Ses bienfaits.

Si l'autorité intellectuelle qu'exerce Marie Souvestre sur Eleanor est profitable à la jeune fille, l'affection qu'elle lui porte et la confiance qu'elle lui manifeste le sont encore davantage. Pour la première fois, hormis son père, quelqu'un l'accepte telle qu'elle est, lui reconnaît autant de qualités de cœur que d'intelligence, et l'encourage à s'affirmer de plus en plus elle-même. Eleanor prend de l'assurance. À dix-sept ans, elle n'est plus l'orpheline sans grâce et puritaine que déplore trop souvent son entourage familial, mais une jeune fille qui s'épanouit, très aimée de ses camarades dont certaines resteront des amies de toute une vie. Un an après son entrée à l'école, Mlle Souvestre écrit à sa grand-mère : « En tant qu'élève, elle donne toute satisfaction, mais ceci est de peu d'importance à côté de la pureté de son âme[1]… » Une de ses jeunes cousines, Corinne, accueillie aussi à Allenswood, note pour sa part : « À mon arrivée, je constatai qu'elle était aimée de tous. »

La confiance et l'amitié sont telles entre l'élève et son mentor que Mlle Souvestre propose à Eleanor, après avoir reçu l'assentiment de sa grand-mère, de l'accompagner en voyage pendant les vacances – Paris à Noël 1901 ; Marseille, Pise et Florence à Pâques de la même année ; Rome en 1902. Pour Eleanor, ces voyages n'ont rien de commun avec ceux qu'elle a pu connaître enfant en compagnie de ses parents. Tout est nouveau, imprévu avec Mlle Souvestre, qui n'hésite pas, par exemple, à changer d'itinéraire au dernier moment. Eleanor s'émerveille de sa vitalité, s'enchante de plaisirs nouveaux : rencontres avec les amis de la directrice, artistes pour la plupart, dont elles sont parfois les hôtes, surprises culinaires, comme la bouillabaisse dégustée à Marseille face à la mer et ce petit vin rouge de pays, découverte des gaietés de la rue italienne. À Florence où elle admire *Le Printemps* de Botticelli et les médaillons de Luca Della Robia, Eleanor fait l'apprentissage d'une liberté inconnue, celle de marcher seule dans la rue, sans chaperon. « Je suis fatiguée, lui dit Mlle Sevestre. Prenez ce Baedeker, et allez découvrir la ville à votre guise, après nous discuterons. » Commentant quarante ans plus tard dans *This is my Story* la confiance de Mlle Souvestre, la présidente, marquée à jamais par le regard critique de sa mère, formule cette hypothèse : « En me laissant libre d'aller seule, elle avait peut-être réalisé que je n'avais pas la beauté qui plaît aux hommes étrangers, et que je n'avais pas à craindre leurs avances. » Elle reconnaît pleinement l'effet de cette expérience : « Je ne serai plus jamais la rigide petite personne que j'ai été jusqu'ici. »

Très grande, longiligne, la taille fine, une masse de cheveux blond de miel, des yeux bleus d'une extrême douceur qui font oublier la mâchoire proéminente et l'absence de menton, Eleanor

1. Joseph Lash, *Eleanor and Franklin*, p. 74.

qui va avoir dix-huit ans en octobre 1902 ne manque ni de charme ni d'élégance. Les trois années passées à Allenswood ont été les plus heureuses de sa vie. Ne pourrait-elle pas y rester une quatrième ? Hélas, sa grand-mère la réclame : il est temps qu'elle fasse son entrée dans le monde, c'est la règle. Respectueuse de la volonté de Mme Hall qu'elle affectionne, elle ne songe pas à s'y dérober, même si elle ne se sent aucun goût pour les frivolités de la vie mondaine.

La séparation d'avec Marie Souvestre, « une des personnes auxquelles je tiens le plus au monde[1] », est douloureuse. Peine partagée que seule la promesse de se revoir apaise. En attendant, elles s'écrivent de longues lettres. Celles d'Eleanor ont disparu après la mort de la directrice. Restent celles de Marie Souvestre, pleines de tendresse et d'attention pour la *dear girl*. Elle s'inquiète autant de sa santé que de ses désirs et, lui souhaitant tout le bonheur possible, la met en garde contre les vanités de son milieu et les tentations qu'elle pourrait rencontrer. Le jour de son mariage, le 17 mars 1905, Eleanor reçoit un télégramme, qui contient un seul mot chargé de tous les souhaits : « Bonheur ». Elles ne se reverront plus. Marie Souvestre, atteinte d'un cancer, meurt deux jours plus tard. Au cours de l'été, pendant son voyage de noces, Eleanor se rend à Allenswood. La maison, le parc n'ont pas changé, mais, privé de Marie Souvestre, le lieu lui apparaît sans âme.

Eleanor conserva toute sa vie le portrait de Marie sur son bureau. Quant à ses lettres, elle les rangea à côté de celles de son père.

1. *This is my Story.*

Chapitre III

LE RETOUR : FRANKLIN

Quand en été 1902 elle débarque à New York après trois ans passés à l'étranger, Eleanor a changé, évolué, acquis de l'assurance et de la maturité, enrichi ses connaissances et sa vision du monde. L'Amérique qu'elle retrouve est en plein essor. Éclipsé, le XIXe siècle, dont les dernières années, après vingt ans de stagnation, ont été marquées par une croissance économique sans exemple. La modernité s'affirme et avec elle la richesse et la puissance nationale et internationale des États-Unis que symbolise la construction des gratte-ciel, « cette forêt d'écorcheurs de nuages », selon les mots de Le Corbusier. Avec le XXe siècle naissant le gaz remplace les chaudières à charbon, le téléphone, l'électricité se développent, les voitures succèdent aux fiacres, chacun s'attache à la prophétie de Theodore Roosevelt : « Ce siècle sera américain et de ce fait sera meilleur. » Est-ce à dire qu'il sera plus juste pour les pauvres, les chômeurs, les émigrants arrivés en masse[1] ?

L'assassinat le 6 septembre 1901 de William McKinley par un anarchiste d'origine polonaise, Leon Czolgosz, a fait du vice-président Theodore Roosevelt, oncle paternel d'Eleanor,

1. Jean-Baptiste Duroselle. *De Wilson à Roosevelt, la politique extérieure des États-Unis, 1913-1945.* À l'émigration majoritairement allemande (35 %), britannique et irlandaise (38 % ensemble), a succédé depuis 1881 celle des Italiens. De 1820 à 1912, plus de 26 millions d'immigrants sont entrés aux USA. Dans la seule première décennie du XXe siècle, le chiffre atteint près de 9 millions.

le nouveau président des États-Unis. Avec lui, le pouvoir fédéral va se renforcer et le pays connaître une époque de réformes économiques sans précédent. L'homme a fait carrière au sein du parti républicain mais, à la différence de nombre de ses prédécesseurs qui ont représenté la machine du parti, Theodore Roosevelt n'est pas lié aux milieux d'affaires et n'a rien de l'homme politique conventionnel. Dans sa jeunesse, après la mort de sa mère et de sa première femme en 1885, il a tenté une expérience de fermier (*ranching*) dans le Dakota d'où il a rapporté plusieurs ouvrages à succès sur l'Ouest[1]. En 1899, il a abandonné son poste de secrétaire à la Marine pour prendre la tête d'un régiment d'infanterie, celui des Rough Riders, lors de la guerre de Cuba menée par les États-Unis contre l'Espagne, et s'est rendu célèbre pour sa vaillance. Parvenu au pouvoir, Theodore Roosevelt, qualifié de progressiste selon la terminologie de l'époque, fait de la lutte contre les trusts dont la puissance menace le gouvernement (en 1904, 318 trusts contrôlent environ les deux tiers du capital industriel du pays) un des points essentiels de sa politique économique.

En matière de politique extérieure, disciple de l'amiral Alfred Mahan – le véritable doctrinaire de l'impérialisme américain qui a démontré l'importance de la flotte et le besoin de bases navales dans un livre publié en 1890, *The Influence of Sea Power upon History* –, Theodore Roosevelt met en pratique ses préceptes et la flotte américaine passe du sixième rang en 1890 au deuxième en 1907[2]. Plus faucon que colombe, il forge la célèbre formule qui illustre sa vision du destin national : « Parlez doucement et tenez un gros bâton : vous irez loin. »

Lorsqu'il quitte le pouvoir à la fin de son second mandat en 1909, la popularité de Theodore Roosevelt est à son zénith. Sa manière pragmatique de gouverner et de prendre en charge les changements nécessaire inspira plus tard nombre de ses suc-

1. Claude Fohlen, *Les États-Unis au XXe siècle*, p. 40.

2. Jean-Baptiste Duroselle, *De Wilson à Roosevelt, la politique extérieure des États-Unis, 1913-1945*, p. 17.

cesseurs, dont un certain Franklin Delano Roosevelt. Mais n'anticipons pas.

Quel que soit le lien qui l'unit à ce président qui n'est autre que le frère de son père, c'est au sein de sa famille maternelle où elle a grandi qu'Eleanor retrouve le quotidien américain. En attendant de faire son entrée dans le monde, elle passe le premier été de son retour à Tivoli, une austère bâtisse construite au milieu des bois sur la rive ouest de la rivière Hudson, résidence privilégiée de sa grand-mère, Mme Hall. Elle y retrouve une de ses tantes maintenant mariée à un joueur de polo et ses jeunes oncles Ellie et Vallie, plus oisifs et dissipés que jamais. Les deux frères sont non seulement alcooliques mais querelleurs, en particulier Vallie qui dans un moment d'excitation s'amuse, de sa fenêtre, à tirer au fusil sur des invités. Il n'est pas impossible non plus qu'un jour de beuverie il ait tenté de forcer la porte de la chambre de sa nièce. Après son séjour européen, le choc est rude pour Eleanor à qui tout cela ne peut que rappeler de douloureux souvenirs : « C'était mon premier contact avec quelqu'un qui avait complètement perdu le contrôle de ses actes, et je pense que cela a contribué à développer une idée exagérée de la nécessité de juguler ses propres désirs. » Et de poursuivre : « J'avais été une petite fille solennelle, mes années en Angleterre m'avaient donné un premier goût de liberté et d'irresponsabilité, mais mon retour aux États-Unis accentua presque immédiatement l'aspect sérieux de la vie et ce premier été ne fut pas une très bonne préparation pour être une joyeuse débutante[1]. »

Plutôt récalcitrante aux obligations qui l'attendent lorsqu'elle revient à New York au début de l'automne, elle est bientôt reprise par les règles du jeu de la société patricienne à laquelle elle appartient. Eleanor s'y conforme moins par goût que par devoir. Toutes ces mondanités en effet, tous ces bals qui ponctuent la saison – son nom est sur toutes les listes d'invitations – lui semblent vains. Elle le reconnaît dans ses mémoires, la frivolité ne l'attire pas. Toujours convaincue aussi

1. *The Autobiography* ; Blanche Wiesen Cook, *Eleanor Roosevelt.*

de ne pas correspondre aux canons esthétiques en vigueur – ce que ne dément pas son entourage familial –, elle craint de « faire tapisserie ». Aussi préfère-t-elle la compagnie de quelques intimes, contemporains de sa mère et de ses tantes. Elle se lie entre autres avec Bob Ferguson, familier des milieux artistiques de Greenwich Village, et l'accompagne chez Bay Emmet, une flamboyante rousse qui expose ses toiles dans la galerie new-yorkaise de Durand-Ruel. Bob Ferguson épousa quelques années plus tard Elisabeth, une des plus proches amies d'Eleanor.

Eleanor n'en est pas moins présente, avec tous les Roosevelt, note le *New York Herald*, au Madison Square Garden lors du Great House Show qui ouvre la saison 1902-1903. Elle a commandé une robe à Paris chez les sœurs Callot pour assister aussi le 11 décembre au bal de l'hôtel Waldorf, le plus sélect de l'année – selon elle, une « véritable agonie ». Pourtant elle n'est pas aussi dédaignée qu'elle le craint ou qu'elle le dit. Parmi les jeunes gens qui apprécient son charme et sa conversation, un beau garçon de vingt ans se distingue par sa haute taille, son regard bleu lumineux et un magnifique sourire. C'est un lointain cousin, Franklin Delano Roosevelt, descendant de la branche cadette des Roosevelt, celle de Hyde Park. Elle l'a rencontré une ou deux fois dans son enfance lors de fêtes familiales et l'a retrouvé par hasard dans un train une quinzaine de jours auparavant, accompagné de sa mère, l'impérieuse Sara Delano Roosevelt[1]. Veuve depuis peu, elle a impressionné la jeune fille sous ses voiles de deuil.

Charmant et charmeur, jamais à court de plaisanteries, comment Franklin peut-il s'intéresser à elle, si sérieuse, si puritaine, se demande Eleanor : « J'avais un incroyable sens du devoir

1. Descendante d'une famille franco-luxembourgeoise, Sara née Delano appartient au même monde que les Roosevelt. Belle, snob et cultivée, ayant vécu quelques années en Chine où son père faisait le commerce de l'opium, elle a épousé à vingt-six ans James Roosevelt, un veuf de cinquante-deux ans, déjà père de nombreux enfants et gentleman farmer de son état. Vivant avec sa famille la plupart du temps dans sa propriété de Hyde Park, James Roosevelt meurt en 1900, alors que son fils Franklin n'a que dix-neuf ans.

[...] il y avait le bon et le mauvais et les nuances n'existaient pas. » Ce sérieux n'est-il pas justement ce qui plaît à Franklin, de même que l'intelligence et les qualités de cœur de la jeune fille qu'il juge peu ordinaire ? Gore Vidal donne son avis : « Pour un jeune homme qui avait pris conscience qu'il atteindrait les sommets, elle était une parfaite partenaire [...] mais qu'elles qu'aient pu être les vertus d'Eleanor, il l'a choisie aussi parce qu'elle était la nièce de Theodore Roosevelt[1]. »

Leurs rencontres se multiplient tout au long de l'année 1903. Mais les sorties seuls ne sont pas autorisées. Soumise aux lois de la bienséance, Eleanor trouve normal de refuser à Franklin un déjeuner en tête à tête au restaurant. Le jeune homme ne se décourage pas. Dans le journal qu'il écrit pendant cette période, les allusions à la jeune fille se multiplient et se résument simplement : « E. est un ange. » Les liens familiaux et relationnels – le père d'Eleanor a été le parrain de Franklin – rapprochent les deux jeunes gens, mais moins peut-être que le goût des livres comme celui des voyages, et leur complicité à lire ensemble de la poésie.

À la différence de celle d'Eleanor, l'enfance de Franklin a été heureuse et protégée. Sa mère l'adore, son père, déjà vieillissant, l'entoure d'attentions et l'initie aux sports de plein air dans la vaste propriété familiale de Hyde Park, Spring Wood, située sur la rive est de l'Hudson, au nord de l'État de New York. Dans cet environnement champêtre où les fermes restent nombreuses et dont les vieilles valeurs rurales lui sont chères, le jeune garçon prend vite conscience de faire partie d'une élite aristocratique dont les origines plongent dans le passé américain. Au contraire des Vanderbilt, les richissimes rois des chemins de fer qui viennent de faire construire dans le très proche voisinage une somptueuse résidence à portiques et colonnades dans le style néo-classique anglais, l'ostentation n'est pas de mise chez les Delano Roosevelt.

À Hyde Park, Franklin bénéficie donc d'une éducation soignée. Grâce à une préceptrice suisse, il apprend le français et

1. Gore Vidal, « Eleanor », *The New York Review of Books*, 18 novembre 1971.

l'allemand, deux langues qu'il pratique lors des fréquents voyages en Europe où il accompagne ses parents. Rien de très contraignant pour le jeune homme qui se plaît à parcourir forêts et plaines, où régnaient encore moins d'un siècle auparavant des tribus indiennes. Il se consacre à la chasse, à l'ornithologie – à New York, le musée américain d'Histoire naturelle est son excursion favorite –, il se passionne pour la navigation et passe de longues heures à enrichir sa collection de timbres. Souffre-t-il un peu de solitude ? Plutôt, à mesure qu'il grandit, de l'attention constante et de l'autorité maternelles : « Je suis malheureux », avoue-t-il un jour. Sara Delano lui demande ce qui lui manque : « La liberté. » Elle s'engage aussitôt à ne plus lui imposer aucune règle[1].

À quatorze ans, Franklin entre à Groton, un collège situé dans le Massachusetts à cinquante kilomètres de Boston, qui prépare à l'enseignement universitaire. Pépinière des élites américaines, il est dirigé par un pasteur de l'Église épiscopale, le révérend Endicott Peabody, qui a passé sa jeunesse en Angleterre. Admirateur du système des écoles privées et de la pratique anglicane, il met toute son âme à inculquer à ses élèves l'idée de service : servir Dieu, l'Église, ses semblables, son pays. En un mot, œuvrer pour le bien commun. Ce bien commun sera plus tard au centre du projet rooseveltien, d'ailleurs souvent contrecarré par ses anciens condisciples de Groton devenus pour la plupart banquiers ou hommes d'affaires[2].

Franklin est tout sauf brillant. Ses résultats sont bons en français et en allemand, médiocres en anglais, faibles en grec, moyens sans plus en sciences et en économie. Avec beaucoup d'efforts il obtient une place dans l'équipe de football. En revanche, il participe activement aux débats que l'école organise, proteste en 1898 contre l'occupation coloniale de Cuba par les Espagnols et commence à s'intéresser à la politique.

Comme son père, il entre à Harvard et suit son exemple en choisissant d'étudier le droit. L'enseignement le passionne peu,

1. André Kaspi, *Franklin Roosevelt*.
2. *Ibid.*, p. 60.

l'abstraction le rebute, tout ce qui n'a pas d'application immédiate et directe lui paraît inutile. Les cours, dit-il au camarade avec lequel il partage un appartement dans l'une des plus belles résidences du campus, sont « comme une lampe électrique qui n'a pas de fil. L'ampoule est utile pour avoir de la lumière, mais elle ne sert à rien si on ne peut pas l'allumer[1] ». Il consacre une bonne part de son énergie à la rédaction et la publication du *Crimson*, le journal des étudiants de Harvard dont il devient le rédacteur en chef en 1904. Il pose sa candidature au Porcellian, un club d'étudiants très fermé où on n'est admis qu'après avoir été élu par les membres. Son père et son cousin Theodore Roosevelt y ont siégé, mais Franklin n'en sera pas. Pour quelle raison ? L'histoire ne le dit pas. Il en est profondément affecté. Quinze ans plus tard il parlait encore de cet échec comme de « la plus grande déception de ma vie[2] ».

Deux événements d'importance sont survenus entre-temps : la mort de son père au mois de décembre 1900, et l'installation à la Maison Blanche de son cousin Theodore qu'il a soutenu à la vice-présidence républicaine, contrairement aux traditions démocrates des Roosevelt de Hyde Park. Ce choix politique rapproche encore Franklin d'Eleanor, la nièce préférée du Président, et le 31 décembre 1903 ils sont invités ensemble à fêter la soirée du nouvel an à Washington.

Les mondanités obligées n'empêchent pas Eleanor de se rappeler les recommandations de Marie Souvestre. Consciente de l'extrême misère dans laquelle vit la population des bas-fonds new-yorkais, elle compte parmi les premiers membres de la New York Junior League, une organisation charitable qui œuvre pour l'intégration et l'amélioration de la vie des immigrants qui arrivent par centaines de milliers chaque année. Bénévole, elle visite des ateliers où des femmes travaillent quatorze heures par jour, enseigne l'anglais aux enfants des nouveaux arrivants dans le quartier de Rivingstone, non loin de la Bowery, tout en bas de la ville. Obligée de traverser tard le soir

1. André Kaspi, *Franklin Roosevelt*.
2. Geoffrey Ward, *Before the Trumpet, Young Franklin Roosevelt, 1882-1905*.

pour revenir chez elle ces rues malfamées et peuplées de taudis, où les rixes entre hommes ivres sont fréquentes, Eleanor s'avoue parfois prise de terreur. Mais le travail accompli avec les enfants, à qui elle apprend à lire, à chanter et même à danser, lui procure le sentiment de faire pour la première fois de sa vie quelque chose de valable. Franklin qui l'accompagne de temps en temps est impressionné par ce qu'il découvre : « Il ne pouvait pas croire que des êtres humains puissent vivre ainsi », note Eleanor dans ses mémoires. Le futur inventeur du New Deal prend conscience, pour la première fois, de l'injustice sociale.

Les deux jeunes gens se rapprochent chaque jour davantage, mais des sentiments qu'il éprouve pour sa lointaine cousine, le jeune homme ne dit mot à sa mère aussi affectionnée que possessive à l'égard de ce fils unique. Elle a d'ailleurs ignoré qu'il s'est épris l'année précédente d'Alice Soyier, une jeune fille appartenant à la haute société de Nouvelle-Angleterre, et qu'il lui a même demandé de l'épouser. S'estimant trop jeune, celle-ci avait décliné sa proposition, effrayée surtout par son souhait d'avoir au moins six enfants.

Installée près de Boston pour être plus près de Franklin, Sara Delano Roosevelt n'a cette fois encore rien deviné. Elle a bien décelé une certaine intimité entre son fils et la jeune fille invitée lors d'un week-end à Hyde Park qui rassemble quelques amis, mais Sara ne s'en étonne pas : après tout, si lointaine que soit leur parenté, ne sont-ils pas cousins ? Peut-être aussi ne juge-t-elle pas Eleanor assez riche, assez belle, assez digne de ce fils qui est toute sa vie depuis son veuvage. Enfin, Franklin a à peine plus de vingt ans. Trop jeune, trop peu expérimenté, pense-t-elle, pour vouloir se marier. Et puis il est si beau !

Aussi quelle n'est pas la stupeur de Sara lorsque Franklin lui annonce à l'issue du dîner de Thanksgiving qu'il a demandé Eleanor en mariage quelques jours plus tôt, lors d'une promenade qui reste pour lui, écrit-il à sa future femme, « inoubliable ». Doutant en permanence de la séduction qu'elle peut exercer, elle s'étonne d'abord de ce choix : « Pourquoi moi ? Je n'ai guère à vous apporter. » Il répond : « Avec votre aide, je réussirai à faire quelque chose. » Bientôt, elle lui confie : « Je vous aime, très cher ami, et j'espère que je serai toujours digne de votre amour. J'ignorais que l'on puisse être aussi heureuse. »

Bien que désorientée et blessée, Sara comprend que la décision de son fils est irrévocable et qu'elle doit l'accepter si elle ne veut pas le perdre – ne lui écrit-il pas le 4 décembre 1903 qu'il est pour l'heure « l'homme le plus heureux du monde, le plus chanceux » ? Elle choisit de s'incliner mais, dans l'espoir de gagner du temps, elle pose ses conditions : que ces fiançailles restent secrètes pendant un an. Franklin aime trop sa mère pour refuser. Eleanor se soumet tout en plaidant sa cause auprès de Sara avec une certaine habileté, dans une lettre datée du 2 décembre 1904 : « Je sais ce que vous ressentez et combien cela doit être dur, mais je voudrais que vous m'aimiez un peu. Sachez que j'essaierai toujours de faire ce que vous souhaitez, parce que j'ai appris, l'été dernier, à beaucoup vous aimer. Il m'est impossible de vous dire ce que je ressens pour Franklin. Tout ce que je puis dire, c'est que je souhaite toujours me montrer digne de lui[1]. »

Sara ne se laisse pas séduire aussi facilement. Non seulement elle a réussi à retarder l'annonce des fiançailles, mais elle n'a pas renoncé à les empêcher définitivement. Connaissant la passion de son fils pour les voyages et la mer, elle lui propose une croisière dans les Caraïbes. Le dépaysement, la vie joyeuse du paquebot, de nouvelles rencontres féminines, tout cela devrait le distraire, le détacher d'Eleanor. Le 6 février 1904, Sara, Franklin et Lathrop Brown, son compagnon de chambre à Harvard, embarquent sur le *Princess Victoria Luisa*. Sara trouve à son fils mauvaise mine. « Il est fatigué et maussade », note-t-elle dans son journal.

Pour Eleanor, cette séparation est une épreuve. Elle ne le cache pas à Franklin dans une lettre écrite la veille de son départ : « Cinq semaines me paraissent un temps si long [...] les jours me seront interminables. » Seule consolation, Franklin lui a promis de la rejoindre dès son retour à Washington où

1. Joseph Lash, *Eleanor and Franklin*, p. 161.

elle va séjourner chez tante Bye, une des sœurs de son père. En attendant, il lui donne trois adresses dans les îles qu'ils doivent visiter, où elle pourra lui écrire. Épistolière acharnée comme elle le sera toute sa vie, Eleanor ne s'en prive pas. Franklin reçoit trois longues lettres[1] écrites jour après jour, dans lesquelles elle n'omet aucun détail. Tout y est : les gens qu'elle a vus, la situation internationale – les réceptions auxquelles elle a été conviée, les livres qu'elle a lus – *La Peau de chagrin* –, les spectacles auxquels elle a assisté, ses commentaires sur la guerre russo-japonaise, enfin… quelques notes plus personnelles.

Rien n'y fait, ni la distance, ni le temps, ni quelques flirts au cours de la croisière – les sentiments de Franklin restent inchangés. Dès qu'il débarque, il se précipite à Washington où un mot d'Eleanor l'attend à son hôtel : « Quelle joie de vous avoir enfin ici ! »

Sara, par une ultime tentative, tente de persuader le nouvel ambassadeur à Londres d'engager Franklin comme secrétaire. En vain : le poste est déjà occupé. De retour à Hyde Park, solitaire, elle lui écrit son désarroi : « Je me sens triste. Vous voilà parti. Le voyage est terminé et je sais que je n'aurai plus l'occasion de voyager avec *my dear boy*. J'essaierai de me faire à cette nouvelle situation et ne mettrai plus ni pierre ni brin de paille en obstacle à son accomplissement[2]… »

Cet attachement excessif pour Franklin que sa mère ne cessa jamais de manifester se traduisit par bien des contraintes pour Eleanor et pesa lourd dans les relations entre les deux femmes. Au début, Eleanor s'efforce de l'accepter, de le comprendre. Par générosité, par amour pour Franklin, par besoin inassouvi d'être reconnue, aimée, elle répond à l'attente de Sara : « Je sais que votre mère, écrit-elle au jeune homme, déteste que vous la quittiez, mais ne lui laissez pas croire que ce voyage est le dernier avec vous. Nous partirons tous les trois ensemble et,

1. Fonds Franklin Delano Roosevelt. Mentionnées par Joseph Lash, *Eleanor and Franklin*, p. 183.

2. Joseph Lash, *Eleanor and Franklin*.

bien que je sache que cela ne soit pas pareil pour elle, j'espère qu'elle m'aimera et je serais si heureuse qu'elle se réconcilie maintenant avec moi. »

Franklin et Eleanor ont encore de longs mois à attendre avant de pouvoir officialiser leurs fiançailles. À en croire les nombreuses lettres de plus en plus tendres que le jeune fille lui adresse alors qu'il termine sa dernière année à Harvard, c'est une période difficile. Elle avoue être de plus en plus dépendante de son attachement, souffre de la séparation – « Je me sens perdue sans vous » – et elle attend avec impatience leur prochaine rencontre. Elle lui témoigne mille attentions, s'intéresse à sa carrière et le pousse toujours à l'étude. Eleanor a compris, peut-être même avant lui, qu'un destin l'attend et elle n'a d'autre ambition que de le seconder : « Je pense que l'histoire et l'économie politique sont extrêmement importantes et des plus utiles pour votre futur. » La voilà déjà dans ce rôle de conseillère, de soutien, qu'elle ne cessa jamais de jouer auprès de Franklin. Pour ce jeune homme encore incertain sur son avenir, c'est une raison supplémentaire de ne pas douter de son choix.

Le 24 juin 1904, elle assiste à Harvard, aux côtés de Sara, à la *graduation* de Franklin – cérémonie de remise des diplômes de fin d'études. Encore accompagnée d'un chaperon, elle le retrouve à Campobello, une île canadienne qu'il affectionne et où il passe ses vacances depuis son enfance. Leurs amis ont bien remarqué l'intérêt que Franklin porte à Eleanor, mais celle-ci garde la plus grande discrétion et feint de croire qu'il ne s'agit que de sympathie. Elle sait qu'elle n'a plus grand temps à patienter, mais les convenances sont les convenances, et elle se fait un devoir d'observer les conditions imposées par Sara. De toute manière, la vie lui est beaucoup plus douce, car Franklin a choisi de suivre les cours de droit à l'université Columbia et vit maintenant à New York avec sa mère. La date du 1er décembre est enfin fixée pour l'annonce officielle des fiançailles et le 11 octobre, jour de son vingtième anniversaire, Franklin offre à Eleanor une bague achetée chez Tiffany.

Le président des États-Unis, oncle Theodore, est un des premiers à se réjouir de la nouvelle : une lettre adressée à Eleanor la félicite de son choix, une autre à Franklin l'avise qu'un mariage heureux vaut mieux qu'un succès politique : « Cher Franklin, la bonne nouvelle nous a grandement réjouis. J'aime Eleanor comme si elle était ma fille. Je vous aime. Je vous fais confiance et je crois en vous. Il n'y a pas d'autre succès dans la vie, ni la présidence ni rien d'autre, qui puisse se comparer avec la joie et le bonheur que donne l'amour d'un homme et d'une femme véritables[1]. » Le Président accepte de conduire sa nièce à l'autel. La cérémonie aura lieu après son entrée en fonctions, car il vient d'être réélu : ce sera le 17 mars. Une date chère au cœur d'Eleanor, celle de l'anniversaire de naissance de sa mère.

Ce jour-là, on peut encore voir dans les rues où se déroule la Parade de la Saint-Patrick des traces de l'hiver, mais l'air est tiède. Les fenêtres des demeures contiguës de Mme Elisabeth Livingstone Ludlow et de sa fille Susan Parish – « cousine Suzy » –, où a lieu le mariage, sont grandes ouvertes. Toute la presse new-yorkaise se fait l'écho de l'événement. Les invités sont innombrables, les cadeaux aussi, parmi lesquels treize horloges ! Entourée de ses demoiselles d'honneur vêtues de taffetas, Eleanor, longue et mince, est lumineuse dans une robe de satin couverte d'une dentelle au petit point de Bruxelles qui lui vient de sa mère. Elle porte un collier de chien fait de plusieurs rangs de perles et certains retrouvent même en elle la beauté d'Anna. Le service est célébré par le révérend Peabody. Au bras de son oncle, Eleanor rejoint Franklin devant l'autel. Les vœux sont échangés. Le Président embrasse la mariée et se félicite que le nom de Roosevelt se perpétue. Assez ironiquement le *New York Sun* commente le lendemain : « Il y avait toutes les chances qu'un Roosevelt épousât une Roosevelt, car les Roosevelt ne fréquentent que les Roosevelt. » Lors de la réception, le Président vole la vedette aux jeunes mariés. Dans *This is my Story*, rédigé trente ans plus tard, Eleanor évoque la scène

1. André Kaspi, *Franklin Roosevelt*, p. 69.

où, après les félicitations d'usage, les invités sous le charme de la verve présidentielle se précipitent à sa suite vers le buffet, abandonnant les mariés qui n'ont plus qu'à suivre le mouvement.

Le traditionnel voyage de noces est repoussé au mois de juin, car d'ici là Franklin doit terminer son année de droit à Columbia. Les jeunes mariés ne disposent donc que d'une courte semaine de tête à tête qu'ils passent à Hyde Park où ils se rendent le soir même, accueillis par Elespie Mc Eachern, la gouvernante d'origine écossaise qui a la garde de la maison. Déjà présente lors du premier mariage du père de Franklin, elle a assisté aussi à l'arrivée de Sara, jeune épousée, et à la naissance de Franklin. Dans le manoir au mobilier lourd et sévère, aux sombres tapisseries murales à peine égayées par les tableaux de marines qu'affectionne Franklin, chaque détail rappelle la présence de sa mère Sara. Le choix du jeune homme d'y passer sa nuit de noces est assez maladroit et a de quoi intimider la jeune femme, qui sent peser sur elle le regard critique de Mrs Eachern : « Suis-je bien la femme qu'il faut à Franklin ? » De ces premiers jours de vie commune, Eleanor ne dit rien de plus dans ses mémoires. Par contre, leur fils Elliott osera soixante-dix ans plus tard ce commentaire : « Ils s'étaient mariés sans aucun savoir de ce qui est nécessaire pour une longue relation physique. Ils ne partageaient qu'une vue superficiellement romantique de l'amour, ce qui les conduisit, je pense, à une rapide désillusion[1]... »

De retour à New York, le couple s'installe momentanément à l'hôtel Webster, ce qui convient à la nouvelle mariée peu experte en soins du ménage. Pendant les quelques mois qui précèdent leur départ, Eleanor, chaperonnée par Sara ou l'une de ses tantes, mène la vie oisive des jeunes femmes de son monde : dîners en ville, thés entre amies, réunions et visites familiales, derniers achats dans la perspective du périple de trois mois que le couple s'apprête à faire en Europe, et presque

1. Elliott Roosevelt, *The Roosevelts of Hyde Park. An Untold Story.*

toujours en compagnie de sa belle-mère. « Je pense, écrit-elle en 1933 dans *This is my Story*, que je correspondais tout à fait au modèle de la jeune femme de la bonne société de l'époque, assez conventionnelle, effacée, destinée à n'être qu'une mère de famille. » Eleanor a-t-elle oublié l'expérience d'Allenswood et la hardiesse de Mlle Souvestre ?

Chapitre IV

UNE ÉPOUSE SOUMISE

Le 5 juin, Franklin et Eleanor s'embarquent à New York sur l'*Oceanic.* Sara et de nombreux amis les accompagnent jusqu'à la passerelle. Face à un jeune mari si habitué à naviguer, Eleanor craint par-dessus tout d'avoir le mal de mer, mais tout se passe bien et Franklin peut écrire à sa mère : « Eleanor a été un merveilleux marin et n'a raté aucun repas. » De son côté, Eleanor n'a pas trop de mots, dans les lettres quasi quotidiennes qu'elle adresse à sa belle-mère, pour vanter les attentions de Franklin à son égard. En Angleterre, en France, en Italie, en Suisse, en Allemagne, partout, de réception en réception, Franklin et Eleanor retrouvent des parents plus ou moins éloignés. Mais ils ont aussi de longs moments d'intimité et de plaisirs partagés. À Paris, ils courent les magasins. Franklin entre dans chaque librairie en quête d'estampes et de livres sur la marine. Même s'il parle moins bien le français qu'Eleanor, il tient à marchander lui-même, d'autant que sa femme, il le sait, apprécie peu ce genre d'exercice. Les convenances, toujours les convenances ! Il s'amuse à l'accompagner chez les couturiers. Il lui offre une douzaine de robes et plusieurs fourrures. Une extravagance, écrit-elle, mais qui la ravit. Ils dînent dans les restaurants à la mode, dégustent *les spécialités de la maison*[1] et visitent aussi « cousine Hortense », dont le salon fut décrit par Proust comme une sorte de relais du Jockey Club. À Venise, riche pour Eleanor du souvenir de son père et de

1. En français dans le texte.

Mlle Souvestre, ils jouent les parfaits touristes. Ils visitent Saint-Marc et de petites églises dans des quartiers moins fréquentés. Franklin immortalise leur promenade en gondole sur les canaux par une photo de sa jeune femme. Chapeautée d'une sorte de tricorne, cheveux relevés en chignon, blouse blanche à col montant et longues manches – tenue qu'elle affectionne –, Eleanor semble captivée par la lecture d'un dépliant. Au Lido, les baigneuses vêtues légèrement lui semblent indécentes. Pour elle, un costume de bain, c'est une jupe, une blouse fermée haut, des bas et même des gants, sans oublier le bonnet. « Franklin, écrit-elle, dit que je dois m'habituer, car c'est pire en France. »

Côte à côte, un peu raides, ils semblent plutôt moroses sur ce cliché pris dans les Dolomites : Franklin, canotier vissé sur le crâne, col dur et mains dans les poches de son complet en tweed ; Eleanor, habillée d'une stricte blouse blanche serrée au cou, d'une longue jupe, d'un large chapeau garni de fleurs et d'un léger voile, tient ferme dans ses mains croisées un long et mince parapluie. Au contraire, sur une photo prise en Écosse, ils posent bras dessus, bras dessous, tout sourire. Comment vivent-ils ces premiers moments de leur vie commune ? Comment la jeune femme si ignorante en matière de sexe, à en croire sa cousine Alice, réagit-elle aux étreintes de son jeune et vigoureux mari ? Rien ne perce de leurs sentiments ou de leur intimité dans les lettres qu'ils échangent avec leurs proches. Ce n'est que beaucoup plus tard, dans son autobiographie, qu'Eleanor avoua n'avoir jamais embrassé Franklin avant son mariage.

Elle connaît un premier moment de jalousie à Cortina d'Ampezzo, où, se jugeant trop médiocre alpiniste pour suivre Franklin dans l'ascension du Faloria, elle accepte, sans rien laisser paraître de ses réticences, qu'il parte accompagné de Kitty Gandy, la séduisante propriétaire d'une maison de chapeaux new-yorkaise dont ils viennent de faire connaissance. Autre contrariété : à Saint-Moritz, le maître d'hôtel du Palace ne les juge pas suffisamment élégants, et les relègue à une table dans un coin de la salle à manger. En passant par la Forêt-Noire, il regagnent l'Angleterre pour une courte visite chez leurs amis Ferguson. Là, au cours d'une conversation concernant la carrière de Theodore Roosevelt, Eleanor, honteuse, s'avère incapable d'expliquer ce qui différencie le gouvernement fédéral de ceux des États.

De retour à New York à la fin du mois de septembre, il reste à Franklin et Eleanor à s'installer dans leur appartement, situé en plein cœur de Manhattan au 125, 36e rue Est. C'est Sara qui l'a loué pour eux, aussi proche du sien que possible. Elle ne s'est pas contentée d'en faire le choix, elle l'a entièrement meublé, décoré à son goût et a même pris l'initiative d'engager les domestiques. Eleanor n'a exprimé que peu d'exigences : une chambre peinte en blanc et si possible le téléphone. En laissant sa belle-mère prendre en charge l'organisation et le financement de leur vie commune, Eleanor, dont les revenus comme ceux de Franklin sont pourtant fort confortables, ne se rend pas compte du rôle que Sara, si attachée à son fils, entend jouer dans leur couple. Quelles que soient sa soumission ou l'affection qu'elle s'efforce de lui porter par ce besoin permanent d'être aimée en retour, Eleanor souffrit pendant de longues années de la tutelle jalouse de son omniprésente belle-mère. En 1906, celle-ci fait construire dans la 65e rue, entre Park Avenue et Madison Avenue, deux maisons jumelles de style géorgien – qui servent aujourd'hui d'annexe au Hunter College. La façade commune de briques et de pierre offre la particularité d'avoir deux entrées, portant les numéros 47 et 49, qui s'ouvrent sur un même porche. À gauche, vit Sara. À droite, Franklin et sa famille. Non seulement attenantes, elles communiquent entre elles à plusieurs niveaux, ce qui permet à la mère de Franklin de passer à sa guise de l'une à l'autre. « Vous ne pouviez jamais être sûr, se souvient Eleanor, du moment où elle apparaîtrait, de nuit comme de jour. » La cohabitation s'installe au début de 1908. Franklin y trouve son intérêt, Eleanor se plie aux exigences de la mère et du fils.

Entre-temps, sorti de Columbia deux ans après son mariage, diplôme de droit en poche, Franklin a intégré un cabinet d'avocats, Carter, Ledyard et Milburn, qui a pignon sur rue à Wall Street, où il s'occupe de préférence de droit maritime. Mais la profession d'avocat ne le comble pas. Assez fortuné pour ne pas s'astreindre à un emploi du temps régulier, il fait de fréquents séjours à Hyde Park où il joue au gentleman farmer. D'ailleurs, si indéterminé soit-il encore dans ses désirs et ses ambitions, il pressent déjà que son avenir est différent. La politique, pourquoi pas ? N'est-ce pas le devoir d'un homme bien né de s'occuper du sort d'autrui, comme on le lui a enseigné à Groton et comme il est de tradition dans la famille ?

Quant à Eleanor, à peine rentrée de leur voyage de noces, elle se découvre enceinte. Le 3 mai 1906, naît le premier enfant, Anne Eleanor, dite Anna. Suivent James en 1907, moins de deux ans plus tard Franklin Delano Junior, qui meurt âgé de quelques mois, puis Elliott en 1910. Quatre ans après, elle met au monde un quatrième garçon qui reçoit le prénom du petit disparu, avant d'accoucher en 1916 de John, le dernier né. « Pendant près de dix ans, raconte Eleanor dans ses mémoires, je n'ai cessé d'être enceinte ou de donner naissance. Mes occupations étaient des plus restreintes : des leçons intermittentes de français ou d'italien, de la broderie ou du tricot… » Certes, elle ne manque pas d'aide, entourée de domestiques et de gouvernantes, de Blanche Spring, la fidèle nurse avec qui elle resta en contact toute sa vie et, comme toujours, de Sara qui veille à tout, jugeant que sa belle-fille manque de maturité. Étrangement, Eleanor se laisse faire : « J'abandonnai toute initiative à mon mari et à ma belle-mère… » Plus tard elle prit conscience de ses manques et regretta d'avoir été une mère trop peu tendre, inexpérimentée. Ainsi ce jour où, au lieu d'aller promener sa fille Anna, Eleanor l'expose durant des heures à la fenêtre, en dépit des cris du bébé. Alarmée, une voisine alerte la société de prévention contre la cruauté des parents. Eleanor est sous le choc. Un tel comportement ne signifie pas qu'elle n'aime pas ses enfants – la mort du petit Franklin l'accable –, mais sa réserve naturelle, sa timidité, l'absence d'amour maternel qui a marqué sa propre enfance l'empêchent de manifester sa tendresse. « Elle avait oublié comment on pleure », écrivit James Roosevelt, son fils aîné[1]. Peut-être aussi ne se sent-elle

1. James Roosevelt, *Franklin and Eleanor. My Parents.*

pas aimée comme elle souhaiterait l'être ? Entre Hyde Park, la navigation ou la chasse, ses occupations professionnelles et mondaines, Franklin est souvent absent pendant les grossesses de sa femme. Il l'aime pourtant tendrement, mais, au contraire d'Eleanor qui fuit le monde, il n'est pas homme à rester au coin du feu. Il lui faut briller et plaire. Alors Eleanor s'ennuie et se plaint de ses absences, d'autant qu'elle n'apprécie pas, lui écrit-elle, de vivre dans cette maison qui n'est pas la sienne, en permanence confrontée à sa belle-mère. Elle apparaît souvent sombre, morose, voire morbide, comme elle se qualifie elle-même dans *This is my Story*, sujette à des accès de mélancolie, sinon de dépression, que Franklin ne comprend pas, lui si extraverti, si plein de goût pour la vie et si apte à en jouir.

Un soir au sortir de table, à bout de nerfs, elle éclate en sanglots. Franklin la croit devenue folle. Réfugiée dans sa chambre, elle se reprend. En fait, elle vient de comprendre combien elle s'est laissé aliéner. Elle se reconnaît en partie responsable, mais il lui faudra encore beaucoup de temps et d'épreuves pour devenir vraiment elle-même et agir en conséquence. En attendant, sa vie s'écoule entre New York, Hyde Park et Campobello, ce lieu de vacances sans électricité et sans eau courante situé à la frontière du Maine et du Canada, où Eleanor et Franklin se trouvent réunis pendant les mois d'été avec leurs enfants. Dans ce lieu qu'ils aiment autant l'un que l'autre, la vie se déroule, simple et libre, entre les parties de voile, les pique-niques – un des plaisirs favoris de la jeune femme –, les soirées au coin du feu en compagnie de leurs amis. Soutenue par son sens du devoir et son amour pour son beau et jeune mari, Eleanor prend son mal en patience, s'occupe de ses enfants et tricote... Les prémisses d'un changement ne viendront pas d'elle, mais de Franklin.

Quel que soit son attachement à Hyde Park où sa mère l'incite à s'installer sur leurs terres pour vivre comme son père en gentleman farmer, Franklin rêve au fond de lui-même de jouer un rôle politique. Dans une Amérique en plein essor, où il y a encore tant à faire pour améliorer la vie de ses concitoyens, n'est-ce pas la légitime ambition d'un homme en pleine vigueur ? Il a vingt-huit ans, un nom déjà célèbre, beaucoup de temps libre et assez de fortune. Une occasion lui est offerte lorsque des amis bien placés lui proposent de postuler dans le parti démocrate au poste de sénateur à l'Assemblée législative de l'État de New York, dont la capitale est Albany. C'est une gageure, car depuis trente ans aucun démocrate n'a occupé la place. Franklin hésite, demande à réfléchir. On le presse : « Tu n'as pas le temps de consulter ta mère[1]. » Il cède et se lance dans la lutte. Eleanor le soutient.

Très à l'aise dans cette première campagne électorale, Franklin, en tenue sportive, sillonne les routes au volant d'une voiture d'un rouge étincelant qu'on lui a prêtée, une Maxwell à deux cylindres qui roule à la vitesse vertigineuse pour l'époque de 35 kilomètres à l'heure. Effrayant les chevaux, Franklin pénètre dans les cours des fermes, serre les mains des agriculteurs, s'arrête dans les tavernes, parle blé, maïs, récoltes, élevage, aborde la question des prix, dénonce la corruption. À raison d'au moins six réunions par jour, il parcourt le comté, infatigable, et prononce autant de discours qu'il est possible. La première fois qu'elle l'entend parler, Eleanor l'admire, tout en s'étonnant de ses longs silences – en réalité calculés pour mesurer l'effet produit par ses paroles. Elle redoute qu'il soit incapable de poursuivre jusqu'au bout. « Il paraissait alors très mince, note-elle dans *This is my Story*, tendu et par moments nerveux. La peau blanche, les cheveux clairs, des yeux bleus profondément enfoncés, les traits fins. Pas encore de rides, mais par moments une contraction énergique de la mâchoire révélait sous la jeunesse apparemment malléable une force certaine et une opiniâtreté toute hollandaise. »

Son programme est vague mais ses déclarations radicales : il faut assainir le monde politique, lutter contre la corruption, quitte à mettre en cause celle qui existe au sein du parti démo-

1. Roosevelt à France Perkins, cité par Ted Morgan, *F.D.R. Biography*.

crate – il vise notamment la bureaucratie new-yorkaise de Tammany Hall[1] – et exiger plus de justice sociale.

Il est élu par 15 708 voix contre 14 568. Première victoire ! Un ami, Thomas Lynch, de la petite ville de Poughkeepsie proche du domaine de Hyde Park, l'affirme : Franklin sera un jour président.

Pour accomplir son projet et se tenir au plus près de la population, il décide de quitter New York et de s'installer à Albany. Une rue principale, trois églises, un hôtel, des maisons identiques de briques rouges : à l'exception de son Capitole, cette agglomération dépourvue de caractère diffère peu de n'importe quelle autre cité du nord de l'État de New York. Comme toujours, Eleanor se soumet à la décision de son mari : « J'écoutais tous ses projets avec beaucoup d'intérêt et il ne me vint pas à l'idée que j'avais à y jouer une rôle quelconque. Je pensais que je devais accepter toutes ses propositions, par exemple celle de s'installer à Albany [...] J'allais avoir un bébé et je n'avais pas d'autre mission à remplir. » Eleanor devine aussi un avantage personnel : pour la première fois, elle va avoir une maison bien à elle et vivre loin de Sara : « J'écrivais à ma belle-mère presque tous les jours, comme je le faisais depuis des années dès que nous nous trouvions séparées, mais à présent je devais me débrouiller seule et je voulais être indépendante. Je prenais conscience que j'avais soif d'autonomie. »

Premier signe de ce nouvel état d'esprit, Eleanor organise en un tournemain le déménagement et l'installation au 248, State Street, non loin du Capitole, de toute la maisonnée dont trois enfants, trois nurses et plusieurs domestiques. La maison est assez vaste pour devenir bientôt le centre de la vie sociale et politique. Dans une ville aussi provinciale qu'Albany, tout le monde se connaît et sait ce que fait l'autre. Quelle différence avec New York ! En conséquence, la femme du gouverneur, en plus des tâches domestiques et du temps qu'elle consacre

1. Tammany Hall, dont les origines remontent à la fin du XVIIIe siècle, est le nom donné à la machine stratégique du parti démocrate, qui a dominé la politique de New York de 1854 à l'élection de Fiorello La Guardia en 1934.

à ses enfants, se doit de recevoir tout le monde, des collaborateurs de son mari et leurs épouses aux électeurs. Eleanor, si persuadée jusqu'ici de ses insuffisances, écoute les conversations et se découvre des talents d'hôtesse, jusqu'à offrir à une heure tardive bières et crackers ou à confectionner des œufs brouillés, son plat favori. Elle commence aussi à s'intéresser à la politique, même si, comme elle ne cesse de le répéter, il s'agit avant tout de satisfaire Franklin : « Le devoir restait la force motrice de mon existence, excluant souvent le plaisir et la gaieté [...] ainsi je pris un certain intérêt à la politique, mais je ne sais pas si j'en avais vraiment le goût ! C'était le devoir d'une épouse de s'intéresser à tout ce qui intéresse son mari, qu'il s'agisse de politique, de livres ou du plat qu'il préfère pour son dîner. » On est encore loin de la femme libérée.

Elle prend pour la première fois conscience des enjeux du combat politique quand Franklin l'emmène au mois de mai 1912 à la convention démocrate qui va désigner Woodrow Wilson comme candidat à la présidence. Même si elle ne comprend pas grand-chose aux manœuvres qui préludent à la nomination, elle s'avoue « très excitée ». Dénuée à l'époque de toute ambition personnelle, elle n'imagine même pas qu'une femme puisse penser à faire carrière dans un domaine qui, on le lui a enseigné dès sa plus tendre enfance, n'appartient qu'aux hommes, d'après elle supérieurs. Le vote des femmes ? Elle ne l'envisage pas un instant et y serait même plutôt hostile. Mais du jour où elle apprend que Franklin est partisan du suffrage féminin, elle change d'avis : « Si mon mari était féministe, il me fallait sans doute l'être aussi[1]. » Le séjour d'Albany rapproche les deux époux. Lors d'un voyage à Panama avec Hall, le frère d'Eleanor, Franklin lui déclare « solennellement » par lettre qu'il lui tarde de la revoir et qu'il est bien décidé à ne plus voyager sans elle.

Deux ans passent ainsi. Franklin, sans faire d'étincelles, s'impose peu à peu au Sénat. Il va de commission en commission et se familiarise avec les rouages de la politique locale.

1. *This is my Story*.

France Perkins, qui fit plus tard partie de son cabinet en tant que secrétaire d'État au Travail, le juge à cette époque avec une certaine sévérité[1] : « Au fond, il n'aimait pas beaucoup les gens, il était sourd aux espoirs, aux craintes, aux aspirations qui sont le lot de l'humanité commune. » Jugement qui peut paraître *a posteriori* paradoxal s'agissant de l'homme du New Deal. Quoi qu'il en soit, Franklin n'a pas l'intention de s'arrêter en si bon chemin. L'heure de la réélection est venue et il est prêt à se lancer dans la campagne, lorsqu'il se retrouve immobilisé en même temps qu'Eleanor par une fièvre typhoïde contractée sur le bateau qui les a ramenés de leur résidence d'été de Campobello à New York.

Sans avoir eu besoin de haranguer les foules, il est encore une fois réélu sénateur ; aussitôt, le président Wilson l'appelle à Washington, la capitale fédérale, pour lui confier, sous l'autorité de Joseph Daniels, le portefeuille de secrétaire adjoint au ministère de la Marine. Un signe prometteur : ce poste a été occupé quelque vingt ans auparavant par le cousin Theodore et Franklin ne cache pas sa joie en prenant place à son nouveau bureau le 17 mars 1913 : « Me voici en pleine mer[2] », écrit-il à sa mère.

Quant à Eleanor, elle se trouve provisoirement à New York, avant de partir pour l'été à Campobello avec les enfants. Franklin regrette son absence auprès de lui dans une lettre datée du jour de leur huitième anniversaire de mariage. Elle ne le rejoint à Washington qu'à l'automne.

Bâtie sur les bords du Potomac, la capitale des États-Unis, où l'on trouve encore nombre de terrains vagues, n'a rien de spectaculaire. Peu peuplée, elle ne se place qu'au quatorzième rang des villes américaines. Rien de commun avec la vitalité de New York et cette vie culturelle qu'aime tant Eleanor. Toute la famille s'installe d'abord au numéro 1733 de la rue N, dans la vaste demeure avec jardin que leur a louée tante Bye. Retirée maintenant dans le Connecticut avec son mari, l'ex-amiral

1. France Perkins, *Roosevelt*.
2. Lettre à Sara Roosevelt dans F.D.R. : *His Personal Letters*, vol. 2.

William Cowles, cette femme fort avisée en politique, sœur du père d'Eleanor et du premier président Roosevelt, a pris le temps avant son départ d'initier sa nièce aux usages de la capitale fédérale. Grâce à elle, Eleanor sait à peu près à quoi s'en tenir sur ses futures obligations d'épouse de membre du gouvernement. Pour une personnalité si peu encline aux mondanités, ce n'est pas une sinécure. Le rythme est infernal. Pas un jour sans déjeuner ou dîner, et surtout sans thé de dames. Chaque après-midi, Eleanor est de service. Elle rencontre le lundi les épouses des membres de la Cour suprême, le mardi celles des membres du Congrès, le jeudi celles des sénateurs et termine le vendredi avec celles des ambassadeurs : « À cette époque, écrivit-elle plus tard, presque toutes les femmes étaient les esclaves du système social de Washington, seules deux faisaient exception à la règle : Alice Longsworth Roosevelt[1] et Martha Peter, l'épouse du député Andrew J. Peter [...] J'étais horrifiée par leur indépendance et leur courage. J'étais parfaitement certaine que je n'avais rien à offrir en tant qu'individu et que ma seule chance d'être conforme aux devoirs de ma charge était d'agir comme la majorité des femmes[2]. » Pour être à même de les remplir, répondre au courrier et acquitter les factures, Eleanor engage une secrétaire, Lucy Mercer, une fort jolie jeune fille de vingt-cinq ans de confession catholique – l'un de ses grands-oncles a été archevêque. De récents revers familiaux de fortune l'ont obligée à trouver un emploi. Grâce à son charme, sa douceur, son dévouement, elle devient très vite indispensable à la famille Roosevelt. Les enfants l'adorent, Sara l'apprécie, elle fait sourire Franklin.

Eleanor, qui atteint bientôt la trentaine, commence à prendre conscience de son absence d'autonomie, sans cesser de rester prisonnière du conformisme de son milieu. « J'avais, reconnaît-elle, perdu une bonne part de mon esprit de croisade[3]. » Ses obligations sociales et mondaines, ses grossesses

1. Fille de Theodore Roosevelt et cousine germaine d'Eleanor.
2. *The Autobiography*.
3. *This is my Story*.

successives ont peu à peu réduit l'intérêt qu'elle avait manifesté pour les déshérités à son retour d'Europe. Elle se contente alors, à l'exemple de ses congénères, de siéger dans des comités de bienfaisance ou de distribuer de petites sommes d'argent aux associations qui s'en occupent. Mais elle demeure insensible à la condition des dizaines de milliers de Noirs qui vivent dans la misère à Washington, au point qu'elle refuse de soutenir la croisade de la First Lady, Edith Wilson, contre les déplorables conditions de vie qui sont les leurs. Autre préjugé de sa caste, une hostilité déclarée envers les Juifs, qu'elle manifeste dans une de ses lettres où il est question de Bernard Baruch, richissime et brillant financier qui devint un proche ami de Franklin et l'un de ses conseillers les plus écoutés : « Je suis allée à une réception juive [...] chez les Baruch lundi soir. C'était atterrant. Je ne veux plus entendre parler d'argent ou de bijoux. » Après avoir reçu Felix Frankfurter – universitaire et futur juge à la Cour suprême –, elle fait ce commentaire : « un petit homme intéressant, mais très juif[1] ».

« Tous ceux qui n'appartiennent pas à son milieu, note André Kaspi, lui semblent ridicules, bizarres, surprenants, étrangers. Ne pas dévier d'un iota des règles de l'étiquette, telle pourrait être sa devise. » Comment imaginer que cette épouse parfaite, un peu condescendante, très intimidée en société, mère attentive sans être très chaleureuse et belle-fille respectueuse, cette aristocrate victorienne, deviendra une femme engagée, prête à briser tous les tabous ? Une lettre écrite à tante Maud, une des sœurs de sa mère, la montre toutefois consciente de la réalité sociale et politique de son pays : « Si nous ne trouvons pas de remèdes pour faire avancer la société, je suis certaine que la prochaine étape sera le socialisme. »

Au cours de l'hiver et du printemps 1914, Eleanor accompagne Franklin dans ses voyages. D'abord à La Nouvelle-Orléans, puis sur la côte Ouest où son mari est chargé d'inspecter une partie de la flotte. En dépit du plaisir qu'elle prend au voyage et à la découverte de lieux inconnus, Eleanor

1. J. Williams & T. Youngs, *Eleanor Roosevelt. A Personal and Public Life.*

fait l'expérience des obligations qu'implique une tournée officielle : visite des navires, salut aux couleurs, réceptions, discours, problèmes de préséances. Tout un décorum qu'elle n'appréciera jamais. Mais elle ne se plaint pas, quoi qu'il lui en coûte. Elle fait son devoir. Sa seule anxiété : ses enfants, laissés pourtant à la bonne garde de Sara. Elle ne peut s'empêcher de penser à tous les accidents qui pourraient leur arriver en son absence.

L'été 1914, elle le passe comme à l'habitude dans la propriété de Campobello avec ses enfants. Franklin, retenu à Washington ainsi que l'ensemble du gouvernement par la situation internationale, se trouve toutefois auprès d'Eleanor le 17 août pour la naissance de leur cinquième bébé. Tandis que la guerre s'étend en Europe, l'inquiétude grandit dans la capitale fédérale.

Devenue un enjeu majeur de la politique américaine, la guerre divise l'opinion américaine. Deux conceptions s'affrontent, l'une défendue par l'ancien président Theodore Roosevelt, convaincu du rôle éminent que doit jouer son pays, partisan de l'intervention des États-Unis aux côtés des démocraties ; l'autre par Woodrow Wilson, le pacifiste, qui craint plus que tout de voir son pays entraîné dans le conflit. Sachant l'opinion hostile à la guerre, Wilson maintient pendant plus de deux ans le principe de la neutralité américaine, qui permet au pays de poursuivre son ascension économique. Pour sa part, Franklin ne se fait guère d'illusions. Persuadé que la guerre sera longue et que les États-Unis seront un jour ou l'autre contraints d'y participer, mieux vaut s'y préparer. En conséquence, il consacre tous ses efforts à renforcer la marine de guerre.

Au mois de mars 1916 naît John Aspinwell, sixième et dernier enfant d'Eleanor et de Franklin, alors que celui-ci est de moins en moins disponible pour sa famille. De jour en jour l'atmosphère s'assombrit. Des rumeurs insistantes font état de la présence de sous-marins allemands le long des côtes américaines. Le 3 février, les USA rompent leurs relations diplomatiques avec Berlin. Mais l'Amérique hésite encore et il faut de nouvelles provocations contre la navigation des navires appartenant aux neutres pour qu'enfin, le 6 avril 1917, les États-Unis déclarent la guerre à l'Allemagne. Eleanor est présente dans la grande salle du Congrès lorsque le président Wilson prononce un discours retentissant : « La neutralité n'est plus ni possible ni désirable lorsque sont en jeu la paix du monde et la liberté des peuples, et la menace contre cette paix et contre cette liberté réside dans l'existence de gouvernements autocratiques appuyés par la force organisée que leur volonté contrôle totalement [...] L'Amérique doit combattre pour les valeurs les plus chères à notre cœur : la démocratie, le droit des citoyens à un gouvernement représentatif, la liberté des petites nations... » Quelle que soit son horreur de la guerre, ce mal suprême qui sert seulement, pense-t-elle, à l'enrichissement de quelques-uns, Eleanor adhère pleinement à cette déclaration.

Les premiers soldats embarquent. À Washington il ne s'agit plus pour les femmes de recevoir les membres des missions étrangères qui affluent dans la capitale fédérale – notamment la mission française conduite par le futur maréchal Joffre –, mais de se mobiliser pour l'effort de guerre. Eleanor rejoint la Croix-Rouge, effectue deux ou trois longues permanences par semaine en équipe de jour, visite les hôpitaux, réconforte les blessés dont la souffrance lui fait mieux comprendre les réalités de la guerre, et se préoccupe de l'amélioration des soins. Et puis elle tricote en tous lieux et circonstances[1] pour les *boys* qui partent vers l'Europe.

Plus les responsabilités de Franklin augmentent et plus Eleanor apprend à gérer seule les déplacements d'un bataillon familial composé d'une dizaine de personnes entre Washington, Hyde Park et Campobello, tout en travaillant régulièrement à la Croix-Rouge. C'est à cette époque que, passant d'une responsabilité à l'autre, elle apprend à changer de tenue en un clin d'œil, habitude qu'elle ne perdra jamais[2].

À quoi ressemble-t-elle à cette époque ? Une photo prise en juin 1918 dans leur nouvelle demeure de Washington montre

1. Beata de Robien, *Les Passions d'une présidente*.
2. Régine Torrent, *First Ladies. D'Eleanor Roosevelt à Hillary Clinton*.

Eleanor, élégante et racée, aux côtés de Franklin et entourée de ses cinq enfants. Debout, les deux aînés, la blonde Anna et James ; sur les genoux de son père, Franklin Junior ; sur ceux d'Eleanor, souriante et le regard attendri, le petit dernier, John vêtu d'un costume marin ; enfin à sa gauche Elliott, qu'on dit être son préféré. Une mère comblée, une famille semble-t-il unie et heureuse. Pourtant le drame n'est pas loin.

Franklin demande depuis longtemps à s'engager pour l'Europe, mais l'administration le juge plus utile à Washington. Enfin, la permission de partir pour le front lui est accordée. Il embarque le 9 juillet 1918 sur le destroyer *Dyer*. À Londres, il rencontre Winston Churchill, ministre de l'Armement, à Paris il est reçu par Georges Clemenceau, président du Conseil. Il inspecte les secteurs réservés aux troupes américaines, rend visite aux armées belges et termine par une tournée d'inspection des forces navales américaines en Europe. Au début de septembre, un jour avant son retour, Eleanor et Sara apprennent qu'il est atteint comme des milliers d'autres civils et militaires de la grippe espagnole compliquée d'une pneumonie. Toutes deux l'accueillent sur le quai de New York avec un médecin et une ambulance.

Franklin est soigné chez sa mère à New York. Eleanor veille sur lui. En rangeant ses affaires, elle tombe sur un paquet de lettres adressées à son mari par Lucy Mercer. Des lettres d'amour, et sans nul doute, ainsi qu'elle le comprend en les lisant, d'un amour partagé. Fini le temps de l'innocence. Eleanor est bouleversée, ses vieilles blessures se rouvrent. Il ne s'agit pas, en effet, d'une romance passagère, mais d'une liaison sérieuse qui remonte à plusieurs années. Franklin aime une autre femme.

Sans doute, Eleanor a-t-elle quelques soupçons depuis l'été 1916 où Franklin a tardé à venir la rejoindre pendant les vacances à Campobello. Quand, prétextant un travail acharné, il insistait pour qu'elle retarde son retour à Washington. Du reste, allusions et rumeurs n'ont pas manqué : Franklin a été vu plusieurs fois en compagnie de Lucy, notamment lors de dîners chez cette « chère » cousine Alice qui estime qu'avec une épouse si rabat-joie, Franklin a bien le droit de prendre du bon temps.

Mais Eleanor, même si peu sûre d'elle-même encore et quel que soit le goût de Franklin pour la séduction, a refusé longtemps l'idée de son infidélité. Cette fois, les preuves sont là : sa confiance en l'homme qu'elle aime a été trahie. Elle montre les lettres à Franklin, il ne peut nier. Son mariage, tel qu'elle l'a vécu jusqu'ici entre les naissances successives et les obligations officielles, perd tout sens. Le serment de fidélité a été trahi. Elle lui propose de divorcer. S'ils continuent à vivre ensemble, elle lui demande de rompre avec Lucy et de ne plus jamais la voir.

Franklin réfléchit et, s'il est vrai qu'il aime Lucy Mercer, il aime aussi ses enfants, et éprouve pour Eleanor beaucoup d'affection et d'estime. De surcroît Lucy, catholique fervente, accepterait-elle d'épouser un homme divorcé ? Enfin, sa mère – et ce n'est pas la moindre entrave – se fâche et le menace de supprimer toute aide financière en cas de rupture avec Eleanor. Sans doute est-il aussi assez lucide et peut-être assez cynique pour imaginer les conséquences désastreuses que pourrait avoir un divorce sur son avenir politique. Ce serait à coup sûr la fin des grandes espérances. Il devrait commencer par démissionner de son poste à la Marine car le secrétaire d'État Joseph Daniels est très à cheval sur les valeurs morales. Un politicien digne de ce nom se doit d'être un bon père, un bon mari, et de respecter une éthique. Le choix de Franklin est fait, il ne divorcera pas et, comme Eleanor l'exige, il s'engage à ne plus jamais revoir Lucy Mercer. Les apparences sont sauves, mais, blessée, humiliée, jamais Eleanor n'oubliera. Leur mariage aura désormais un tout autre sens, celui de deux compagnons, solidaires et complices. Ils feront définitivement chambre à part, ainsi en a-t-elle décidé. S'ils restent unis aux yeux du monde, ils mènent une vie privée de plus en plus indépendamment l'un de l'autre.

De ce drame, de cette souffrance, Eleanor ne dit mot dans les diverses versions de ses mémoires. Rien de sa vie intime n'y apparaît d'ailleurs jamais. Si elle parle des gens qu'elle aime, c'est toujours avec retenue et pudeur. Très tard à la fin de sa vie, lors des entretiens qu'elle eut avec Joseph Lash[1] qui fut un

1. Joseph Lash, *Eleanor and Franklin.*

de ses amis les plus proches et les plus aimés, elle reconnut : « Le monde dans lequel je vivais s'écroula. Je fus pour la première fois, en toute honnêteté, face à moi-même, avec mon entourage et mon monde. Cette année-là, je suis vraiment devenue adulte. »

Chapitre V

LA MÉTAMORPHOSE

La trahison de Franklin, les disparitions successives et douloureuses de ses plus proches, témoins de toute sa vie, sa grand-mère Hall, l'oncle Theodore, sa tante Pussie morte dans un incendie avec ses deux filles, hâtent la métamorphose.

Après cinq ans d'abominables souffrances et des millions de morts, la guerre s'achève : l'Allemagne est vaincue, les démocraties sont exsangues, les États-Unis triomphent. L'armistice signé le 11 novembre 1918 est fêté dans la liesse d'un bout à l'autre du territoire : « La ville de Washington fut prise de folie », note Eleanor dans son autobiographie. L'Amérique affirme sa prééminence économique et diplomatique sur la scène internationale et Woodrow Wilson joue un rôle moteur dans la préparation de la paix[1]. Pour les individus, c'est une nouvelle manière de penser, d'agir et d'appréhender le futur qui s'ébauche. Le monde est bouleversé.

Une fois Noël passé en famille comme tous les ans à Hyde Park, Eleanor accompagne son mari pour un voyage de deux mois en Europe. Franklin est chargé d'inspecter et de décider du sort de ce qui reste de la flotte américaine outre-Atlantique. Ils embarquent le 4 janvier 1919 sur le *George-Washington* où, note Eleanor, sont présentes nombre de personnes intéressantes, dont deux délégations chinoises appartenant à des fac-

1. Dans sa déclaration en 14 points du 18 janvier 1918, il préconise notamment la création d'une Société des nations chargée de régler par des voies pacifiques les conflits qui pourraient apparaître n'importe où dans le monde.

tions différentes ; elles se rendent à Paris à la Conférence de la paix à laquelle assiste depuis la mi-décembre le président Wilson. Le couple Roosevelt débarque à Brest et, pendant que Franklin part en tournée d'inspection, Eleanor visite le nord de la France. Elle est bouleversée à la vue des villes et des villages en ruine, de la misère et de la souffrance des habitants. À Paris, une image la marque à jamais : le nombre impressionnant de femmes vêtues de noir sous leurs voiles de deuil. Même victorieuses, les guerres sont d'incommensurables tragédies.

Franklin et Eleanor effectuent le voyage du retour sur le bateau qui ramène pour quelques jours aux États-Unis le président Wilson et son épouse. Eleanor se souvient d'un déjeuner en leur compagnie et surtout de l'importance donnée par le Président au principe de la sécurité collective et à la création de la Société des nations, principe qui renforce ses convictions : « Quels espoirs nous avions que cette ligue puisse devenir l'instrument capable de prévenir les conflits ! » Bien que l'accueil fait au Président à son arrivée à Boston soit triomphal, le Congrès ne ratifie pas le traité de Versailles signé en juin 1919, refusant du même coup à l'Amérique de participer à la Société des nations, à la grande déception de Franklin et d'Eleanor.

Revenant sur cet échec dans le premier tome de ses mémoires, rédigé alors que Franklin est déjà président, Eleanor remarque qu'historiquement le Congrès se refuse très souvent à ratifier des traités ou des accords négociés par le Président ou le secrétaire d'État. Alors, demande-t-elle du même coup, l'exécutif n'est-il pas en partie responsable de n'avoir pas mieux préparé l'opinion et recherché une solution avec les représentants du peuple ?

Après des années de luttes et de frustrations, les femmes obtiennent enfin satisfaction. Au printemps de l'année 1919, le Congrès ratifie, par un dix-huitième amendement à la Constitution, le suffrage féminin. Jadis hésitante sur ce sujet, Eleanor est de plus en plus convaincue de la valeur du combat des femmes et des vertus civiques. Elle prend ses premiers contacts avec des organisations féminines qui donnent priorité aux conditions de travail des femmes. Le Rassemblement international des travailleuses (International Congress of Women Workers) se tient à Washington et réunit des représentantes de dix-neuf nations. Après sa rencontre avec les congressistes, Eleanor est conquise, mais elle ignore encore comment concrétiser ses propres aspirations. Pour l'instant, c'est toujours Franklin qui l'occupe.

L'immédiat après-guerre n'apporte pas l'euphorie espérée. Les États-Unis ayant finalement refusé de s'associer à la construction de la paix, l'anti-interventionnisme, le nationalisme, l'isolationnisme regagnent du terrain. Les choses ne vont pas mieux à l'intérieur, où grèves, attentats anarchistes et violences raciales se multiplient au cours de l'« été rouge » de 1919. Le 7 novembre, jour du premier anniversaire de la Révolution russe, des milliers de suspects sont arrêtés au petit matin. Prétexte invoqué : un complot communiste en fait inexistant. Le racisme se durcit. Dans le Sud, le Ku Klux Klan multiplie les lynchages, des Noirs qui ont servi en Europe sont pendus, vêtus de leurs uniformes militaires. À Chicago, le bilan est particulièrement lourd : 38 tués dont 23 Noirs, 537 blessés dont 342 Noirs.

Pour comble, le président Wilson est victime d'une attaque d'hémiplégie au mois de septembre. Il n'en décide pas moins de se présenter à un troisième mandat, mais la convention démocrate qui s'est ouverte sur un vibrant hommage au chef de l'État lui préfère au mois de juin 1920 James M. Cox. Celui-ci n'hésite pas : qui choisir pour occuper la vice-présidence sinon l'ardent Franklin Roosevelt dans la pleine vigueur de la trentaine et dont la réputation n'est plus à faire ?

Revenant dans ses mémoires sur cette nomination, Eleanor prouve qu'elle reste concernée par le succès de Franklin, non sans une certaine distance : « J'étais contente pour mon mari, mais j'étais loin de ressentir une quelconque excitation. J'acceptais le fait que le service public était ce qui comptait le plus pour lui [...] Si je tenais une part dans l'aspect officiel de notre vie, je me sentais détachée et objective, comme si je contemplais la vie de quelqu'un d'autre. » Pourtant, soit qu'elle ne puisse résister à l'ascendant de Franklin, soit qu'elle éprouve plus d'attrait qu'elle ne le reconnaît pour les affaires publiques – une ambiguïté qu'elle manifestera toujours –, Eleanor se laisse entraîner dans l'aventure.

Franklin démissionne de son poste de secrétaire d'État à la Marine et se lance dans la campagne. Jusqu'alors, il n'a jamais mêlé directement Eleanor à ses activités politiques, mais cette fois-ci, même si elle entend d'abord s'occuper de ses enfants et de sa propre vie, il lui demande de l'accompagner au long des quatre dernières semaines de la tournée qu'il effectue à travers le pays. Il ne s'agit pas seulement pour elle d'être l'épouse souriante du candidat – les Roosevelt sont toujours perçus comme un couple uni –, mais de prendre des notes, de tenir un journal de campagne et de s'occuper de la presse. Déception. Eleanor est la seule femme, à l'exception de Missy LeHand[1] – la jeune secrétaire que Franklin vient récemment d'engager –, dans le train qui les emmène de New York au Colorado, et on la laisse systématiquement à l'écart des discussions sur les orientations de la campagne. Ainsi patiente-t-elle de longues heures, le plus souvent en tricotant. Lorsqu'on l'appelle, c'est pour faire de la représentation, si bien qu'elle éprouve l'impression désagréable de n'être que la cinquième roue du carrosse.

Franklin passe ses nuits à jouer au poker, va de meeting en meeting, prononce des discours interminables, en dépit de ses conseillers qui souhaitent le voir modérer ses ardeurs, serre des mains et se régale du succès qu'il remporte auprès de son auditoire, surtout quand celui-ci est féminin. Sans jamais lui adresser la moindre critique en public, Eleanor l'exhorte en privé à se comporter en homme d'État plutôt qu'en habile politicien, et à montrer plus d'énergie dans la défense de ses opinions progressistes et son soutien à la Société des nations.

C'est le perspicace Louis Howe qui, prenant la mesure de son mal-être, sort Eleanor de l'isolement. Conseiller le plus proche et le plus dévoué de Franklin, il n'a cessé de le soutenir et de l'influencer dans sa carrière politique, certain qu'il sera un jour président. Il reconnaît l'intelligence d'Eleanor, la réalité de son soutien à Franklin – quelles que soient les réticences qu'elle puisse

1. Missy LeHand jouera jusqu'à sa mort un rôle d'exception auprès de Roosevelt : elle l'accompagne dans tous ses déplacements, remplit des tâches multiples, y compris celle d'hôtesse à la Maison Blanche en l'absence d'Eleanor.

avoir dans la manière dont il mène la campagne –, et il lui propose de l'aider à réviser les discours, à émettre des propositions et des idées nouvelles. Il lui apprend aussi à perdre sa méfiance devant le comportement des journalistes, avec qui elle finit par partager une certaine complicité. Eleanor découvre la vraie personnalité de Louis Howe, son goût pour la musique et la peinture, sa sensibilité et son amour pour sa femme et ses filles dont il se dit trop souvent éloigné. Une amitié très profonde et une confiance réciproque, comme celles qui le lient à Franklin, les unissent peu à peu. Sans se douter encore de l'importance du rôle qu'Eleanor jouera très vite et de manière imprévisible dans le destin de Franklin, Louis s'offre comme son mentor en politique.

L'élection de 1920 se révèle finalement désastreuse pour les démocrates. Le républicain Warren Harding, médiocre sénateur de l'Ohio, incarnation du politicien local, l'emporte par 7 millions de voix sur James Cox, dont les résultats ne sont guère plus reluisants. Franklin Roosevelt accepte la défaite avec philosophie. Après tout, conscient d'être devenu en sept ans un des hommes politiques les plus considérés de Washington et d'avoir acquis une réputation nationale, il se rassure. À trente-huit ans, rien n'est perdu.

En attendant des jours meilleurs, il s'éloigne de la vie publique. Le couple s'installe à New York, où Franklin retourne aux affaires privées et cumule deux emplois. Le matin, il occupe la vice-présidence de la Fidelity and Deposit Company, troisième société de ventes par actions aux États-Unis. L'après-midi, avec deux associés, il gère dans le quartier de Wall Street un cabinet d'avocats d'affaires. Quant à Eleanor, bien décidée à ne pas se laisser de nouveau entraîner dans le cycle des mondanités et des bonnes œuvres – à l'exception d'un après-midi de couture passé en compagnie de sa belle-mère –, elle s'inscrit à des cours de commerce, de dactylo et de sténographie.

Au même moment, une amie de longue date, Narcissa Vanderbilt, très active présidente de la Ligue des électrices de New York (League of Women Voters), lui demande de rejoindre le bureau pour prendre en charge les comptes rendus juridiques qui concernent les droits des femmes. D'abord, Eleanor repousse la proposition, doutant de se montrer à la hauteur de la tâche, mais elle se laisse convaincre lorsque la présidente lui propose l'assistance d'une juriste de cinquante ans, Elizabeth Fisher Read. Cette dernière dépouillera les rapports du Congrès, relèvera les décisions intéressantes pour la Ligue et enseignera les bases de la législation à Eleanor qui approfondira chez elle l'examen des dossiers avant de remettre un rapport mensuel. D'une part, Eleanor apprend vite ; de l'autre, c'est pour elle la découverte d'inappréciables amitiés féminines.

Elizabeth, qui a terminé des études de droit à l'université de Pennsylvanie, milite activement dans le mouvement en faveur du suffrage féminin. Indépendante sur le plan financier, politiquement engagée et socialement émancipée, elle est l'une des représentantes emblématiques du mouvement féministe The New Woman qui s'épanouit dans les années vingt, de même que sa compagne de dix ans plus jeune qu'elle, Esther Lape, enseignante, journaliste et chercheuse, avec qui elle a créé une revue hebdomadaire : *City, State and Nation*. Un lien très fort unit bientôt Eleanor aux deux femmes et elles passent de longues soirées dans l'appartement que le « couple bostonien[1] » occupe à Greenwich Village. Le lieu est confortable, toujours abondamment fleuri, la table éclairée aux chandelles, la cuisine excellente et le champagne coule à flots lors des dîners de travail où la politique et l'économie occupent l'essentiel des discussions, auxquelles se joint parfois Franklin. Une atmosphère amicale et studieuse rappelle à Eleanor le temps passé vingt ans auparavant chez Mlle Souvestre. Plus tard, les trois amies militeront pour la participation des États-Unis à la Cour internationale, émanation de la Société des nations. Devenue First Lady, après la victoire de Franklin à l'élection de 1932, Eleanor, pour échapper aux contraintes officielles, louera un appartement dans ce même petit immeuble de quatre étages, en briques rouges au 20 de la 11e rue, dans le Village.

Ces occupations nouvelles, ces amitiés intenses font pleinement prendre conscience à Eleanor de ses capacités. La jeune femme timide et soumise, si longtemps passive, laisse place à une femme

1. C'est le terme utilisé à l'époque pour désigner les liaisons entre femmes.

indépendante et hyperactive. L'amitié, l'attention que lui portent les deux femmes dont elle admire la culture, le courage et l'harmonie qui règne dans leur couple sont pour Eleanor, qui a tant souffert depuis son enfance d'être mal aimée, comme une seconde naissance alors même qu'elle aborde la quarantaine. Ce sentiment est d'autant plus vif que la conduite de vie, l'engagement des deux femmes dans les luttes en faveur des plus défavorisés coïncident avec ses propres aspirations. Acceptée, reconnue pour ce qu'elle est, encouragée, elle se surpasse. Près d'un siècle plus tard, Amalia Roosevelt, son arrière-petite-fille, commente ainsi l'évolution d'Eleanor[1] : « Elle a pris conscience que la classe supérieure à laquelle elle appartenait par sa naissance avait peu à offrir. Elle utilise alors son intelligence pour comprendre le monde. Dévastée par l'affaire Lucy Mercer, elle ne veut plus être dépendante de son mariage. C'est la combinaison d'une personnalité et d'une époque qui donne à la femme la force et l'occasion de se libérer. »

Militantes, combattantes, ces *new women* ont déjà remporté une première victoire, celle du droit de vote, ce qui toutefois ne garantit nullement leur égalité sociale et politique. Or c'est justement sur ce terrain qu'elles s'engagent. Il ne s'agit pas seulement d'indépendance et d'émancipation personnelles, de liberté dans leur vie amoureuse, mais de lutte en faveur de réformes sociales et politiques. Ainsi réclament-elles des lois protégeant le travail des femmes et des enfants, et revendiquent-elles l'égalité constitutionnelle. C'est donc avec Esther et Elizabeth, avec d'autres aussi comme Marion Dickerman, Nancy Cook sur lesquelles nous reviendrons plus longuement, Caroline O'Day ou Elinor Morgenthau[2] qu'Eleanor entre dans une nouvelle vie où la politique occupe une place de plus en plus grande.

---

1. Entretien avec l'auteur, le 25 mai 2011.

2. Caroline O'Day et Elinor Morgenthau ont toutes deux fait des études universitaires dans le domaine des arts. Épouses d'hommes d'affaires riches et influents (Henri Morgenthau sera secrétaire d'État au Trésor de F.R.), elles militent activement au sein de plusieurs organisations sociales et féminines, comme la Women's Trade Union, puis avec Eleanor à la Division des femmes du parti démocrate. Elles soutiennent activement Roosevelt et le New Deal. Caroline O'Day est une des rares femmes à avoir été élues au Congrès entre les deux guerres.

Plus qu'une évolution, c'est une révolution, si l'on se souvient de la jeune femme apeurée et de l'épouse docile qu'elle a été si longtemps. Les années vingt font de l'aristocrate et puritaine Eleanor une militante non conformiste, engagée dans les sujets les plus controversés du XXe siècle : les femmes et le pouvoir, les races et les classes, la guerre et la paix, les problèmes de justice, la sécurité économique, les droits de l'homme. En fait, Eleanor vit désormais entre deux mondes, celui de ses origines familiales[1], dont elle se détachera de plus en plus sans cesser de lui appartenir – ne serait-ce qu'en raison de ses futures obligations d'épouse de président – et celui du monde qu'elle se crée et qui fait d'elle, selon la définition de Blanche Wiesen Cook, « une féministe sociale, une activiste politique, une nouvelle femme, avant de devenir dans les années trente une femme moderne ».

Marquées déjà par le drame qui vient de remettre en question leur mariage, les relations entre Eleanor et Franklin se transforment encore plus profondément. Sur le plan affectif une distance s'est installée entre eux et la trahison de Franklin a mis définitivement fin à leurs relations intimes, mais l'engagement et l'intérêt personnel d'Eleanor pour la chose publique les unissent indissolublement. Il y a, en effet, comme une ironie de l'histoire à voir comment les choix d'Eleanor, pourtant si désireuse de ménager ses marges, serviront le destin de Franklin dans la redoutable épreuve qui l'attend. Sans sa force, son absolu dévouement et la foi qu'elle a en lui, Franklin ne serait peut-être jamais devenu celui que l'on ne nommera bientôt plus que F.D.R.

1. D'une manière générale les Roosevelt d'Oyster Bay votent pour les républicains, ceux de Hyde Park pour les démocrates.

Chapitre VI

LA MALADIE DE FRANKLIN : ELEANOR OCCUPE LE TERRAIN

Tandis qu'Eleanor prend son essor, Franklin trouve de moins en moins d'intérêt à ses nouvelles occupations new-yorkaises et les relations sont plutôt tendues entre les deux époux. Il faut la réunion de la famille, au début du mois d'août 1921 à Campobello, où Eleanor et les enfants sont installés depuis le mois de juin, pour qu'ils retrouvent une certaine harmonie. La maison est pleine d'amis. Franklin, qui vient de naviguer pendant quelques jours, paraît comme d'habitude, lorsqu'il est en vacances, de joyeuse humeur, disponible pour ses enfants et disposé, malgré une traversée harassante, à partager toutes les distractions familiales.

À quarante ans, bronzé, vigoureux, sportif, il est en pleine santé et rempli d'espérances. Et puis, soudain, la maladie. Le 10 août, après avoir lutté avec l'aide de ses enfants contre un incendie de forêt, il se baigne dans un lac, puis brièvement dans l'eau glacée de la baie, et revient vers la maison en costume de bain. Sans changer de tenue, toujours mouillé, il s'assoit pour lire sa correspondance. Au moment du dîner il se plaint d'un lumbago et va se coucher. Le lendemain matin, au réveil, une de ses jambes refuse de fonctionner, sa température est élevée. Le docteur Bennett, le médecin local, diagnostique un refroidissement. Mais la paralysie gagne l'autre jambe. Le docteur Keen, de Philadelphie, qui se trouve à Bar Harbor dans le Maine est appelé en renfort. Il effectue deux examens minutieux qui l'amènent à penser qu'un caillot de sang provoqué par une congestion s'est installé dans la partie inférieure de la moelle épinière, bloquant momentanément la liberté de mouvement mais pas les sensations. Les soins prodigués n'améliorent pas l'état du malade. Devant l'imprécision des diagnostics, le frère de Sara, Frederic Delano, se rend à Harvard où il consulte des spécialistes de la paralysie infantile. La description clinique laisse suppposer une attaque de poliomyélite, une maladie mortelle, en plein développement, qui déferle alors sur l'Amérique. Ce n'est que le 25 août que le docteur Lovett, spécialiste de cette pathologie, arrive de Boston. Constatant la paralysie des membres inférieurs, la tétanisation des muscles dorsaux, une faiblesse dans les bras et le blocage de la vessie, le médecin confirme le diagnostic, mais ne se prononce pas sur l'évolution de la maladie. Eleanor, qui a fait installer un lit de camp dans la chambre du malade, le veille jour et nuit.

Déterminée à connaître la vérité, elle estime que le spécialiste sera plus franc avec quelqu'un qui n'appartient pas à l'entourage immédiat. Elle charge donc Louis Howe d'être son intermédiaire auprès du médecin : Franklin a-t-il une chance de retrouver l'usage de ses membres inférieurs ? « C'est impossible à dire, répond le médecin, tout dépend de l'attitude du patient. Si son envie de reprendre la vie active est assez intense, si son désir de guérir est assez fort, il a sans doute une chance[1]. »

Dès qu'Eleanor a connu le diagnostic de la polio, elle a aussitôt éloigné les enfants. Quant à elle, approuvée par les médecins qu'impressionnent son endurance et son efficacité, elle n'envisage pas de laisser quiconque d'autre qu'elle prendre soin de son mari. Sara voyage en Europe depuis le début de l'été et, pour ne pas l'inquiéter, personne ne l'a prévenue de la maladie de son fils. Elle rentre le 31 août. Son frère et sa belle-sœur l'attendent à la descente du bateau et la mettent au courant. Elle se précipite à Campobello et trouve Franklin, curieux de tout, attentif à faire bonne figure, tout comme Eleanor qui ne laisse rien paraître de son anxiété. En dépit de son désarroi, Sara adopte la même attitude.

1. Régine Torrent, *First Ladies. D'Eleanor Roosevelt à Hillary Clinton.*

Bientôt la famille revient à New York où Franklin passe quelques semaines à l'hôpital. Le 2 octobre, il est de retour chez lui, 65e rue. Pour se déplacer il dispose d'un fauteuil roulant et de béquilles, en attendant d'être appareillé. Il n'est pas question qu'il reprenne une activité, il faut d'abord qu'il finisse de se soigner et la convalescence risque d'être longue. Remarchera-t-il un jour ? Il est le premier à penser que son infirmité n'est pas définitive. La période n'en est pas moins éprouvante. « L'hiver le plus pénible de toute mon existence », écrivit plus tard Eleanor qui ne peut, malgré tous ses efforts, éviter une inextinguible crise de larmes et de sanglots. Mais elle se reprend vite, il n'est pas temps de s'attendrir. Puisque Franklin doit vivre au calme, elle réorganise la maison, non sans provoquer des heurts avec sa fille Anna qui ne comprend pas pourquoi elle est reléguée dans une toute petite chambre du quatrième étage alors que Louis Howe, plus présent que jamais, occupe une grande chambre au troisième. Eleanor dort, elle, sur un canapé dans la chambre d'un de ses plus jeunes fils et s'habille dans la salle de bains de Franklin, trop occupée nuit et jour, dit-elle, pour avoir l'usage d'une vraie chambre. Avec Sara, qui souhaiterait reprendre les choses en main et dont les conseils vont bien souvent à l'encontre de ceux des médecins, les relations restent tendues, et plus encore quand il s'agit d'envisager l'avenir de Franklin. Sara souhaite que son fils se retire à Hyde Park, s'occupe du domaine, renonce, en tous les cas, à une vie publique. Eleanor défend avec vigueur une opinion à l'extrême opposé : moralement et intellectuellement, Franklin doit rester aussi actif que possible, conserver les mêmes intérêts et, pourquoi pas, les mêmes ambitions. Elle estime d'ailleurs que la maladie l'a changé, « lui a donné une force et un courage qu'il n'avait pas auparavant, qu'il a appris la patience et l'endurance ».

Louis Howe non plus ne veut pas admettre l'effacement de celui qui porte son rêve, l'accession à la présidence. Non seulement il soutient Eleanor, mais il lui demande d'augmenter ses activités publiques. Le nom de Roosevelt ne doit pas se faire oublier et Franklin, malgré l'impitoyable combat qu'il mène contre la maladie, a besoin de rester informé et d'être représenté avant de revenir à la politique. Une nouvelle mission attend donc Eleanor : occuper le terrain, « être les yeux, les oreilles et les jambes » de son mari. Personne, insiste Louis Howe, n'en est plus capable qu'elle. Eleanor obtempère. « Elle était anxieuse de voir son mari conserver son intérêt pour les affaires politiques, commente France Perkins[1]. Elle savait que c'était là sa préoccupation première et qu'il ne fallait surtout pas qu'il abandonne. » Elle n'ignore pas qu'on se laisse rapidement oublier quand on est longtemps malade et elle est prête à tout faire pour que le nom et la bonne réputation de Franklin restent vivaces au sein du parti démocrate. Au surplus, on peut penser qu'elle ne se réjouit pas à l'idée de se retrouver enfermée à Hyde Park entre un mari invalide et une belle-mère autocrate.

Jusqu'ici, Eleanor a donné priorité aux questions sociales concernant plus spécialement les femmes et les enfants. Avec The League of Women Voters, elle s'est montrée remarquable organisatrice, préconisant la publication de bulletins d'information, la création de clubs de femmes et la tenue de débats dans les villes et les villages. Elle ne craint pas de faire elle-même du porte à porte, convaincue qu'il faut éduquer, informer le plus possible. Elle est très habile aussi à récolter des fonds. À cet engagement, s'ajoute désormais son action au sein de la Division féminine du Comité démocratique de l'État de New York (Women's Division of the New York State Democratic Committee), où l'entraînent au printemps de 1922 Nancy Cook et Marion Dickerman, et dont elle devient bientôt l'une des principales responsables. Avec cet autre couple de femmes, universitaires, ardentes féministes et démocrates convaincues, elle se lie d'une intimité de tous les instants qui ne faiblira qu'au moment de son entrée à la Maison Blanche[2].

1. France Perkins, *The Roosevelt I Knew*.

2. Ensemble elles militent et partent en vacances, ensemble elles montent une fabrique de meubles à Val Kill, la maison qu'Eleanor a fait construire dans l'enceinte de Hyde Park, pour y vivre à sa guise avec la bénédiction de Franklin, ensemble elles dirigent une école.

Accompagnées d'Elinor Morgenthau et de Carolyne O'Day, les trois femmes parcourent en toutes saisons, pendant six ans, l'État de New York dans ses coins les plus retirés. Leurs revendications, nombreuses, touchent la plupart des aspects de la vie quotidienne : les programmes d'habitation ou d'éducation, l'eau potable ou les transports, les assurances pour les chômeurs, la limitation du travail à huit heures, la législation concernant le travail des enfants, etc. Elles réclament aussi le droit pour les femmes d'être jurés et celui d'être représentées dans tous les comités du parti démocrate.

Un tel engagement signifie participer à des réunions, à des débats, à des banquets. Pour vaincre sa timidité, Eleanor se soumet à un véritable apprentissage sous la conduite de Louis Howe. Il lui apprend à parler en public, à se tenir sur une estrade. Lorsqu'elle prononce son premier discours, sa voix est stridente, haut perchée. Peu à peu, elle parvient à la moduler. « Louis m'a considérablement aidé, raconte-t-elle dans *This is my Story*, il m'indiquait ce que je devais dire et comment le dire. Comme j'étais nerveuse, je riais sans raison, il me montra l'absurdité de cette très mauvaise habitude. Et il me donna ce conseil : "Si vous avez quelque chose à dire, dites-le, puis asseyez-vous." »

Surmontant ses appréhensions et sa peur de la foule, elle réussit à dominer et à séduire les auditoires par ses interventions où se mêlent les idées de Franklin et ses propres aspirations. Elle se frotte du même coup aux réalités de la vie politique, découvre ses tares et ses vices. Au mois d'août 1922, elle s'attaque au gouverneur républicain de New York, Nathan Miller, « un réactionnaire impénitent qui fait obstacle à la marche de la civilisation », et l'accuse de corruption. Pas une semaine sans que la presse, en particulier le *New York Times*, ne fasse écho à son activité grandissante. Elle n'apparaît plus comme la doublure de Franklin, mais comme une force politique à part entière. Pourtant, elle minimise son action, son influence, cela tout au long de sa vie. Elle ne veut surtout pas entrer en compétition avec Franklin. Alors même qu'il la félicite pour son travail, elle proteste qu'elle n'est là que pour le représenter momentanément, pour servir sa cause : « Vous n'avez pas besoin d'être fière de moi, mon cher. Je suis active tant que vous n'aurez pas retrouvé vos capacités. Je n'ai pas un tel désir de servir le monde et je retournerai très aisément à mes habitudes de paresse. Dépêchez-vous donc de reprendre votre place… »

On ne peut que s'interroger sur cette lettre adressée à Franklin en 1924, alors que ses activités se multiplient et que sa notoriété augmente irrésistiblement. Eleanor est-elle totalement sincère ? N'éprouve-t-elle pas quelque plaisir à ce nouveau rôle où elle donne enfin sa pleine mesure ? Une fois encore, elle s'esquive. On peut suggérer qu'elle se trouve partagée entre le devoir et une certaine ambition personnelle doublée d'une sorte de revanche sur Franklin qu'elle se refuse à reconnaître. Il ne faut pas perdre de vue son éducation puritaine et traditionnelle, ses efforts constants pour se dépasser sur le plan moral, son besoin de venir en aide. Plus tard, déjà installée à la Maison Blanche, elle écrira qu'elle a été poussée en politique malgré elle. Pour Blanche Wiesen Cook, l'explication n'est pas si simple ni dénuée de toute ambiguïté : un des mythes qu'encourage Eleanor, écrit-elle, est celui de sa naïveté politique, mais elle s'en sert pour manœuvrer. Si elle évite les confrontations directes, elle n'abandonne jamais un combat[1]. Beaucoup plus tard, dans les années cinquante, son ami Gore Vidal forcera le trait : « Le grand sourire était calculé non seulement pour éviter l'affrontement, mais pour prévenir l'ennemi potentiel qu'il y avait là une lionne tout à fait capable de dévorer n'importe qui[2]. »

On a du mal à croire Eleanor si redoutable ; mais capable de se montrer dure, cassante avec des adversaires, aucun doute. Quoi qu'il en soit, elle s'investit sans limites pour les causes qui lui semblent justes. À cette époque, elle s'affirme encore plus convaincue que Franklin de la nécessité pour les États-Unis de participer à une organisation internationale capable de garantir

1. Blanche Wiesen Cook, *Eleanor Roosevelt*, vol. 1, p. 342.
2. « Eleanor », *The New York Review of Books*.

la paix. Elle prend ainsi une part déterminante dans le comité organisateur du Bok Peace Award – le prix Bok de la Paix –, à la demande d'Esther Lape qui en est la principale responsable. Edward Bok est un multimillionnaire, éditeur et rédacteur en chef du *Ladies Home Journal*, qui entend utiliser son argent au service de la paix. À cet effet, il crée un prix d'une valeur de 50 000 dollars (plus d'un million de dollars actuels) destiné à récompenser le plan le plus apte à préserver la paix mondiale sans que les États-Unis soient forcément impliqués dans les guerres européennes. Le concours, auquel les journaux et magazines font très largement écho, crée la sensation dans les cercles académiques et dans le milieu des hommes d'affaires soucieux de combattre le protectionnisme et le nationalisme ambiant. Il recueille plus de 22 000 contributions. Esther Lape, Eleanor Roosevelt et Narcissa Vanderbilt font une première sélection qu'elles soumettent à un jury de personnalités éminentes. Le vainqueur est un universitaire, Charles Levermore. Il recommande l'immédiate adhésion à la Cour internationale de justice et la coopération (sans en devenir membre) avec la Société des nations. Esther Lape décide de publier les vingt projets les plus sérieux en y ajoutant une étude de son cru sur les moyens de parvenir à la paix. Le livre remporte un beau succès et le *New York Times* tout comme le *New York Herald Tribune* en vantent la pertinence, ce qui encourage Esther, Eleanor et leurs alliés à multiplier les démarches en faveur de l'entrée des États-Unis à la Cour internationale.

La réaction est immédiate : au Sénat, les isolationnistes scandalisés par ce plaidoyer réclament une enquête. Selon eux, le Bok Peace Award est l'instrument « d'organisations et de gouvernements étrangers », désireux d'influencer l'opinion publique et de peser sur l'action législative dans le domaine de la politique étrangère. Le 17 janvier 1924, un comité spécial sur la propagande créé au Sénat décide de poursuites. Edward Bok est accusé de conspiration. Le premier jour de l'audience, l'atmosphère de la salle du Sénat est houleuse. Des centaines d'hommes et de femmes partisans de l'engagement américain dans l'institution internationale conspuent les sénateurs, et applaudissent à tout rompre Esther Lape, Eleanor Roosevelt et Narcissa Vanderbilt, citées comme principaux témoins en qualité de membres les plus influents du comité[1]. Une photo rappelle l'événement : marchant à grandes enjambées vers le Sénat, Eleanor, longue et élégante silhouette vêtue et amplement chapeautée de noir, précède Esther Lape. Tout dans son allure révèle la détermination.

Faisant fi des critiques qui l'accusent, comme l'écrit le *New York Herald Tribune*, de servir des intérêts étrangers – elle est, ce qu'elle ignore, fichée pour la première fois par le FBI[2] pour activité *un-american*. Eleanor n'en continue pas moins son action dans le même sens pendant les années suivantes, persuadée que « tous les changements dans l'histoire humaine arrivent lentement et après de nombreux débats »…

Cela ne l'empêche pas de continuer le combat pour que les femmes obtiennent la place qui leur est due au sein du parti démocrate de l'État de New York. Elle réclame non seulement leur participation et la parité dans tous les comités du parti, mais aussi le droit de choisir elles-mêmes leurs déléguées pour les élections primaires, ce qui la met en conflit avec la machine bureaucratique du parti, Tammany Hall. Le *New York Times* titre : « Femmes en révolte ».

Les efforts d'Eleanor sont récompensés. Elle est nommée présidente du comité chargé de négocier le droit pour les femmes de désigner leurs déléguées et leurs suppléantes. Mais la bataille est loin d'être gagnée : au dernier moment, l'accès aux réunions leur est interdit, ou on oublie de les informer qu'elles ont été déplacées dans un lieu tenu secret. Pour Eleanor et ses compagnes, il ne saurait être question de renoncer, on se battra le temps nécessaire. Au mois de mars 1924, le parti

1. Sur le Bok Peace Award, voir Blanche Wiesen Cook, *Eleanor Roosevelt,* vol. 1, p. 342-346.

2. Datée du 24 février 1924, cette fiche fait partie du dossier du FBI, déclassé dans les années 1980, concernant The American Peace Award. Elle a été envoyée à Edgar Hoover. À partir de cette date, Eleanor reste sous la surveillance du service de renseignements. Son dossier comporte plus de 3 000 pages.

démocrate annonce fièrement sa volonté d'être la première formation politique à prendre en compte les revendications des femmes, notamment celles qui concernent la législation sociale, et de les inclure dans la plateforme du parti démocrate. Désignée pour défendre leur programme et s'appuyant sur toutes les organisations féminines du pays, Eleanor réunit un comité d'expertes et de militantes. Outre le soutien qu'il apporte à la Société des nations, ses revendications sont nombreuses et radicales : création d'un département fédéral de l'éducation, salaire égal pour les travailleuses, ratification de l'amendement concernant le travail des enfants, semaine de 48 heures, salaires proportionnés au coût de la vie, soins de santé et sécurité des conditions de travail.

Ces propositions vont-elles être acceptées ou modifiées lors de la convention ? Des heures durant, Eleanor et son équipe patientent derrière les portes du Comité de résolution auquel encore seuls les hommes ont accès. À l'aube, ils votent. Au troisième et dernier tour, par 22 voix contre 18, ils refusent même d'entendre les propositions féminines. Eleanor, s'efforçant d'être calme, a attendu en tricotant : « J'ai vu pour la première fois à la Convention de 1924, écrivit-elle dans ses mémoires, à quel point les femmes importaient peu... »

Elle commence à douter : sont-elles assez décidées, vraiment prêtes à exercer le pouvoir qu'elles ont acquis ? Eleanor les encourage à ne pas se laisser intimider par les hommes, à prouver qu'elles ont autant de volonté et de savoir-faire politique qu'eux, même si elles défendent d'autres valeurs, et à rester unies. Or le mouvement des femmes, une fois acquis le droit de vote, est déjà divisé sur les nouveaux objectifs à atteindre, de façon particulièrement vive entre, d'un côté, les militantes du National Woman's Party présidé par Alice Paul[1], qui réclament un nouvel amendement : l'Equal Rights Amendment

1. Juriste et suffragette américaine (1885-1977). Membre et responsable influente de la National American Woman Suffrage Association, elle contribua à l'obtention du droit de vote des femmes aux États-Unis en 1920 (19e amendement).

censé conduire à l'annulation de toutes les lois excluant les femmes ; et, de l'autre, celles de la League of Women Voters. Celles-ci, dont fait partie Eleanor, donnent priorité à la lutte sociale et à l'amélioration des conditions de vie et de traitement des femmes et des enfants appartenant aux catégories les plus défavorisées. Jugeant que l'Equal Rights Amendment relève d'un combat politiquement prématuré (il ne sera gagné, et encore partiellement, dans les années 1970), la League of Women Voters craint que cette revendication remette en cause les avancées sociales obtenues en faveur de ces deux catégories de la population. En revanche, presque toutes les femmes se retrouvent sur un point : le droit à une existence personnelle, familiale ou indépendante, mais aussi professionnelle. Depuis leur participation à l'effort de guerre, beaucoup d'entre elles, d'origine patricienne pour la plupart, sont entrées dans la vie active. Grâce au boom économique des années vingt, ce sont maintenant les femmes des milieux populaires qui accèdent elles aussi au monde du travail.

Que de changements dans l'Amérique des *Roaring Twenties*, dont tant de livres ou de films ont parlé. Dans cette décennie où explose le jazz, où la voiture se perfectionne et se généralise, où triomphe le cinéma, où la radio prend son essor, où s'invente la publicité et où pointe jusqu'aux nuages la verticalité des Chrysler et Empire State Buildings[1], les États-Unis, devenus les banquiers du monde, connaissent une phase d'expansion sans précédent et d'une durée exceptionnelle, qui se conjugue avec la consécration de la civilisation matérialiste. Sans doute existe-t-il des zones d'ombre dans ce tableau de la prospérité – les fermiers et les ouvriers noirs du Sud obligés de monter vers le Nord, l'extension des ghettos –, mais la majorité pense que tout est possible, chaque citoyen américain fait

1. Claude Fohlen, *Les États-Unis au XXe siècle*, p. 195. Le nombre d'automobiles produites passe de 900 000 en 1915, à 1,9 million en 1920, 3,7 millions en 1925, 4,5 millions en 1929. En 1929, les États-Unis comptent 1 auto pour 5 habitants, contre 1 pour 43 en Grande-Bretagne, 1 pour 326 en Italie. En 1930, on dénombre 23 000 salles de cinéma et 115 millions de spectateurs annuels.

sienne l'expression « *from rags to richs* » (« des loques à la richesse »), et ne doute pas qu'il lui est permis de s'enrichir comme il veut.

Confirmé par les faits, le rêve américain s'inscrit, avec les présidents Warren Harding et Calvin Coolidge, sur le plan politique dans la continuité d'une administration républicaine dont l'activisme renoue avec la tradition. Après la parenthèse wilsonienne, les États-Unis, éloignés maintenant des conflits et confortés dans leur rejet de la Société des nations, font un retour à l'américanité, au nationalisme accompagné d'un contrôle de plus en plus sévère de l'immigration, aux valeurs puritaines que caractérise la prohibition – dont Eleanor reste d'ailleurs longtemps un soutien actif –, aux préjugés de toutes sortes, notamment racistes. Jean-Baptiste Duroselle résume d'une phrase le contexte : « Les années vingt furent une période presque unique, du fait d'une réaction extraordinaire contre l'idéalisme et les réformes. »

Chapitre VII

FRANKLIN RENTRE EN SCÈNE

C'est alors que Franklin Roosevelt réapparaît pour la première fois sur la scène publique. On est en 1924. Trois ans ont passé depuis le mois de septembre 1921 où il a quitté l'hôpital pour tenter de retrouver une vie normale, et plus que tout l'usage de ses jambes. Du fauteuil roulant il est passé aux béquilles, puis aux cannes, avant d'être appareillé, au prix de terribles souffrances musculaires qui ont nécessité un plâtrage, d'attelles orthopédiques fixées aux jambes : un système fort compliqué, muni d'un fermoir, enchâsse les membres inférieurs de la plante des pieds aux hanches quand le handicapé se tient debout. Le tout pèse 3,5 kilos par jambe. Bien entendu, Roosevelt ne peut se déplacer sans béquilles. « Il apprend donc, avec une infinie patience et une volonté farouche, décrit André Kaspi[1], à mouvoir son corps. Les témoins se souviennent d'avoir vu Franklin dans la longue allée qui mène de la maison à la grille de Hyde Park aller de plus en plus loin, balançant son corps de gauche à droite et de droite à gauche, progressant avec peine, mais progressant quand même, le front couvert de sueur. » Sous le sourire qu'il affiche, quelle détresse se cache en cet homme totalement dépendant de son entourage, incapable de se déplacer seul, incapable de se lever de son lit et de se coucher sans l'aide d'August Adolph Gennerich, son fidèle garde du corps qui lui sert aussi de valet de chambre.

1. André Kaspi, *Franklin Roosevelt*, p. 124.

Au fur et à mesure qu'il reprend des forces, Franklin renoue avec ses précédentes activités privées, il tente même sa chance dans des aventures commerciales et industrielles, comme la Camco, une société de distributeurs automatiques dont il est l'un des promoteurs, mais qui fait rapidement faillite. Il ne cesse toutefois d'espérer une guérison totale. Pendant sa rééducation, encouragé par le docteur Lovett, il prend des bains chauds dans une piscine de Boston. L'expérience est assez concluante pour le mener, sur la suggestion d'un ami, à fréquenter Warm Springs en Georgie, un établissement thermal alimenté par des sources d'eau chaude qui ont permis à des paralytiques, victimes pour la plupart de la poliomyélite, de connaître un nouveau bien-être. Roosevelt ne tarde pas à devenir propriétaire du lieu en y investissant une partie de sa fortune. Il y accueille d'autres malades et fait de Warm Springs sa deuxième résidence, surnommée la « petite Maison Blanche » après son élection à la Présidence. À partir de 1924, il passe dans cette petite ville du Sud plusieurs mois par an, presque toujours accompagné de sa jeune secrétaire, l'indispensable Missy LeHand. Existe-il entre eux une relation plus intime ? Certains l'affirment, comme son fils Elliott, d'autres le démentent, comme l'aîné James. Pour sa part, Eleanor ne semble pas s'en inquiéter. Au contraire, elle manifeste à Missy une réelle affection et se réjouit de la manière dont cette dernière la supplée auprès de Franklin pendant ses absences, n'ayant pour sa part que peu de goût pour la chaleur et l'humidité de Warm Springs, et encore moins de sympathie pour la mentalité sudiste. D'ailleurs, elle a tant à faire entre les sections féminines locales du parti, ses occupations sociales, les multiples activités qu'elle partage avec Marion Dickerman et Nancy Cook. Elle suit aussi l'éducation de ses plus jeunes fils et s'inquiète pour la rebelle Anna, tôt mariée et tôt divorcée. Les dix-neuf divorces de ses enfants lui inspirèrent plus tard, de son propre aveu, regrets et remords. N'a-t-elle pas été une mère trop distante, maladroite dans l'expression de son affection ?

Qu'il se trouve à New York, à Hyde Park ou à Warm Springs et en dépit de son handicap, Franklin n'a pas renoncé à la politique. Dès qu'il s'en est senti capable, il a accepté de siéger au comité exécutif du parti démocrate de l'État de New York – position d'attente dans un lieu stratégique. Sans doute n'ignore-t-il pas les faiblesses de cette formation. Coalition d'intérêts régionaux et mélange de convictions idéologiques depuis sa création à la fin du XVIIIe siècle – la définition reste toujours valable –, le parti est plus divisé que jamais, notamment entre les démocrates du Sud, des protestants souvent fondamentalistes, prohibitionnistes, naturellement racistes, parfois membres du Ku Klux Klan, et les démocrates du Nord qui rassemblent beaucoup d'immigrants récents – Polonais, Irlandais, Italiens, Islandais –, des Juifs et des Noirs, des catholiques et des protestants comme Roosevelt. Partisans des réformes, les protestants exercent leur influence surtout dans les grandes villes, New York en particulier. Enfin, le plus inquiétant pour l'avenir du parti reste, depuis la disparition de Wilson, l'absence d'un leader incontesté.

Deux hommes revendiquent l'héritage. D'une part, William Gibbs McAdoo, gendre de Wilson et sénateur de Californie, une région en pleine expansion. Cet ancien secrétaire au Trésor a pour lui l'expérience, mais il est impliqué dans une affaire de corruption touchant à l'exploitation du pétrole de l'Ouest. D'autre part, Alfred Smith, l'ancien gouverneur de New York dont le mandat n'a pas été renouvelé en 1920. C'est pourtant un professionnel du parti connu pour son efficacité, particulièrement populaire à New York, mais il a contre lui d'être catholique – un handicap pour tout candidat à la Présidence – et buveur invétéré. Il y ajoute des maladresses inexcusables aux yeux de l'Américain du pays profond en déclarant qu'il préférerait être réverbère dans une rue de New York plutôt que gouverneur de la Californie[1]. En dépit de ces erreurs et des différences qui opposent Smith et Roosevelt par leurs origines et leur tempérament, Franklin l'aristocrate choisit de présenter

1. André Kaspi, *Franklin Roosevelt,* p. 140.

et de soutenir à la Convention de 1924 l'ancien gouverneur de New York d'origine plébéienne et irlandaise – il faut préciser qu'à New York les Irlandais représentent la force motrice du parti. Sans entrer dans les détails de cette alliance paradoxale, on peut être certain qu'ils y trouvent intérêt l'un et l'autre. Al Smith n'ignore pas l'aura qu'a conservée Franklin. Son nom, sa fortune et sa réputation font de lui un allié de poids. Pour Roosevelt qui admire le savoir-faire politique de l'ancien gouverneur, c'est l'occasion ou jamais de réapparaître en public et de prouver qu'il n'a rien perdu de sa vigueur intellectuelle.

Sur le plan physique, ce n'est plus le même homme. Jusqu'en 1921, il avait une silhouette plutôt longiligne, ayant conservé jusqu'aux approches de la quarantaine une sorte de juvénilité. Trois ans plus tard, il commence à perdre ses cheveux, son visage est buriné, son torse est excessivement musclé – résultat d'interminables exercices pour compenser la faiblesse de ses jambes –, mais il a gardé le même sourire éclatant, et dans l'épreuve gagné encore plus d'ardeur à convaincre.

Il en donne une preuve éclatante lorsqu'il prend la parole le 26 juin 1924 à la Convention, après que son fils James l'a aidé à fermer ses attelles orthopédiques et à se dresser. Une fois encore d'après l'historien André Kaspi : « Accroché au bras de son fils, le menton en avant comme s'il lançait à lui-même un insurmontable défi, Franklin s'avance lentement. James décrira son père en sueur et lui serrant le bras comme avec des pinces. L'auditoire retient son souffle. Franklin termine seul son ascension à la tribune, saisit le pupitre, s'y accroche, regarde la salle et sourit de toutes ses dents. Un triomphe, un véritable plébiscite. Pendant six minutes l'auditoire est suspendu à ses lèvres. Reprenant un vers de Wordsworth que lui a soufflé un collaborateur de Smith, Roosevelt recommande chaleureusement la candidature de "l'heureux guerrier". Les applaudissements déferlent [...] l'Amérique admire. »

Pourtant, Alfred Smith ne remporte pas l'investiture, pas plus d'ailleurs que McAdoo, et ce n'est qu'au cent troisième tour de scrutin qu'est choisi un candidat de compromis, John W. Davis, lequel recueille en tout et pour tout 29 % des voix lors de l'élection présidentielle. Al Smith doit se contenter d'une réélection au poste de gouverneur de l'État de New York. Pour Franklin, la Convention de 1924 ne représente qu'un intermède, certes glorieux car il lui permet de mesurer sa popularité et de penser qu'il a peut-être encore un destin. Mais il ne pourra rien mener à bien sans l'usage de ses jambes, qu'il espère toujours retrouver.

Toujours profondément liée à tout ce qui concerne Franklin, aussi soucieuse de son bien-être que de son avenir politique comme elle l'a prouvé, Eleanor a tout de même conservé ses distances. Elle mène une vie de plus en plus autonome sur le plan public autant que privé, et son influence ne cesse de grandir. Reconnue comme un leader politique – *political boss*, selon les termes de Blanche Wiesen Cook, elle s'acharne dans sa lutte pour l'amélioration des conditions de vie des femmes et des enfants (le Child Amendment), notamment en matière de logement, d'éducation et de santé. Quand elle obtient la création de maternités et de cliniques, son courage redouble. Son autre obsession, c'est la réduction du temps de travail des femmes. Contre l'avis de ceux qui prétendent qu'une telle loi porterait atteinte à la liberté individuelle, elle réclame la semaine de 48 heures en cinq jours. Enfin, elle n'hésite pas à participer avec d'autres militantes à des manifestations de rue, comme celle organisée pour soutenir une grève des ouvriers du carton.

Ses préoccupations ne sont pas seulement nationales. Dans un éditorial publié sous sa signature dans *The Women's Democratic News*, un mensuel qu'elle a contribué à créer, elle demande aux Américaines de suivre l'exemple des militantes britanniques et de manifester pour la paix, sans pour autant s'affilier à une quelconque organisation. Quelque temps plus tard, au mois d'octobre 1927, elle réunit à Hyde Park quatre cents femmes pour lancer un mouvement de soutien au traité Briand-Kellog qui met la guerre hors la loi. Ce combat, elle le poursuit durant la décennie suivante, aux côtés de la Women's International League for Peace and Freedom conduite par Jane Addams, et de Carrie Chapman, responsable de la National Conference on the Cause and Cure of War. Mais le jour où elle se rend compte du rôle joué par l'Allemagne et l'Italie dans la guerre d'Espagne, elle comprend que le conflit s'avère inévitable.

Les relations entre les États-Unis et le sud du continent, en particulier l'Amérique centrale, occupent également son attention. À l'encontre des positions prises par Franklin en 1920, elle dénonce le comportement américain en général, et plus précisément l'intervention des marines, dans un article intitulé « Méritons-nous la haine du monde ? ». « Quoi qu'il se passe au Mexique et au Nicaragua, écrit-elle, nous n'avons pas donné à l'Amérique centrale et à l'Amérique du Sud une image très rassurante de voisins désintéressés et magnanimes… »

Sur le plan privé, Marion Dickerman et Nancy Cook ont pris une place de plus en plus importante dans sa vie. Toutes trois sont devenues quasi inséparables. C'est ainsi qu'Eleanor, qui n'a jamais beaucoup aimé l'atmosphère de la propriété de Hyde Park où règne sa belle-mère, décide de partager un même toit avec ses deux amies lorsqu'elle n'est pas à New York. Elle fait construire par un architecte ami de son mari, sur un terrain perdu au milieu des bois que lui offre d'ailleurs Franklin, un *cottage*. Dénommé Val Kill, situé à la limite du domaine familial, il est aujourd'hui propriété de la nation, lieu de mémoire comme l'ensemble du domaine Roosevelt. Cinquante ans après sa mort, rien n'a changé. La vue est toujours aussi bucolique : de grands arbres, une petite rivière qui se perd dans les vertes prairies environnantes. Et une piscine pour Franklin. L'intérieur de la maison est modeste mais confortable, conforme aux goûts simples d'Eleanor : salon, salle à manger, coin bureau, une chambre au rez-de-chaussée, une autre à l'étage avec une véranda. Le 1er janvier 1926, Eleanor, Marion et Nancy pendent la crémaillère. Franklin, présent à la fête, les baptise avec tendresse et un peu d'ironie les « Trois Grâces de Honeymoon Cottage ». Y participent aussi Missy et Sara, pour qui il s'agit là d'une excentricité de plus de sa belle-fille. Elle est loin, pense-t-elle, la jeune femme soumise, élégante et discrète ! Comment Sara ne serait-elle pas choquée de la voir, comme sur la photo prise à cette occasion, entourer de ses bras Marion et

Nancy, toutes trois vêtues de knickers et de vestes de tweed faites sur mesure ? D'ailleurs, elles se surnomment elles-mêmes les Trois Mousquetaires…

Pour Eleanor, Val Kill n'est pas seulement un refuge qu'elle préféra jusqu'à sa mort, où elle se trouve à l'aise et échappe aux contraintes de la grande maison. Les trois amies, en effet, y créent une petite entreprise. L'idée est de Nancy qui a fabriqué l'ameublement intérieur : pourquoi ne pas produire et commercialiser des copies de meubles anciens, tels qu'on les voit dans les vieilles maisons des villages et des petites villes de la Nouvelle-Angleterre ? Le projet est adopté, cette fois encore avec la bénédiction de Franklin qui aide au financement. Quant à Eleanor, elle y investit une grande partie de l'argent qu'elle commence à gagner dans les journaux et à la radio. Il y a là l'occasion de fournir du travail à des hommes qui, dans cette région agricole, restent inoccupés pendant l'hiver. Les femmes sont employées dans un atelier de tissage. Nancy va de musée en musée sélectionner les modèles et, pour conseiller la main-d'œuvre locale, fait appel à des artisans spécialisés venus d'Italie ou de Norvège. Les premiers meubles fabriqués sont offerts à Franklin qui en décore sa nouvelle maison de Warm Springs.

« Un succès complet », écrit-il. La vraie consécration vient du *New York Times*, dans son édition datée du 17 mai 1927, qui relate leur première exposition à New York : « Le travail fait à la main est très bien fini dans tous ses détails et les meubles copiés avec une extrême précision à partir de modèles anciens authentiques. » Malgré son succès initial, l'entreprise, après une phase d'expansion, perd assez vite de l'argent et connaît, en dépit des efforts financiers d'Eleanor, une fin prématurée.

Hyperactive, elle se lance dans une nouvelle expérience qui comble un désir qu'elle porte en elle depuis ses années d'études en Europe : enseigner. La proposition lui est venue de Marion qui dirige à New York Todhunter School, une école privée pour jeunes filles. Les trois femmes en deviennent propriétaires lors de sa mise en vente quelque temps plus tard. Eleanor enseigne la littérature, le théâtre et l'histoire des États-Unis. Elle s'inspire des méthodes pédagogiques de Mlle Souvestre et se fait de plus en plus apprécier de ses élèves, à qui elle ne manque pas de montrer aussi les réalités d'un monde moins favorisé en les emmenant visiter les quartiers populaires. Progressiste dans son enseignement, l'école uniquement fréquentée par des enfants de la bourgeoisie reste traditionnelle dans ses mœurs : on porte l'uniforme, on prie et on entonne l'hymne national avant d'entrer en classe. Quelles que soient les libertés accordées, Eleanor reste respectueuse d'un certain nombre de règles et de convenances de son milieu d'origine. Il ne faut pas s'y tromper : si elle sait lutter, protester, défendre des causes qu'elle estime justes et promouvoir des réformes à ses yeux indispensables, elle n'est pas du tout révolutionnaire.

Pas révolutionnaire, certes, mais de plus en plus engagée sur la scène publique. Plus sans doute qu'elle ne l'a jamais souhaité au départ. Entrée en politique pour n'être qu'un substitut temporaire de Franklin, la voilà devenue indispensable, sinon au parti démocrate tout entier, du moins à Alfred Smith qui a l'intention de concourir pour la Maison Blanche. La considérant comme une alliée d'importance tant par ses liens avec Roosevelt que pour son rôle de leader auprès des femmes, il l'engage pour soutenir sa campagne de 1928. Quelles que soient leurs divergences – Smith est un adversaire résolu de la prohibition et il n'a pas apporté son soutien à l'amendement sur le travail des enfants –, elle ne ménage pas ses efforts pour le défendre quand il est violemment attaqué, en tant que catholique et adversaire de la prohibition. Pour lui assurer la victoire, elle effectue, écrit le *New York Evening Post*, « un travail formidable ». Personne d'ailleurs ne conteste ses qualités d'organisation et de courtoisie. Secondée par Malvina Thomson devenue sa secrétaire personnelle, dont les compétences et l'amitié ne lui firent jamais défaut, elle reçoit tous ceux qui veulent lui parler, répond à toutes les lettres qui lui sont adressées – cent cinquante par jour en moyenne. Elle dirige les réunions, calme les esprits, explique et distribue le travail. Pearl Buck, alors étudiante à l'université de Cornell où Eleanor fait une conférence, s'étonne de son « extraordinaire énergie qui s'accompagne d'un curieux mélange d'assurance et de timidité[1] ».

Al Smith a encore recours à elle à la fin de sa campagne, qui s'avère beaucoup plus difficile que prévu, en lui demandant de favoriser un rapprochement avec son mari, les relations entre les deux hommes s'étant récemment tendues. Comme en 1924, Franklin a présenté et défendu une nouvelle fois au mois de juin la candidature d'Al Smith, à la Convention réunie à Houston au Texas. Al Smith a été investi dès le premier tour. Si le nouveau candidat démocrate sait apprécier les qualités d'éloquence de Franklin et reconnaître le prestige dont il jouit, il l'estime encore trop superficiel, trop peu solide pour lui offrir une place de choix à ses côtés. Peut-être voit-il aussi en lui un rival potentiel. Franklin, ayant compris qu'il n'avait rien à attendre de plus que le prestige de son discours retransmis par radio à quinze millions d'auditeurs, repart aussitôt pour Warm Springs.

Mais, à la fin de septembre, tout change. Les responsables démocrates de New York réunis pour désigner leur candidat au poste de gouverneur prennent conscience de l'avance prise par le camp républicain. Pour assurer le succès d'Alfred Smith, il est indispensable qu'une majorité d'électeurs new-yorkais choisissent simultanément un démocrate pour gouverneur. Or qui, mieux que Franklin, aussi populaire à New York que dans les zones rurales, est capable de réaliser un tel rassemblement autour de son nom ? Contrairement aux espoirs de Smith qui a pris conscience de ses faiblesses, Franklin n'est pas intéressé et fait la fine bouche. Il veut continuer à se soigner, réussir à marcher sans canne pour se lancer vraiment dans la bataille. De plus, il fait avec Louis Howe une même analyse : compte tenu de la popularité des républicains, les conditions ne sont pas réunies pour espérer une victoire démocrate. À l'exception de sa fille Anna qui l'encourage à

1. Cité par Joseph Lash, *Eleanor and Roosevelt*, p. 416.

accepter l'offre d'Al Smith, les autres membres de sa famille sont réservés, y compris Sara. Toujours attentive à préserver le moral de Franklin, Eleanor est plus hésitante. Alfred Smith ne désarme pas. Il multiplie les coups de téléphone, les télégrammes. Pendant près d'une semaine, Franklin reste inaccessible. Le temps presse, Al Smith doit agir. Qui mieux qu'Eleanor est capable de jouer les médiateurs auprès de Roosevelt ? Le 30 septembre, elle reçoit un appel du candidat : il faut l'aider à joindre Franklin, le convaincre au moins de le prendre au téléphone. Le résultat est concluant. Après une longue conversation téléphonique entre les deux hommes, Franklin accepte la proposition de Smith. À la grande surprise d'Eleanor. La presse la harcèle : souhaitait-elle que Franklin soit candidat ? L'a-t-elle influencé ? A-t-elle joué un rôle décisif ? Comme à son habitude quand il est question du rôle qu'elle joue dans la carrière de son mari, Eleanor se montre réservée : « Mon mari prend ses propres décisions, nous discutons beaucoup ensemble, et quelquefois je m'oppose à lui, mais il décide toujours seul. »

Il ne reste qu'un mois avant les élections du 6 novembre. Franklin, infatigable, ne ménage pas ses efforts. Toute occupée par son rôle auprès du candidat à la présidence, Eleanor ne prend aucune part dans la campagne de son mari. Vient le jour du scrutin. Smith est battu à plates coutures par Herbert Hoover, un républicain progressiste qui a été secrétaire au Commerce pendant huit ans. En revanche, au poste de gouverneur de New York, Franklin l'emporte sur son concurrent républicain avec une marge de 25 000 voix. Il n'est pas sûr, comme elle l'avoua plus tard dans *This I Remember*, que cette nomination réjouisse Eleanor. « Non, répond-elle à un reporter, l'élection de mon mari ne m'excite pas. Cela m'est égal. Quelle différence pour moi ? »

Certes, Franklin a prouvé qu'il avait surmonté le handicap de la maladie, il est maintenant l'homme phare du parti démocrate, et elle est heureuse pour lui. Mais elle, quel rôle l'attend ? Va-t-elle devoir se contenter de n'être que l'épouse du gouverneur de l'État de New York ? Une fois encore ses sentiments sont embrouillés, sinon contradictoires. L'aîné de ses fils, James, analyse de façon perspicace les ambiguïtés d'Eleanor[1] : « Je crois qu'elle pensait que Papa allait perdre et elle était plus concernée par la victoire d'Alfred Smith. Il devint d'ailleurs assez clair que, si Père gagnait, elle perdrait. Elle savait qu'il avait voulu qu'elle soit active en politique pour qu'elle conserve son prestige aux yeux du public. Elle savait que Père souhaitait qu'elle rentre dans l'ombre s'il revenait à la lumière. D'un autre côté, devenue un membre important de l'équipe d'Alfred Smith, elle pensait qu'elle tiendrait une place plus importante s'il remportait l'élection [...] Mère travaillait plus dur pour Smith que pour Père. Mais en même temps elle l'encourageait à courir ses chances, puisque c'était là ce qu'il souhaitait. »

Voici Franklin de nouveau en selle. Il a neigé en abondance ce 1er janvier 1929 lorsqu'il prend ses fonctions de gouverneur et qu'il prête serment sur la bible familiale. Dix-sept ans après un premier mandat de sénateur, sept ans après la maladie qui a fait de lui un infirme à vie, le voici à quarante-sept ans de retour à Albany où a débuté sa carrière. Naturellement énergique par nature, depuis sa maladie il est devenu, semble-t-il, indomptable. Quelle victoire pour cet homme qui a fait preuve de tant de courage dans la souffrance et d'une telle ténacité dans le repli, quelle revanche sur le monde politique qui a cru en 1921 qu'il n'avait plus qu'un passé. L'État de New York, qui comprend la métropole et s'étend vers l'ouest jusqu'à la frontière canadienne, est à l'époque un État clé de l'Union, le plus peuplé, le plus puissant sur le plan financier, l'un des plus importants pour son industrie, son commerce, voire son agriculture. Qui sont les électeurs de Franklin ? Des citadins et des ruraux, des immigrants récents et des Américains de vieille souche, des adversaires et des partisans de la prohibition.

Celui qui exerce dans cet État les principales responsabilités du pouvoir exécutif est une personnalité nationale qui peut prétendre, surtout en tant que Roosevelt – l'ombre de Theodore n'est pas loin –, aux plus hautes fonctions. Mais les

1. James Roosevelt, *Franklin and Eleanor. My Parents.*

embûches ne manquent pas, puisque Franklin est contraint de gouverner avec un Congrès en majorité républicain, que la législature ne dépasse pas deux ans et qu'il sera donc rapidement soumis à un nouveau scrutin. De plus, il succède à Alfred Smith, dont la popularité reste vive.

Chapitre VIII

LA FEMME DU GOUVERNEUR

Quel chemin parcouru aussi par Eleanor, que de changements et d'épreuves dans son existence, dont, néanmoins, elle a su tirer le bénéfice depuis son premier séjour à Albany, où elle n'était qu'une jeune femme inexpérimentée, mélancolique et soumise. Si Franklin et elle, souvent éloignés l'un de l'autre, mènent deux vies parallèles, ils n'en sont pas moins restés profondément liés par des intérêts qui dépassent leur couple, par un respect et une affection réciproques aussi. Ils sont partenaires, comme elle aime à le dire. Certes, ils ont des approches différentes, celles d'Eleanor sont dictées par la force du sentiment, celles de Franklin par la logique du pouvoir et de sa fonction. Elle est d'abord concernée par le souci des autres, lui se sert des autres pour soutenir sa carrière et ses projets, mais ce privilégié n'en est pas moins habité par un idéal de justice. Elle méprise les conventions et discute la loi quand celle-ci s'oppose à ce qu'elle estime être une juste cause. Lui est un pragmatique qui peut se montrer opportuniste pour arriver à ses fins. Mais quelles que soient ses arrière-pensées, son peu de goût, comme elle l'affirme à chaque instant, pour les fonctions officielles, le pouvoir et l'apparat, Eleanor, femme de devoir avant tout, a pleine conscience de ce que sa nouvelle fonction signifie pour Franklin. Ainsi entend-elle remplir son rôle d'épouse de gouverneur et répondre aux exigences qu'il implique.

Au mois de décembre, elle précède Franklin à Albany afin d'installer leur nouvelle demeure, une bâtisse quelque peu baroque, agrémentée de coupoles et de tourelles, dont le décor intérieur est surchargé. Sitôt arrivée, elle procède à certaines modifications qui correspondent mieux aux habitudes familiales de confort et de simplicité. Les appartements destinés à Franklin sont l'objet de tous ses soins : une grande chambre ensoleillée au deuxième étage, un immense dressing room et une salle de bains. L'irremplaçable Missy LeHand est logée non loin de là. Soucieuse du bien-être du personnel, Eleanor agrandit l'espace qui lui est dévolu. Enfin, une piscine construite avec l'autorisation du Congrès républicain local remplace trois parterres de fleurs. Selon tous les témoins, la maison est très animée, le gouverneur reçoit beaucoup, n'accorde guère d'importance à l'étiquette. Les œufs brouillés d'Eleanor restent sa recette de prédilection et le visionnage d'un film, en général le dimanche soir, fait l'unanimité. Tout le monde y assiste, y compris les domestiques blancs comme noirs.

Sa position d'épouse n'est pas sans lui causer certaines difficultés. Eleanor sait que Franklin considère toujours la politique comme un territoire réservé aux hommes et qu'il n'acceptera pas trop d'ingérence de sa part. Elle doit donc se contrôler pour ne pas l'irriter et sans doute est-elle suffisamment réaliste pour prendre en compte le contexte de l'époque : « Les femmes doivent aller lentement. Je ne pense pas que beaucoup d'entre elles soient prêtes à assumer des charges politiques et mieux vaut pour le moment qu'elles soient le moins nombreuses à occuper des fonctions[1]. » Elle renonce donc à toute activité politique à l'intérieur du parti démocrate, comme elle l'annonce devant le Women's City Club le 9 janvier 1929. Du moins officiellement. Car ceci ne l'empêche pas de continuer à écrire sans les signer les éditoriaux des *Democratic News*. Plus question non plus de prendre la parole en public ou de participer à la moindre organisation citoyenne. « Je suis totalement discrète », assure-t-elle à Franklin, qui se trouve encore à Warm Springs, dans une lettre datée du 19 novembre 1928, moins de deux mois avant son entrée en fonctions.

1. Joseph Lash, *Eleanor and Franklin*, p. 437-438.

Malgré ses efforts de réserve, Eleanor s'intéresse toujours aux affaires publiques et elle n'attend pas longtemps pour faire réentendre sa voix. Elle intervient dans tous les problèmes sociaux, en particulier dans la situation des femme, sans négliger les questions d'ordre plus général, comme le chômage, qui explose à la suite du krach de 1929. Elle ne renonce pas non plus à influencer Franklin quand il s'agit de l'intérêt de sa charge. C'est particulièrement flagrant au moment où Franklin constitue son cabinet. En proposant la candidature de Roosevelt pour tenter de se sauver lui-même, Al Smith s'est persuadé que son état de santé obligera l'infirme à de longs séjours à Warm Spring, le rendant incapable de remplir de manière continue ses obligations de gouverneur. Smith compte donc continuer à tirer les ficelles, en imposant un certain nombre de ses collaborateurs comme son ancien chef de cabinet, Robert Moses, et sa conseillère en communication, Belle Moskowitz. Roosevelt se méfie mais tergiverse. Moins prudente, Eleanor l'incite à refuser le plus vite possible de les intégrer à son équipe : « Par toutes sortes de signes, je pense que Belle et Bob Moses sont bien décidés à se cramponner à vous », écrit-elle à son mari dans une lettre datée du 13 novembre 1926[1], « et vous vous réveillerez pour trouver R.M. secrétaire d'État[2] et B.M. en train de traiter l'information à sa guise, à moins que vous ne preniez une décision ferme… » Et d'ajouter ce propos contre Belle, dont l'arrogance l'irrite : « Dieu, la race a du nerf et des tentacules d'acier. » Remarque malheureuse, révélatrice de l'antisémitisme Wasp dont elle fait preuve de temps en temps.

Eleanor insiste encore davantage pour qu'il s'adjoigne une femme qui a occupé diverses fonctions pendant le mandat de Smith et qu'elle respecte pour son intégrité : « J'espère que vous nommerez France Perkins commissaire à l'Industrie », lui conseille-t-elle dans une de ces innombrables notes – petites

1. Citée par Joseph Lash, *Eleanor and Franklin*, p. 433.
2. Dans le système de gouvernement d'un État, le secrétaire d'État est l'équivalent du chef de cabinet.

feuilles de papier de la grandeur d'un carnet écrites à la main et toujours signées de ses initiales, E.R. – dont elle est devenue coutumière. Mais, pour ne pas paraître l'influencer trop directement, elle charge Molly Dawson, présidente de la Ligue des consommateurs de New York et soutien solide de Franklin pendant sa campagne, d'aller à Warm Springs plaider la cause de France Perkins. Devenue un élément clé de l'équipe du gouverneur, cette dernière contribua à faire de New York une des villes les plus avancées en matière de droit du travail, avant d'être nommée en 1933 secrétaire au Travail par le président Roosevelt. Première femme à occuper un tel poste, elle le conserva pendant douze ans, jusqu'à la mort en 1945 de F.D.R. – seul président de toute l'histoire américaine à avoir été réélu à trois reprises. Assez sévère quand elle se souvient du jeune Franklin[1] qui avait l'habitude de regarder les autres du haut de son mètre quatre-vingt-dix à travers son pince-nez, France Perkins manifeste dans ses mémoires son immense admiration pour l'homme qu'il est devenu : « Il était l'être humain le plus compliqué que j'ai connu, mais cette complexité lui a permis d'avoir une extraordinaire compréhension de la nature humaine. Ainsi a-t-il pu dominer toutes les circonstances [...] Il était tout à la fois l'ami des riches, le frère du pauvre, capable d'être sévère et puritain mais aussi accommodant, indulgent et sachant pardonner les faiblesses de ses amis. Il n'était pas né grand, mais il est devenu un grand homme. »

Quoique rival d'Al Smith, Franklin Roosevelt s'inspire de l'esprit de réforme de son prédécesseur. En effet, par la construction de logements à bon marché, l'augmentation des salaires des enseignants, la limitation à 48 heures du travail des femmes – mesure précisément réclamée par Eleanor –, Al Smith a fait de son État un des rares bastions du progressisme. Roosevelt renforce ce programme en décidant la baisse du prix de l'électricité et le développement de cette énergie – une de ses priorités –, la création des assurances sociales, le relèvement des impôts, l'aide aux fermiers à un moment où les prix à la

1. France Perkins, *The Roosevelt I Knew*, p. 30.

production subissent des baisses drastiques. Tandis qu'il s'emploie à mettre en œuvre ces dispositions, moins de dix mois après son entrée en fonctions survient le krach de Wall Street. C'est le prélude à une crise d'une ampleur inédite, qui touche l'ensemble du pays – pour ne parler que des États-Unis – avec ses millions de chômeurs, de sans-abri, d'affamés. Cette réalité, Franklin et Eleanor la contemplent avec consternation lors de leurs déplacements à New York ou dans les campagnes. Son impact détermine bientôt les grandes orientations économiques et sociales du futur président F.D. Roosevelt : « L'un des devoirs de l'État, énonce-t-il le 28 août 1931, est de prendre soin des citoyens qui, victimes de l'adversité, ne peuvent pas acquérir le strict nécessaire sans l'aide d'autrui [...] Le gouvernement doit aider ces citoyens infortunés, non point par charité, mais pour assurer son devoir social. » Simultanément à son action de gouverneur, Franklin travaille tout au long de l'année 1930 à sa réélection à la tête de l'État de New York et fustige chaque jour plus sévèrement l'inaptitude du gouvernement Hoover à combattre la dépression. Réélu haut la main au mois de novembre, il profite cette fois d'un Congrès désormais dominé par les démocrates. À quarante-huit ans, entouré de toute une équipe[1], Franklin affirme un peu plus chaque jour son ascendant au sein du parti dans la perspective des prochaines échéances présidentielles.

Au cours de cette période qui précède son élection à la Maison Blanche, Eleanor redouble d'activités, partageant son temps entre Albany où elle prend soin des visiteurs et de l'intendance, et New York qu'elle rejoint par train chaque dimanche soir et où elle continue d'enseigner. Le trajet qu'elle fait seule ou accompagnée de sa secrétaire dure près de trois heures. Le wagon est faiblement éclairé alors que la nuit est déjà tombée depuis longtemps sur l'Hudson, qui à certains

1. Dont le lieutenant-gouverneur Herbert Lehman, James Farley, un permanent du parti qui remplit les fonctions de secrétaire du comité démocrate de l'État, et Sam Rosenman qui écrit ses discours – sans oublier Louis Howe, son fidèle stratège.

endroits s'élargit à la dimension d'un lac. Rhinebeck, Pougkeepsee, Harmon, Croton, Beacon..., tout au long du parcours qui la mène vers Grand Central résonnent les noms des arrêts successifs, toutes ces petites villes touchées par la crise. Eleanor corrige les copies qu'elle doit rendre le lendemain ou met la dernière main à l'un de ses articles. À New York, quatorze heures de cours l'attendent entre le lundi matin et le mercredi après-midi.

Elle n'en néglige pas pour autant ses autres charges, les réunions au sein des organisations féminines, les rencontres avec les syndicats, sa collaboration avec Louis Howe resté à New York pour faire le lien entre Franklin et Tammany Hall, ou la gestion du petit atelier de Val Kill encore en activité. Elle sert aussi de médiateur entre le gouverneur et ceux dont les points de vue ou l'expérience semblent pouvoir lui être de quelque utilité, quitte à lui imposer parfois des visiteurs incongrus dont il se passerait bien.

Franklin a pleine conscience des capacités de sa femme, il admire son énergie même s'il se plaint parfois de ses irruptions intempestives dans une réunion où elle n'a rien à faire. Il sait aussi par expérience qu'elle est toujours disposée à l'appuyer dans sa tâche. Il lui propose donc de le seconder lors de ses tournées à travers l'État de New York, visites effectuées le plus souvent en empruntant le système de canaux qui dessert le territoire – on connaît le goût de Franklin pour la navigation –, essentiellement destinées à mieux connaître les besoins des citoyens et à vérifier la bonne marche des institutions. À lui, les rencontres avec les responsables locaux, l'écoute des revendications, l'inspection en voiture des infrastructures extérieures. À elle, le soin de visiter en détail les lieux trop difficiles d'accès pour son mari, avec pour consigne de ne rien laisser passer, comme elle en témoigne dans *This I Remember* : « La marche était pour lui si malaisée qu'il ne pouvait entrer à l'intérieur d'une institution et vérifier la manière dont les choses étaient gérées, qu'il s'agisse du personnel, de l'occupation des lieux, de la nourriture, des soins médicaux. C'est moi qui étais chargée de cette tâche et je dois reconnaître qu'au début mes rapports laissaient à désirer. Je devais lui dire par exemple ce qu'il y avait au menu, et alors il me demandait : êtes-vous certaine que les intéressés ont vraiment reçu cette nourriture, avez-vous bien vérifié ? J'ai appris ainsi à examiner jusqu'au fond des casseroles, à regarder si les lits n'étaient pas trop rapprochés, à repérer l'attitude des malades envers le personnel et, avant la fin de notre séjour à Albany, j'étais vraiment devenue une experte, une spécialiste du compte rendu. »

Sa mission : être les yeux et les oreilles de Franklin. Dès cette époque, elle est souvent accompagnée du caporal Earl Miller, ancien garde du corps d'Al Smith. Chargé de sa protection, cet ancien boxeur âgé de trente-deux ans a belle allure, un physique avenant et la réputation d'un séducteur. Excellent cavalier, il apprend à Eleanor à tirer au revolver, à perfectionner sa monte à cheval, à plonger, à conduire sa voiture avec sang-froid et même à sourire devant les photographes. Lui qui, avant de la rencontrer, l'imaginait peu avenante, il constate que les photos la desservent. Elles ne reflètent « ni sa grâce, ni la fraîcheur de son apparence, ni le charme d'une personnalité intelligente, pleine de force et de droiture[1] ». Pour sa part, Eleanor aime sa gentillesse, ses prévenances et sa fidélité. Avec Earl, elle se divertit et apprécie les soirées, où en compagnie de deux artistes de ses amis, Mairys Caney et Eddie Fox, ils chantent en s'accompagnant au piano et tournent même un petit film d'amateur dans lequel, chevalier au grand cœur, il vole au secours de la victime qui n'est autre qu'Eleanor. Lui redonne-t-il le sentiment de sa féminité ? Tout dans ce cliché où, sur fond de sapins, Eleanor assise sur un rocher, souriante et détendue, pose sa main sur le genou d'Earl en tenue de cheval, indique une complicité. Cette relation de tendre amitié fait d'ailleurs l'objet de commentaires et de critiques. Ainsi Nancy Cook et Marion Dickerman, ses amies de Val Kill, jugent Earl trop familier, grossier et blâment Eleanor pour l'intérêt qu'elle porte à cet homme issu d'un milieu si éloigné du sien. Sara, sa belle-mère, toujours méprisante, ironise et s'indigne en silence.

1. Joseph Lash, *Eleanor and Franklin*, p. 453-456.

D'autres parlent de « romance », d'une relation plus intime, dans le genre de celle que l'on prête à Franklin avec Missy LeHand. James, son fils aîné, dans le livre qu'il publia bien des années plus tard, n'exclut pas une possible liaison tout en remarquant que sa mère semble trop puritaine pour assumer une telle aventure. Joseph Lash, un de ses plus intimes confidents, partage cette opinion quand il écrit : « Elle était incapable de se laisser aller. » En revanche, Franklin élu président, Marion Dickerman n'exclut pas qu'elle ait désiré épouser Earl. Hypothèse qui semble peu vraisemblable de la part d'une femme si retenue dans ses sentiments, si consciente de ses responsabilités, de son rôle, si respectueuse du nom qu'elle porte. Toutefois, Eleanor, consciente du qu'en dira-t-on, s'attache à décourager toute rumeur et favorise même un flirt entre Missy et Earl avant de l'encourager à épouser une lointaine cousine de sa première femme. Enfin, dans *This I Remember,* elle ne fait que de rares et amicales allusions à celui qui ne l'appelait au plus fort de leur intimité que *Lady* ou *Dearest Lady.*

Quelle fut la nature exacte de cette relation ? On n'en saura jamais rien, puisque l'ensemble des lettres échangées ont été détruites. Blanche Wiesen Cook[1] choisit de parler d'amitié amoureuse, d'un lien qui dura toute une vie. Quoi qu'il en soit, Eleanor eut d'autres attachements, d'autres fidélités, d'autres passions.

Comme dans toutes les familles, les problèmes ne manquent pas. Le couple d'Anna qui vient d'avoir une petite fille connaît des difficultés ; James, qu'Eleanor juge trop jeune pour s'engager, vient d'annoncer ses fiançailles avec une jeune fille d'origine irlandaise ; Elliott est rétif aux études et manifeste une certaine inclinaison pour le jeu. Enfin, Sara défiant toujours Eleanor favorise outrageusement les caprices des deux derniers garçons, Franklin Junior et John, respectivement âgés de quinze et treize ans.

C'est l'été 1929. Nancy et Marion proposent à Eleanor de les accompagner en Europe. Pourquoi ne pas emmener, sug-

1. Blanche Wiesen Cook, *Eleanor Roosevelt*, p. 442-444.

gère Franklin qui s'apprête à partir pour Warm Springs, leurs deux plus jeunes fils ? Eleanor hésite, toujours un peu inquiète des querelles incessantes entre Franklin Junior et Johnny, puis accepte. Nancy et Marion voyageront dans leur Buick, Eleanor avec les deux garçons dans sa Chevrolet. Surtout pas de protocole.

Mais, lors d'un dîner familial à Hyde Park, Sara s'indigne que la femme du gouverneur de l'État de New York et ses petits-fils voyagent ainsi à l'aventure, qui plus est dans une vieille voiture. Franklin ne la contredit pas et, une fois encore, Eleanor s'incline devant sa belle-mère. Elle louera une limousine avec chauffeur – une Daimler – en Angleterre. C'est finalement partagée entre l'appréhension devant les incertitudes du voyage et le plaisir de revoir l'Europe qu'elle s'embarque le 26 juillet de Montréal. À peine partie, elle écrit à Franklin : « Nous voilà maintenant en route et je vais tenter de faire passer aux enfants un bon moment, je sais que vous n'écrirez pas, mais envoyez-moi des télégrammes aussi souvent que possible. »

La première partie des vacances se passe en Irlande et en Angleterre. Franklin Junior et John retrouvent leur frère aîné James, avec qui ils séjournent un moment près de Belfast dans la propriété de la famille de sa fiancée. La demeure est entourée de prairies où paissent des moutons, mais le domaine est assez vaste pour que les deux garçons s'aventurent dans de longues randonnées à cheval. De son côté, Eleanor parcourt avec ses deux amies la région des lacs du nord-ouest de l'Angleterre. Les retrouvailles se font à Dublin. Les garçons n'ont qu'un sujet aux lèvres, les concours hippiques, auxquels ils ont assisté et montrent peu d'enthousiasme pour les visites de musées que leur propose Eleanor. À l'exception d'une rencontre avec le président Mazarik, fondateur de la Tchécoslovaquie, lors d'un déjeuner chez le gouverneur général d'Irlande, et d'un maradjah « très désagréable qui aurait étranglé une de ses femmes », Eleanor refuse les réceptions officielles. Ce voyage est surtout l'occasion de faire connaître l'Europe aux deux garçons.

À Londres, Eleanor achète chez Harrod's un pyjama en soie pour Franklin. Dans le mot qui accompagne son cadeau, elle ajoute cette précision : « très cher, mais de bonne qualité, j'espère qu'il vous plaira autant qu'à moi[1] ». Pour elle, un chapeau et un imperméable de Burberry[2]. Ils se rendent ensuite sur le continent, parcourent la Belgique, puis les rives orientales du Rhin et le Luxembourg où le petit groupe fête au champagne l'anniversaire du jeune Franklin. Eleanor, sobre à son habitude, commande de l'eau d'Évian. La France enfin. À la demande expresse de son mari, on donne priorité à la visite des champs de bataille, Verdun, Château-Thierry, la forêt de Belleau. Une gerbe de fleurs est déposée sur la tombe de leur cousin Quentin Roosevelt, le plus jeune fils de Theodore et son préféré, tué lors d'un combat aérien pendant la Grande Guerre. À la vue de ces immenses parterres de gazon surmontés de simples croix blanches que sont les cimetières militaires américains, les deux frères prennent conscience du sacrifice accompli par leurs aînés et du drame qu'a connu l'Europe. « C'est un étrange pays, écrit John à son père, il n'y a que des garçons de notre âge ou des vieillards qui travaillent dans les champs. Nous avons vu aussi de jeunes militaires en manœuvre, mais aucun homme de votre génération… Comment la France ou l'Allemagne, après avoir perdu tant d'hommes, peuvent-elles être encore des puissances mondiales ! »

À Paris où la chaleur d'août est accablante – « le sommet de la tour Eiffel est le seul endroit où il fait un peu plus frais » –, Eleanor reçoit enfin une lettre de Franklin. Il attend son retour pour rejoindre Warm Springs. Dans sa réponse, elle ne cache pas que l'indiscipline et les excentricités de ses fils lui rendent parfois le voyage pénible. Elle n'est d'ailleurs pas au bout de ses peines. Au Mont-Saint-Michel, ils passent leur temps à se bagarrer à coups de poing. Excédée, elle les abandonne au célèbre restaurant de la Mère Poulard et part visiter seule

1. Eleanor à F.D.R., juillet 1929. Cité par Beata de Robien, *Les Passions d'une présidente*, p. 97.
2. Beata de Robien, *ibid.*

l'abbaye. Lorsqu'elle revient, un attroupement attire son attention : au premier étage, John est suspendu la tête en bas, tenu au-dessus du vide par son frère qui menace de le lâcher[1].

Les voyageurs sont de retour aux États-Unis le 15 septembre. Eleanor n'attend pas longtemps pour reprendre ses multiples activités. À New York, elle enseigne. À Albany, que la crise atteint comme le reste de l'Amérique, elle met toute son énergie à appuyer France Perkins dans les mesures qu'elle prend pour limiter le chômage en modernisant le service public de l'emploi. Après s'être contrainte pour complaire à Franklin à l'effacement sur le plan politique, elle reprend du service au sein de la section des femmes du parti démocrate et collabore de nouveau au *Democratic News*. Impôts, aide aux fermiers, législation du travail, emploi, travaux publics, pouvoir politique, elle analyse dans ses éditoriaux tous les problèmes de l'heure. Au mois d'octobre 1929, elle intervient comme orateur à l'Exposition des Industries et Arts féminins et s'en prend directement à l'étroitesse d'esprit et à la conception réactionnaire de Henry Ford. Le magnat de l'industrie automobile, jugeant les femmes trop peu précises pour travailler dans l'industrie, assure que leur place est à la maison. Eleanor se rebelle contre ce parti pris et les encourage à créer des petites entreprises. Alors que la crise s'accentue et que le chômage s'amplifie, elle réclame des réformes immédiates. Non, répond-elle à ses détracteurs, elle n'est pas influencée par le syndicalisme, les radicaux ou les communistes. Mais elle estime qu'il est impératif de fournir du travail à ceux qui n'en ont pas pour leur permettre de vivre décemment. C'est aussi une manière d'appuyer les objectifs que défend Franklin dans la perspective de sa réélection au poste de gouverneur. Si une fois encore Eleanor assure qu'elle n'a pas le moindre intérêt personnel dans la victoire de son mari, il n'en reste pas moins, assure Joseph Lash, qu'elle ne laisse rien au hasard et qu'elle fait tout pour qu'il soit réélu.

---

1. Eleanor à F.D.R., août 1929. Cité par Beata de Robien, *Les Passions d'une présidente*, p. 98.

Au mois de novembre 1930, Franklin recueille 750 000 voix d'avance. C'est un triomphe, d'autant plus qu'il est le premier démocrate de l'histoire à remporter le secteur nord de New York. Dans le comté de Dutchess, qui inclut Hyde Park, il devance son adversaire de manière spectaculaire. Ce soir-là, alors que tous les siens célèbrent sa victoire jusque tard dans la nuit, Eleanor, contrainte de repartir pour assurer ses cours le lendemain matin à New York, laisse ce petit mot écrit au crayon à son mari : « Beaucoup d'amour et un monde de félicitations. C'est un triomphe pour tant de raisons et si bien gagné. Que vos souhaits se réalisent et bonne chance pour les deux prochaines années. » Assuré d'un Congrès fédéral désormais dominé par les démocrates, Franklin voit plus loin : il se sent assez solide et résolu tenter d'obtenir la magistrature suprême lors de l'échéance de 1932. Il lui reste un peu moins de deux ans pour s'y préparer.

À quel moment a-t-il pris sa décision ? « Franklin ne m'a pas dit quand il décida de briguer la présidence, mais je savais par Louis Howe qu'ils préparaient ensemble le terrain », reconnaît Eleanor dans *This I Remember*. Elle ne semble pas, d'ailleurs, prendre ombrage de ce que l'on pourrait considérer comme un manque de confiance : « Franklin écoute, mais il fait comme il l'entend. Il est toujours intéressé par les propos d'autrui. Il rassemble les avis, même les plus contradictoires, et prend seul la décision finale, la plus difficile. » Pour elle, ce n'est nullement une surprise. Elle connaît depuis longtemps son ambition. Ne l'a-t-elle pas constamment servie, pas tant pour la gloire qu'au nom du bien commun !

Chapitre IX

1932-1933
À L'ASSAUT DE LA PRÉSIDENCE

Le 22 janvier 1932, une semaine avant de fêter son cinquantième anniversaire, Franklin D. Roosevelt annonce officiellement sa candidature aux élections primaires du Dakota du Sud, dans la perspective de la Convention. Premier à entrer en lice, il est bientôt suivi d'une pléthore de concurrents, dont son ex-allié Alfred Smith n'est pas le moindre. Au sein du parti Franklin est le plus estimé, regardé comme le plus susceptible de l'emporter. La bataille ne s'annonce pas moins rude : pour vaincre, deux tiers des suffrages des délégués sont nécessaires, soit un total de 770 mandats. Il doit aussi faire face depuis 1930 à des rumeurs persistantes sur son état de santé propagées par ses adversaires. Il souffrirait d'une maladie secrète – une lettre circulaire datée de 1930 assure que le gouverneur de l'État de New York est atteint de syphilis – qui le rend incapable de gouverner les États-Unis. Pour réfuter cette accusation, il est contraint de se soumettre, sur proposition d'un républicain, à un comité médical officiel sous l'autorité du président de l'Académie de médecine de New York. Le résultat est concluant : « Sa force et son endurance sont en état de répondre à toutes les exigences de la vie privée et publique[1]. » Il n'échappe pas non plus aux attaques de la presse dont une partie lui reproche l'inconsistance de son programme. C'est le cas du célèbre éditorialiste Walter Lippmann qui doute de ses convictions et le

1. Pour plus de détails, voir André Kaspi, *Franklin Roosevelt,* p. 178-179.

soupçonne de légèreté : « Il n'est pas le tribun du peuple. Il n'est pas l'ennemi des privilèges. C'est un homme agréable qui, sans avoir une qualification particulière pour exercer la fonction, voudrait beaucoup être président. » Plus inquiétant, parce qu'il fait écho au courant isolationniste antiwilsonien alors dominant, le tout-puissant groupe Hearst l'accuse d'être le champion obstiné de la Société des nations. Aux yeux d'une majorité de l'opinion, l'appartenance à cette institution internationale est contraire aux intérêts de la nation.

Pragmatique et déterminé à l'emporter, pressé par Louis Howe et les membres de sa future équipe[1], Franklin Roosevelt se hâte de reconnaître qu'il a changé de position depuis la campagne de 1920 et qu'il n'a aucune intention de soutenir une participation américaine[2]. Ce revirement, Eleanor l'accepte très mal. Comment comprendre en effet que son mari renie l'idée force destinée à mettre la guerre hors la loi ? De toutes leurs divergences politiques, celle-ci est sans doute la plus profonde. Franklin est le politique, elle est l'aiguillon. Mais elle n'est pas seule à s'indigner, beaucoup de partisans du gouverneur confessent leur déception.

Un peu moins de six mois séparent la candidature de Roosevelt et la Convention fixée à la fin du mois de juin, six mois au cours desquels il se dépense sans compter. Il lui faut remporter le plus grand nombre de primaires, engranger les voix pour atteindre les 770 mandats fatidiques, nécessaires à une victoire qu'il souhaite obtenir dès le premier tour. Car si la Convention s'enlise comme le cas s'est déjà produit en 1924, toutes les combinaisons, tous les marchandages rendent possible le succès d'un outsider. Les concurrents sont nombreux

1. Ce petit groupe d'universitaires, chacun expert en son domaine, rassemblé au mois de mars sur le conseil de Samuel Rosenman, est constitué principalement de Raymond Moley, politologue, professeur de droit public à l'université de Columbia ; de Rexford Tugwell, spécialiste des questions agricoles ; d'Adolf A. Berle, professeur de droit à Harvard et Columbia, fin connaisseur des problèmes économiques ; enfin de Basil O'Connor, un avocat qui a travaillé dans le même cabinet d'affaires que F.D.R.

2. Joseph Lash, *Eleanor and Franklin*, p. 463.

et deux États clés, le Texas et la Californie qui représentent ensemble une petite centaine de délégués, risquent de lui échapper. À la veille de cette étape redoutable qu'est la Convention, Franklin se trouve encore loin du compte. Mais il n'est pas homme à se laisser abattre. Il a réussi à dominer la maladie, il est résolu à se surpasser. Entouré de son état-major, secondé par Louis Howe qui ne le quitte pas d'une semelle, il sait qu'il faut jouer serré, mesurer ses paroles, accepter les compromis, prouver une fois encore tout son savoir-faire.

Le 27 juin 1932, dans le grand stade de Chicago où deux semaines auparavant les républicains ont désigné leur candidat – le président Hoover –, la Convention démocrate ouvre ses portes dans l'atmosphère habituelle de grande kermesse. Les délégations sont au complet, les milliers de supporters crient leurs slogans et leurs acclamations retentissent chaque fois que le nom de leur champion est prononcé. Dix candidats sont en lice, dont les plus prestigieux sont Roosevelt, Smith, Garner. Il y a même un communiste, William Foster. L'après-midi du 30 juin, débute la longue série des discours de « nomination ». Au nom de Roosevelt, ses partisans se dressent pour chanter l'hymne de sa campagne : « Les beaux jours sont de retour ».

La nuit est longue. Le vote ne débute qu'à 4 h 20 du matin. Selon l'usage, Franklin est resté chez lui à Albany. Il suit à la radio les événements de Chicago et communique par téléphone avec Louis Howe et James Farley, le Postmaster General – Maître des postes général –, qui se trouvent sur place. Silencieux, concentré, fumant cigarette sur cigarette, il est entouré de sa famille et de quelques proches dont l'irremplaçable Missy LeHand et Sam Rosenman. Eleanor tricote comme toujours dans les moments d'attente, cette fois-ci un pull à col roulé pour Louis Howe. Les journalistes qui suivent la campagne de Roosevelt ont installé leur QG dans le garage.

Bien qu'il devance de loin ses concurrents, Franklin n'obtient au premier tour que 666 voix. Suivent un deuxième puis un troisième tour, mais on est toujours loin du compte : 16 voix de plus pour Roosevelt qui en totalise 682 contre 190 pour Smith et 101 pour Garner.

Il est maintenant plus de 9 heures en ce premier matin de juillet. À Chicago, où la chaleur est intense, les délégués exténués décident de prendre un moment de repos. Le vote est repoussé à la fin de l'après-midi. À Albany, l'attente fait monter la tension parmi toute la famille réunie. Roosevelt ne quitte pas le téléphone. Si rien n'est fait rapidement les démocrates risquent de se rabattre sur un candidat de compromis. Ne supportant plus le suspense, sa mère Sara est repartie pour Hyde Park. Alors que le reste de la maisonnée tente de prendre un peu de sommeil, Eleanor propose à des reporters de l'Associated Press croisés sur le pas de la porte de partager le petit déjeuner qu'elle prépare elle-même. Parmi eux, une journaliste reconnue et appréciée, Lorena Hickock. Hick, comme l'appelle ses familiers, grande admiratrice du gouverneur, est chargée de suivre les faits et gestes d'Eleanor.

À Chicago, on attend la reprise du vote. Tout se passe dans la coulisse. Pour le camp Roosevelt, c'est l'heure des transactions et des arrangements afin d'obtenir les 88 voix qui lui manquent. S'il veut gagner, Franklin a besoin du double ralliement du Texas et de la Californie remporté par Garner, un de ses challengers. Pour convaincre le candidat texan de s'effacer, il est impératif d'obtenir l'appui de Hearst, le magnat de la presse dont l'influence est déterminante en Californie. En échange, Roosevelt s'engage à choisir Garner comme vice-président ainsi que l'exige la délégation du Texas.

En début de soirée, le vote recommence. McAdoo, l'ancien secrétaire au Trésor de Wilson, prend la parole : « La Californie n'est pas venue à Chicago pour que la Convention se retrouve dans une impasse, mais pour choisir un président, elle reporte donc ses 44 voix sur Franklin Delano Roosevelt. » Un tonnerre d'applaudissements déferle sur la salle.

D'autres États longtemps indécis suivent, avant même que le Texas n'exprime son vote. Roosevelt comptabilise désormais 945 suffrages, bien plus qu'il ne lui est nécessaire pour obtenir l'investiture.

C'est à l'heure du dîner que Franklin apprend la nouvelle. « Bon vieux McAdoo », se réjouit-il. Dans un moment d'effusion générale, Eleanor et Missy s'embrassent, John et Elliot se serrent la main comme s'ils ne s'étaient pas vus depuis des années, rapporte Grace Tully, l'autre secrétaire de Franklin. Première à revenir sur terre, Eleanor annonce : « Je vais préparer des œufs au bacon. » Et quand Lorena Hickock lui demande si elle ne trouve pas exaltante l'idée d'occuper la Maison Blanche, Eleanor, le visage plutôt morose, reste silencieuse.

Roosevelt n'a pas de ces états d'âme. Vainqueur, il est déterminé à bousculer le temps, à innover. Contrairement à la tradition qui veut que les candidats attendent chez eux la notification du verdict, ce qui peut prendre plusieurs jours, Franklin décide de partir pour Chicago et d'y annoncer son programme. Au matin, accompagné de sa femme, de ses deux plus jeunes fils, de Rosenman, de ses secrétaires et de ses gardes du corps, dont Earl Miller, il monte à bord d'un petit avion qui décolle d'Albany. Après un vol exténuant qui dure neuf heures, à son arrivée il est conduit triomphalement par une foule en liesse vers le Hall de la Convention. Selon ses instructions, deux versions d'un discours ont été préparées par Rosenman et son équipe, mais il en préfère une troisième, celle qu'il a remaniée pendant le trajet et dont seule la première page est l'œuvre de Louis Howe.

Plus éloquent que jamais, il prononce un exorde qui va devenir légendaire : « Je vous promets, je me promets un *New Deal* pour le peuple américain. Tous ici, devenons les prophètes d'un nouvel ordre, fondé sur la compétence et le courage. » Il redouble de véhémence : « Donnez-moi votre appui, non seulement pour amasser des voix, mais pour gagner cette croisade qui permettra de rendre l'Amérique à son peuple. »

Quatre mois d'une épuisante campagne l'attendent. Infatigable, Franklin Roosevelt sillonne le pays. Au total, 50 000 kilomètres, au cours desquels il étonne autant ses proches que son auditoire. Eleanor, qui l'accompagne parfois, admire l'allégresse que lui apporte le contact avec la foule et la conviction qu'il en tire : la dépression peut être vaincue. Elle s'avoue impressionnée de le voir tout observer, tout noter pendant le voyage en train, rien qu'en regardant par la fenêtre : ici l'érosion des sols, là le mauvais entretien des cultures, l'absence d'infrastructures et la misère du pays profond.

Autant de lieux parcourus, autant de discours qu'il a le secret de rendre simples et efficaces. En priorité, il s'attaque à son prédécesseur, le président Hoover, qui n'a pas su voir dans l'euphorie ambiante les faiblesses du système et s'est révélé incapable de prendre les mesures nécessaires, « se fiant à Dieu pour que la pauvreté disparaisse de la nation[1] ». Pour Roosevelt, il s'agit de lancer sans attendre la reconstruction du pays. Les questions économiques, ainsi que la prééminence qu'il entend donner au pouvoir de l'État fédéral sur les États, forment l'essentiel des idées qu'il veut mettre en œuvre. Reprenant des arguments déjà développés les mois précédents, il s'adresse en particulier aux pauvres, promettant des aides aussi bien aux fermiers du Sud et de l'Ouest qu'aux chômeurs des grandes villes. Il s'engage aussi au nom du New Deal à fournir du travail aux jeunes, aux minorités ethniques, à tous les laissés-pour-compte qui ne peuvent ni se loger ni se nourrir. Tout un programme, mais ce programme peut-il suffire à sortir de la crise ?

Les réponses se recoupent. Claude Fohlen parle d'un programme très vague, rempli de contradictions. Aux yeux d'André Kaspi, Franklin se montre tantôt libéral, tantôt conservateur, partisan un jour du renforcement du pouvoir fédéral, un autre jour de la libre entreprise ou de la planification. Certes, il n'est que candidat, il peut encore évoluer, se plier aux circonstances, s'adapter aux audiences. Empirique, pragmatique, concède France Perkins, qui estime qu'il est le seul dans le marasme dominant à redonner espoir par son optimisme souriant, son enthousiasme et la foi qui l'anime dans son projet de remettre le pays sur les rails. « Tout au long de sa carrière, estima Eleanor des années plus tard, Franklin n'a jamais dévié de son objectif originel, rendre la vie meilleure pour la majorité de la population, hommes, femmes, enfants. Des milliers de

1. André Sigfried, *Tableau des États-Unis*, p. 177.

moyens ont été utilisés, des difficultés ont surgi, des accusations ont suivi, mais son objectif n'a jamais varié[1]. »

Quant à elle, quelles que soient ses réticences à la perspective de vivre à la Maison Blanche, elle soutient sans réserve son mari. Elle redouble d'activités à la tête de la Division des femmes démocrates, entourée de Caroline O'Day et de Molly Dowson. Persuadée qu'il faut faire comprendre aux femmes l'enjeu en cause, elle recrute des déléguées d'un bout à l'autre de l'Amérique, chargées de mobiliser les électrices. En accord avec Louis Howe, deus ex machina de la campagne, elle-même intervient le plus souvent possible, mettant toute son ardeur à redonner espoir aux Américains en butte à « la pire des calamités qu'ils aient connues ». À New York, elle s'adresse à des centaines de femmes venues de vingt-huit États : « Nous ne sommes pas seulement une partie du gouvernement, nous sommes le gouvernement, et chacune de nous se doit d'aider à résoudre les problèmes économiques. Ensemble, les femmes peuvent faire beaucoup. Efforçons-nous de nous unir dans cette épreuve aussi dangereuse qu'une guerre[2]. »

Jamais jusqu'ici l'épouse d'un candidat n'a pris de telles initiatives, n'a occupé tant de place dans la sphère publique. Ses interventions ne plaisent pas à tout le monde et les critiques pleuvent, y compris dans l'entourage de Franklin. Sam Rosenman, par exemple, s'agace de son idéalisme et de l'attention que Franklin prête aux opinions de sa « Missus », quitte à ne pas les prendre en compte. Comme avec tous, F.D.R. n'écoute et ne suit en définitive que son propre jugement. Il en faudrait plus pour intimider Eleanor qui, ménageant la chèvre et le chou, campe sur ses positions dans un article intitulé « Épouses des grands hommes » : « Aussi convaincue de ses idées soit-elle, une femme ne doit pas essayer de persuader son mari de renoncer à agir comme il le pense, ce qui ne doit pas l'empêcher d'avoir ses propres opinions et de les énoncer. »

1. *This I Remember*, p. 67.
2. Blanche Wiesen Cook, *Eleanor Roosevelt*, vol. 1, p. 424.

8 novembre 1932. Ce soir-là, dans l'attente des résultats, la demeure new-yorkaise des Roosevelt située dans la partie est de la 65e rue est en pleine effervescence. Eleanor a fait dresser un buffet où se pressent la famille quasiment au grand complet, quelques proches amis et un certain nombre de journalistes, dont Lorena Hickok. Depuis qu'elle suit Eleanor dans le cadre de la campagne, ces quelques mois ont suffi pour qu'une intense amitié lie les deux femmes. Hick admire Eleanor, ce jour-là plus que jamais. Contrairement à sa manière habituelle de s'habiller très simplement de tailleurs de tweed, la future First Lady, vêtue d'une robe du soir de soie blanche, a grande allure. « Elle ressemble à une reine », écrit Lorena.

Après le dîner tout le monde se déplace au quartier général du Comité national démocrate installé à l'hôtel Biltmore. Dans un salon du premier étage, F.D.R. et Jim Farley sont assis devant une longue table chargée d'une batterie de téléphones, et une douzaine d'opératrices en liaison constante avec le reste du pays égrènent les résultats à mesure qu'ils arrivent. Eleanor circule d'un étage à l'autre et accueille dans la grande salle de bal du rez-de-chaussée les centaines de militants qui ont œuvré pendant ces longs et étouffants mois d'été.

Les résultats sont connus un peu avant minuit. La victoire est sans précédent : F.D.R. l'emporte par 22,8 millions de voix, soit 57 % des suffrages. Quarante-deux États sur quarante-huit ont voté pour lui ; seuls résistent au courant le Connecticut, le Maine, le New Hampshire et deux États industriels de la côte Atlantique, la Pennsylvanie et le Delaware. En revanche, ceux de l'Ouest, du Sud et les zones rurales l'ont plébiscité. Avec 472 votes contre 59 à Hoover, les démocrates sont majoritaires dans les deux chambres. C'est la fin de douze ans de règne républicain.

Radieux, le visage éclairé par ce sourire qui fait merveille, Roosevelt rejoint la salle de bal. Il prononce quelques mots pour remercier tous ceux qui l'ont soutenu, en particulier Louis Howe qui n'a cessé de croire en son destin, et Jim Farley. Les journalistes entourent Eleanor : « Êtes-vous heureuse ? » Un instant de silence, puis avec cette distance qui la caractérise quand il s'agit d'une question personnelle : « Évidemment je suis heureuse, vous êtes toujours heureux quand une personne à laquelle vous êtes attachée obtient ce qu'elle veut. » Et avec gravité : « C'est une tâche immense, extrêmement difficile que de conduire une nation dans une époque telle que celle que nous traversons. Ce n'est pas quelque chose dont vous pouvez simplement vous réjouir. »

Restent quatre mois jusqu'au 4 mars, jour de l'entrée en fonctions du nouveau président. Une période intermédiaire qui n'est pas sans tension, sans danger et qui requiert toute l'énergie d'Eleanor. La maison entourée maintenant d'une double protection policière ressemble chaque jour un peu plus à une gare, entre les valises, les meubles que l'on déplace, les amis qui viennent aux nouvelles, la valse des conseillers de Franklin qui se succèdent jusqu'à des heures avancées de la nuit. La situation économique, loin de s'améliorer, s'aggrave régulièrement. Quant à Hoover, comme Roosevelt a repoussé son offre de collaboration, il prédit maintenant le pire : F.D.R. va transformer le pays en avant-poste du bolchevisme.

Le 3 janvier 1933, Franklin célèbre son cinquante et unième anniversaire à Warm Springs où Eleanor l'a accompagné : « Les dernières vacances avant longtemps », écrit-il à sa mère. Le 15 janvier, il échappe à un attentat alors qu'il prononce un discours impromptu, debout à l'arrière de sa voiture décapotable, à Miami[1]. En Floride, chacun a noté le sang-froid du futur président qui a tenu à accompagner à l'hôpital le maire de Chicago qui se trouvait à ses côtés, blessé à mort dans l'agression. En apprenant la nouvelle, Eleanor, restée à New York mais déjà rassurée, remarque : « La route jusqu'à l'hôpital a dû être affreuse pour Franklin, il hait la vue du sang. » Pressée par les journalistes de commenter l'événement, elle répond avec une maîtrise de soi comparable à celle de son mari : « Ce

1. L'auteur des coups de feu est un anarchiste d'origine italienne dont les motivations sont d'ordre personnel. Il fut condamné à quatre-vingts ans de réclusion, puis à la peine de mort, car le maire de Chicago, Anton Cernak, venu saluer Roosevelt, mourut des blessures reçues pendant l'attentat.

genre d'accident peut arriver à n'importe qui dans la vie publique. Un responsable politique ainsi que les membres de sa famille doivent toujours envisager cette possibilité. On ne peut pas vivre dans la peur. »

Les jours suivants, la presse est unanime : l'attentat manqué de Miami a fait de Roosevelt un héros.

Chapitre X

UNE AMITIÉ PASSIONNÉE

L'hiver 1932-1933 marque l'apogée du destin de Franklin. Eleanor, qui approche de la cinquantaine, a perdu la grâce de la jeunesse, gagné un peu d'embonpoint, mais conservé ses beaux cheveux et sa haute taille. Ses traits se sont affirmés, soulignant son absence de menton et sa mâchoire proéminente qu'accentueront plus tard les caricaturistes. Son visage est empreint de gravité, parfois de rudesse, mais elle ne manque ni de charme ni de chaleur lorsqu'elle sourit, ni de charisme lors de ses apparitions publiques, comme le soulignent tous ceux qui l'ont rencontrée plus tardivement[1]. Revêtue d'un long manteau noir dont le col s'orne d'une orchidée au revers, souriante sous son chapeau-cloche, elle pose le 28 janvier 1933 sur le perron de la Maison Blanche alors qu'elle sort d'une visite de courtoisie à l'épouse du président Hoover. La photo témoigne de son élégance naturelle autant que de l'aisance acquise.

Pour cette femme qui a su gagner sa liberté, acquérir une extraordinaire expérience dans le combat social et politique et dont la popularité est avérée, les nouvelles responsabilités de Franklin ne vont pas sans lui poser certains problèmes. Elle a fréquenté très jeune la Maison Blanche lorsqu'elle rendait visite à son oncle Theodore et n'ignore pas les obligations qui incombent à toute First Lady, la première étant de ne pas se mêler de politique. « J'avais pu observer Mme T. Roosevelt et vu ce

1. Entretien avec le professeur Laurence Fuchs qui fut son collègue à l'université Brandeis dans les années 1950, Boston, juin 2011.

que cela signifiait d'être la femme du Président, et je ne peux dire que j'étais heureuse à cette idée[1]. » Ne va-t-elle pas, elle aussi, se voir contrainte au silence, se retrouver prisonnière des mondanités, des réceptions officielles, avec comme seule perspective les œuvres de charité ?

« Si je voulais être égoïste », aurait-elle confié à Lorena Hickock[2] lors d'un trajet en train qu'elles font ensemble entre New York et Albany au mois de novembre 1932 : « Je souhaiterais que Franklin n'ait jamais été élu [...] Je n'ai jamais voulu être la femme d'un président, bien que certains aient affirmé que je l'ai poussé par ambition personnelle, une idée que j'aurais déjà eue derrière la tête lors de mon mariage. Non, je n'ai jamais voulu cela et je n'en ai pas plus envie aujourd'hui... » Comme elle le reconnaît dans le deuxième volume de ses mémoires *This I Remember*, paru après le décès de Franklin, Eleanor redoute fortement la perte d'une vie qui lui soit propre[3].

En tout état de cause, il n'est pas question d'échapper à ce qu'elle estime être une fois encore son devoir. Elle partage avec Franklin, en effet, un même souci du bien public. Et puis ne sont-ils pas tous deux, en dépit des épreuves et de la distance prise dans le mariage, des partenaires à toute épreuve, profondément liés l'un à l'autre par une ambition commune, celle d'améliorer le sort des plus démunis et de la nation tout entière ? Elle admire chez lui le courage, la vigueur, l'optimisme et le subtil savoir-faire pour parvenir à ses buts. Il respecte chez elle les principes, l'honnêteté, la loyauté et la force des convictions. S'ils vivent souvent séparés, et se trouvent parfois en désaccord, ils se respectent, dépendent l'un de l'autre et se comprennent. Dans ce moment qui représente pour lui l'apogée de son existence, elle ne saurait se dérober, tout en craignant de devoir renoncer à sa vie personnelle qui lui tient tant à cœur.

Or dans cette vie personnelle, alors même que son existence publique prend un nouveau cours, une femme, Lorena

1. *This I Remember*, p. 74.
2. Lorena Hickock, *Eleanor Roosevelt, Reluctant First Lady.*
3. *This I Remember*, p. 74.

Hickock, tient une place d'exception. Depuis l'élection, Hick, comme la nomme maintenant Eleanor, est devenue son amie la plus intime. Elles ne se quittent presque plus, se voient à peu près chaque jour, vont au théâtre et entament dès l'installation d'Eleanor à la Maison Blanche une correspondance quasi quotidienne. Elles voyagent aussi ensemble. En été 1933, elles vont jusqu'au Canada. Eleanor est au volant de sa Buick, les deux femmes se régalent des paysages et s'amusent de rencontres imprévues. De vraies vacances de collégiennes. L'année suivante, elles sont à Porto Rico en compagnie de deux autres femmes journalistes. Chargée par Franklin de lui rendre compte de la situation de l'île, Eleanor décrit l'état misérable de la population dans un rapport qu'elle lui remet à son retour.

Lorena n'appartient aucunement au monde dont est issu Eleanor, elle n'en a ni les manières ni l'esprit. Seule femme dans un univers d'hommes qui apprécient cette robuste collègue de trente-neuf ans à l'allure garçonnière, elle ne craint pas de partager leurs habitudes. Vêtue le plus souvent d'une chemise de flanelle et d'un pantalon, elle boit, fume le cigare, joue au poker. Lorena est une *self-made woman*. Eleanor, une aristocrate privilégiée. Mais elles ont en commun une enfance douloureuse dont elles ne se sont jamais remises.

Celle de Lorena a été plutôt misérable. Elle est née en 1893 dans le Wisconsin, un État du Middle West. Son père, ouvrier agricole ou petit employé selon les aléas du temps, est toujours en quête d'un travail. La famille vit dans l'incertitude du quotidien, les déménagements successifs, et Lorena passe d'une école à l'autre. Mais il y a pire : alcoolique et violent, son père la bat, elle et ses sœurs, et tyrannise sa mère. Lorsque celle-ci meurt, Lorena s'enfuit du domicile pour ne plus jamais revenir. À quatorze ans, elle a déjà appris à ne compter que sur elle-même. Elle s'engage comme bonne à tout faire : neuf familles en deux ans avant de trouver refuge chez une tante maternelle qui la pousse à entrer au collège. Elle n'y reste pas longtemps, car l'atmosphère, la discipline lui sont insupportables. Trop différente des autres élèves, elle a besoin de sa liberté. La jeune fille, douée pour l'écriture, tente sa chance dans le journalisme et suit des cours à l'université. Brillante, elle passe du *Battle Creek Journal* au *Milwaukee Sentinel* en tant qu'échotière. Mais, férue de musique et d'opéra, elle interviewe aussi des musiciens, dont le pianiste polonais Ignacy Paderewsky et la diva Ernestine Schumann-Heinck. La soprane qui a eu trois maris et sept fils, qui a connu Brahms, ne reste pas indifférente à l'admiration que lui manifeste la journaliste et elle lui fait cadeau d'une bague ornée d'un saphir, que Lorena offrit plus tard à Eleanor. Engagée au début des années vingt par le *Minneapolis Tribune*, la journaliste s'occupe de sport et de politique. Elle tombe alors amoureuse d'une jeune femme plutôt fortunée, Ellie Morse, qui étudie la littérature et s'essaye à la poésie. Leur liaison les mène jusqu'à San Francisco et dure huit ans. Puis un jour, Ellie la quitte sans crier gare pour épouser un ami de jeunesse. Désespérée, Hick, certaine de ne plus jamais aimer, part pour New York où elle devient grand reporter à l'Associated Press. Elle y donne toute la mesure de son talent lorsqu'elle est chargée en 1932 de couvrir le kidnapping du bébé Lindbergh, une affaire qui bouleverse l'Amérique de l'Atlantique au Pacifique. Elle y gagne à la fois la célébrité et le rare privilège pour une journaliste d'agence de voir sa signature figurer en tête de ses articles.

De même qu'elle admire son talent, son courage et son intelligence politique qu'elle sait d'ailleurs appréciée aussi de Franklin, Eleanor est touchée par le récit des malheurs passés de Lorena. E.R., comme on la nomme dorénavant le plus souvent, comprend cette affectivité meurtrie que le succès n'a jamais pu combler. Et pour la première fois peut-être, Eleanor se sent totalement acceptée, admirée, aimée, au point d'avouer à quelqu'un d'étranger combien elle a été blessée par la liaison de Franklin avec Lucy Mercer. Combien de temps lui a été nécessaire pour surmonter ce drame et pardonner sans oublier[1]. Sans ses engagements, ses luttes au sein de la Ligue of Women Voters et des autres organisations dont elle devenue souvent le centre, sinon l'initiatrice, sans ses amitiés avec des femmes qui l'ont initiée au combat social et qui ont eu sur elle

1. Doris Kearns Goodwin, *No Ordinary Time*, p. 220.

une influence décisive[1], y serait-elle parvenue ? Va-t-elle devoir renoncer maintenant à tout ce qui lui a redonné force ? Pendant la convalescence de Franklin, n'a-t-elle pas œuvré en son nom ? Pendant la période où il a occupé le poste de gouverneur, n'a-t-elle pas été constamment mise à contribution. Doit-elle vraiment renoncer à ce partenariat forgé avec F.D.R. ?

Hick la rassure, répond à ses inquiétudes, à ses angoisses, et l'encourage à profiter de sa fonction de First Lady pour lui donner un nouveau sens et faire prospérer les idées qui lui sont chères : davantage de justice sociale, de respect des droits individuels, de partage des richesses.

Pour sa part, l'intimité avec Eleanor lui coûte cher. Par cette proximité avec l'épouse du plus haut magistrat de la nation, Hick remet en question sa position à l'Associated Press. Comment, en effet, concilier les impératifs de son métier, rendre compte jour après jour des activités et du comportement d'Eleanor, et les règles de confidentialité qu'elle doit, du fait même de leurs liens, à l'épouse du nouveau président ? Comment est-il possible pour une journaliste digne de ce nom de ne pas transmettre les informations qu'elle obtient alors même qu'elle se trouve en un lieu stratégique, en un moment historique ? Ainsi, le soir précédent l'entrée en fonctions de Franklin, Eleanor et Lorena dînent ensemble dans une pièce voisine de celle où il rédige le discours qu'il s'apprête à prononcer le lendemain. Une fois terminé, il le fait porter à sa femme par leur fils aîné James afin d'avoir son avis. Eleanor le lit à haute voix à Lorena. Qui ne rêverait d'un tel scoop ? Et pourtant, lorsque Hick appelle l'Associated Press, elle n'en souffle mot. Elle raconta plus tard l'épisode dans son livre *Reluctant First Lady* : « J'étais là, présente, moi une reporter professionnelle, en plein milieu de la nuit, cette nuit particulière, j'avais la plus formidable histoire du monde, et je n'en ai rien fait. »

Maigre consolation : le matin même de l'inauguration, elle réalise l'interview exclusive de la nouvelle First Lady. Les

1. Entretien avec Felix Rohatyn, qui fut notamment ambassadeur de Bill Clinton à Paris. New York, mai 2011.

conditions sont rocambolesques : pour éviter la foule des reporters qui assaille Eleanor, l'entretien – décevant selon Lorena elle-même car on n'y apprend rien de nouveau – a lieu dans la salle de bains de l'hôtel de Washington où les Roosevelt sont descendus. Trois mois plus tard, Hick démissionne de l'Associated Press. Adieu définitif à cette profession qu'elle a tant aimée, à sa carrière, à ses collègues. Mme Roosevelt lui trouve bientôt un emploi auprès de l'un des plus proches collaborateurs du Président, Henry Hopkins, nommé directeur exécutif du Secours fédéral d'urgence (Federal Emergency Relief Administration). Hick est chargée de rendre compte des conditions de vie de l'Américain moyen et de ses revendications. En l'espace de deux ans, elle visite trente-deux États. Souvent éloignée de Washington et d'Eleanor, elle décrit jour après jour le quotidien américain des années trente, les ratages du New Deal et ses succès. Elle adresse ses rapports à Hopkins, qui les communique quand il y a lieu au Président, mais aussi à Eleanor à qui elle sert ainsi de poisson pilote. Loin d'être positifs, ils relèvent des manques et portent des critiques. Beaucoup se plaignent de la lenteur du processus et de la brutalité du progrès technique qui invalident les travailleurs non qualifiés. Face à ces réalités, Eleanor s'efforce d'agir, d'innover, comme ce fut le cas dans l'expérience d'Arthurdale[1], où elle s'engage à fond et entraîne Franklin.

Comment savoir ce qui rapproche deux êtres ? Et quelle est la nature exacte de la relation qui unit les deux femmes ? Eleanor n'en parle dans aucun volume de ses mémoires. Quand elle mentionne Hick, à propos de conversations qu'elles peuvent avoir ou des voyages qu'elles font ensemble, c'est avec une distance chaleureuse et la même discrétion dont elle use avec le reste de ses proches. Pudique, elle ne révèle rien de ses sentiments intimes. C'est vrai en ce qui concerne l'affaire Lucy Mercer totalement passée sous silence, c'est vrai aussi de son attachement pour Lorena. Ce sera vrai d'autres élans du cœur. Eleanor ne ment pas, elle omet. L'explication est évidente : ses écrits concernent

1. Voir pages 142 et suivantes.

avant tout sa vie publique et celle de Franklin, ils doivent intéresser une vaste audience et expliquer, défendre les enjeux de la présidence Roosevelt. Et si pendant longtemps les proches, les commentateurs ou les historiens n'ont rien révélé de cette relation privilégiée et exclusive, sauf à constater, comme le fait le magazine *Time* dans son numéro du 19 février 1934, l'omniprésence de Hick auprès d'Eleanor, c'est qu'on ne pouvait en dire plus. Lorena, qui ne figure que rarement sur les photos prises à la Maison Blanche, passe le plus souvent pour son garde du corps. L'heure n'est pas encore à la presse people. Il est inconvenant de toucher à la vie privée du couple présidentiel, celle des stars de Hollywood est beaucoup plus divertissante.

Tout change avec la découverte de la correspondance des deux femmes. Les archives de Hick, morte en 1968, six ans après Eleanor, sont remises selon ses vœux à la Bibliothèque F.D.R. à Hyde Park[1] : dix-huit boîtes scellées qui doivent le rester pendant dix ans. Au mois de mai 1978, Doris Faber, auteur d'une biographie de Lorena Hickok[2], est la première personne à y avoir accès. Les documents qu'elle y découvre sont une révélation : au total plus de trois mille trois cents lettres écrites entre 1933 et 1962. Deux mille trois cent trente-six lettres portent la signature d'Eleanor – deux cent quatre-vingt-douze pour la seule année 1939 – et mille vingt-quatre celle de Lorena, ne représentant qu'une partie de l'ensemble, dont elle a pris soin de brûler le reste avant de mourir. Jugeant leur contenu trop attentatoire à l'image d'Eleanor, Doris Faber ne les cite qu'avec parcimonie. Mais déjà la presse s'empare de l'information, *The New York Post* annonce le 24 novembre 1979 « The truth about Eleanor Roosevelt » ; *Newsweek* qualifie ainsi la relation le 5 octobre suivant : « A Lesbian Love Affair ».

Il faudra attendre encore plus de vingt ans pour que *The Intimate Letters of Eleanor Roosevelt and Lorena Hickok* soient publiées en 1998 et que les lecteurs découvrent un aspect ignoré de la vie de celle qui reste cinquante ans après sa mort

1. F.D.R. Library, Hyde Park, New York, où se trouve une partie des Archives nationales américaines.

2. Doris Faber, *The Life of Lorena Hickok : E. R.'s Friend.*

un exemple pour tant de femmes américaines, à commencer par Hillary Clinton.

Cette correspondance souvent quotidienne, où les deux femmes s'expriment en toute liberté – les lettres d'Eleanor sont parfois longues de dix à douze pages –, prouve la confiance qu'elles ont l'une dans l'autre et la force d'un lien d'exception. Le ton de ces lettres où tous les sujets sont évoqués, les effets du New Deal, le climat social, la vie familiale, les sentiments, évolue au cours des années, mais au moment où Franklin entame son premier mandat, elles sont particulièrement ardentes, passionnées, sensuelles. Le soir du 5 mars, le jour même où les Roosevelt entrent à la Maison Blanche, Eleanor à peine installée dans sa chambre écrit à Lorena, repartie à New York pour son travail dès la fin des festivités : « J'ai le sentiment qu'une part de moi-même m'a abandonnée, vous avez pris une telle place dans ma vie que tout semble vide sans vous [...] mon amour t'étreint toute cette nuit. » Hick appelle Eleanor le jour suivant. La réponse de E.R. datée du 7 mars est immédiate : « Oh, combien c'était bon d'entendre votre voix, mais c'était si peu commode de vous dire ce que cela signifiait pour moi, Jimmy[1] était là tout près, et je ne pouvais dire *Je t'aime et je t'adore*[2] [...] Je vais dormir en pensant à vous et répéter notre petit mot... » La lettre suivante n'est pas moins tendre : « Le moment le plus agréable de la journée est celui où je vous écris », assure Eleanor et, faute de l'embrasser, elle promet d'embrasser sa photo placée sur son bureau... « Souvenez toujours que personne n'est ce que vous êtes pour moi. C'est avec vous plus qu'avec quiconque que je préférerais être en cet instant [...] Je ne me suis jamais mieux sentie qu'avec vous. »

Pour sa part, Hick compte les jours avant de retrouver son amie. Sans Eleanor, elle se sent misérable. « Curieux, écrit-elle, comme le visage de la personne la plus chère peut s'estomper avec la distance, je me souviens le plus clairement de vos yeux et de cette sorte de sourire taquin qu'on peut y lire, et du

1. James, fils aîné des Roosevelt.
2. En français dans le texte. 7 mars 1933.

contact contre mes lèvres de cette douce petite tache au coin nord-est de votre bouche... »

Que penser de ces passages qui ne représentent qu'un nombre limité de lignes dans une correspondance couvrant près de trente ans ? Certains ne veulent y voir, malgré l'expression passionnée, qu'une relation platonique. Tel est le cas de l'historien et ancien directeur de la Bibliothèque Roosevelt, William Emerson, qui estime que les mots ne sont qu'un substitut à l'amour si désespérément attendu par Eleanor. Trude Pratt Lash, l'épouse de John Lash qui fut son premier biographe, partage cet avis : Eleanor, dit-elle, porte en elle tant d'émotions que la rencontre avec Hick a été une sorte d'éruption volcanique. Enfin, Doris Faber avance l'idée que l'ardeur exprimée dans ces lettres est conforme à l'épanchement romantique des femmes élevées dans la tradition victorienne pour qui les hommes sont si peu familiers. Approche puritaine s'il en est et dont on peut sourire car Eleanor, si retenue soit-elle, appartient à une génération de femmes qui ont commencé à briser les tabous. Sans doute peut-on se demander si elle est jamais passée à l'acte, sachant qu'elle se montrait plutôt réticente aux plaisirs du sexe depuis sa décision de couper court à tout rapport physique avec Franklin. Mais il en va autrement de Lorena, dont le goût pour les femmes est une évidence. Rappelons que, depuis le début des années vingt, les plus proches amies d'Eleanor ont été des couples de femmes, qu'elle a partagé leur intimité sans s'en émouvoir. Comment écarter l'idée qu'elle puisse, dans un moment où elle se sent fragilisée, trouver auprès d'une femme assez de compréhension et d'amour pour l'aimer, et l'aimer physiquement[1] ? « Aucun amour n'est à mépriser », dit-elle plus tard à sa fille Anna[2].

1. Ce dont ne semble pas douter Blanche Wiesen Cook.

2. « Ma grand-mère était une personne très inhibée, elle n'aimait pas le contact physique, l'intimité des corps, y compris avec ses propres enfants – elle avait peur par exemple de les faire tomber en les prenant dans ses bras. Elle n'avait aucun goût pour l'homosexualité, ni je crois pour les relations hétérosexuelles. Elle avait besoin d'être aimée, et d'aimer, elle était à la recherche du *pure love*, d'une sorte d'amour absolu. » (Curtis Roosevelt, entretien avec l'auteur, avril 2012.)

En tout cas, cette relation dans laquelle Eleanor puise force et courage reste l'une des plus marquantes de sa vie. Ce qui ne signifie pas qu'elle soit sans heurts et sans orages, comme le montrent des lettres plus tardives. Dans la partie qui se joue entre les deux femmes, il est indiscutable que, mariée à un homme qui lui est cher et qui n'est autre que le trente-deuxième président des États-Unis, mère de cinq enfants, hôtesse de la Maison Blanche et femme d'influence, Eleanor est en position de force. À l'inverse, Lorena, qui a renoncé par amour à une profession qui lui avait donné indépendance et célébrité, est beaucoup plus fragile. « Innocemment, explique Eleanor Seagraves, l'une des petites-filles d'Eleanor, Hick s'est laissée glisser dans un rôle où elle a perdu son ancienne identité pour devenir dépendante de ma grand-mère[1]. » À mesure, en effet, qu'Eleanor s'affirme dans son rôle de First Lady, chargée d'obligations et de responsabilités multiples et diverses mais moins disponible pour son amie, celle-ci se plaint d'être négligée et ne dissimule pas sa souffrance : « Vous me manquez, lui écrit-elle, j'ai besoin de vous voir [...] d'être seule avec vous... »

Après chaque confrontation avec Hick, Eleanor se sent misérable : « Je sais que je ne suis pas à la hauteur avec vous [...] mais je vous aime fort. » Il n'en reste pas moins qu'elle l'incite à prendre de la distance, en particulier à la suite d'un voyage qu'elles ont fait ensemble dans l'Ouest. La scène se passe à Yosemite Park, où Lorena ne peut supporter l'attention que manifestent les gardes forestiers à Eleanor et pique une véritable crise de jalousie. Son exigence d'exclusivité est telle que dans un moment d'exaspération Eleanor finit par lui conseiller de se marier et d'avoir des enfants : « Cela pourrait satisfaire certains de vos désirs et vous pourriez ainsi prodiguer à quelqu'un cet amour et cette dévotion que vous devez constamment contenir. »

Impatience, absence de psychologie, peut-être même cruauté ? Eleanor sait tenir les gens à distance quand il s'agit de sa liberté et des exigences de la place qu'elle occupe. « Elle me tenait à longueur de bras et Dieu sait que ses bras étaient longs », se plaignit Lorena. Mais rien n'empêcha ces liens de durer jusqu'à la mort.

1. Hazel Rowley, Franklin and Eleanor, an Extraordinary Marriage, p. 223.

Chapitre XI

LE PRÉSIDENT DU NEW DEAL

C'est encore avec Hick qu'Eleanor effectue sa dernière sortie, à la veille de l'entrée en fonctions de l'homme qu'elle accompagne envers et contre tout depuis vingt-huit ans. Ensemble, elles traversent une partie de Washington, la capitale fédérale que son aspect toujours aussi provincial distingue tant de New York – ville aimée entre toutes par Eleanor –, pour revoir la maison où les Roosevelt ont vécu alors que Franklin n'était que secrétaire d'État adjoint à la Marine. Puis elles rejoignent en taxi le cimetière de Rock Greek Park. Sur une tombe vers laquelle Eleanor mène son amie, s'élève une étrange statue qui symbolise la douleur, celle d'une femme enveloppée d'une cape la recouvrant tout entière. Œuvre de l'artiste américain Augustus Saint Gaudens, elle est l'hommage de l'historien Henry Adams à son épouse Marian Hooper Adams qui s'est suicidée en 1885 à l'âge de quarante-deux ans. Eleanor s'est toujours sentie en empathie avec cette femme à la personnalité hors du commun, brillante causeuse, photographe amateur de talent et de plus socialiste : « Dans le passé, explique-t-elle à Lorena, quand nous habitions ici, j'étais plus jeune et moins sage. Il m'arrivait d'être malheureuse et de m'apitoyer sur moi-même ; alors, quand je le pouvais, je venais jusqu'ici, seule. Je m'asseyais et regardais cette femme. Je suis toujours repartie en me sentant mieux. Et plus forte. »

Ce jour-là, Eleanor éprouve plus que jamais la nécessité de redoubler de forces pour assumer son rôle si contraignant de First Lady et renoncer à sa liberté d'action et de parole. Mais elle est aussi consciente de l'immense tâche qui attend Franklin dans une Amérique en plein désarroi.

La situation n'a jamais été pire depuis la guerre de Sécession : au moins treize millions de chômeurs, deux millions de sans-abri, des milliers de banques et d'entreprises en faillite, un sentiment de peur dans un monde menaçant. Cinq semaines auparavant Hitler est devenu chancelier du Reich, les troupes japonaises qui ont déjà conquis une partie de la Chine s'approchent de Pékin et Tokyo s'apprête à quitter la Société des nations.

Le 4 mars 1933, le temps qui semble refléter l'humeur du pays et du monde n'est pas plus clément. Il a neigé la veille sur Washington et la brise qui souffle n'a rien de printanier. Il n'en reste pas moins que c'est un grand jour pour les démocrates qui réinvestissent la Maison Blanche après douze ans de gestion républicaine. Un grand jour pour le peuple américain qui, plein d'espoir dans une nouvelle administration, a souhaité la rupture. Un grand jour pour Roosevelt qui, ayant vaincu tous les obstacles depuis l'atteinte de la maladie, est aujourd'hui plus que jamais conscient de l'effort à fournir pour mettre fin à l'appréhension d'un futur incertain et redonner confiance à la nation. Le vieil idéal biblique qui a inspiré dès l'origine le destin américain n'y suffira pas.

Comme il est d'usage, c'est par un service religieux très matinal à l'église épiscopalienne de Saint-Jean que débute la journée. La famille Roosevelt au grand complet et les membres du nouveau cabinet entourent le couple présidentiel. Bien qu'il ait voté pour Hoover, le révérend Peabody, ancien recteur du collège de Groton fréquenté par le jeune Franklin, invoque la protection divine : « Puisses-Tu, Seigneur, éclairer notre fils Franklin, choisi pour être notre Président, et tous ses conseillers, afin qu'ils trouvent les forces nécessaires pour accomplir Ta volonté… » Un psaume et une prière concluent la cérémonie.

À 11 heures, deux limousines quittent l'hôtel Mayflower où résident les Roosevelt depuis leur arrivée le mercredi précédent à Washington. Franklin qui a revêtu, sous une pelisse, l'habit de cérémonie – pantalon rayé, queue-de-pie et chapeau haut de forme – est installé à l'arrière de la première. Dans la seconde, Eleanor, vêtue de bleu, sa couleur préférée, est impassible. Les deux voitures filent vers la Maison Blanche. Le président Hoover rejoint son successeur, son épouse prend place aux côtés d'Eleanor. Cinq véhicules suivent. Des cavaliers protègent le cortège qui se dirige par Pennsylvania Avenue vers le Capitole. Roosevelt tout sourire, contrastant avec Hoover qui montre un visage renfrogné, salue la foule en liesse de l'arrière de la voiture découverte. Arrivé au Capitole du côté du Sénat, Roosevelt entre dans le bâtiment, appuyé au bras de son fils James. Une rampe d'accès a été construite pour lui éviter de monter les marches. Le tout-Washington officiel est déjà rassemblé pour assister à la prestation du vice-président John Nance Garner. C'est maintenant le tour du nouveau président. Il est 13 heures. La scène s'est déplacée sur l'esplanade du Capitole. Le vent souffle dru. Au premier plan, Franklin, tête nue, fait face à une foule de cent mille personnes. À sa droite, revêtu de sa toge noire, le Chief Justice, qui préside la Cour suprême ; à sa gauche, son fils James et celui qui est encore pour quelques instants le président Hoover. À l'arrière, les membres de l'ancien et du nouveau cabinet. Les yeux baissés, sans rien laisser paraître de ses sentiments, Eleanor se tient très droite aux côtés de sa belle-mère et de Mme Hoover. L'orchestre des marines joue « Hail to the Chief ». Répétant mot pour mot le texte du Chief of Justice, Franklin prête serment à la Constitution sur une bible familiale du XVIIe siècle. Puis il sort le texte de son discours. Un texte long de plusieurs pages sur lequel il a travaillé depuis le mois de février, avec l'aide de ses principaux collaborateurs Raymond Moley et Louis Howe. Amplifiée par les haut-parleurs, la voix chaude et vibrante, cette voix d'or selon André Siegfried, retentit jusqu'aux confins de l'esplanade. Outre la foule amassée sur les pelouses, des millions d'auditeurs sont à l'écoute du message présidentiel.

Nous n'en rappellerons ici que les grandes lignes. Il ne contient pas un programme bien défini, c'est une ode au courage et à la volonté pour que le pays retrouve sa prospérité. Roosevelt ne fait pas fi de recourir à la Bible, il condamne les marchands du Temple et se réfère aux valeurs sociales et humanistes plus nobles que le seul profit individuel. Ce qu'il faut, dit-il en substance, c'est agir tout de suite pour le bien de tous. « La première et la plus importante de nos tâches est de remettre les gens au travail [...] La seule chose dont nous devons avoir peur, c'est la peur elle-même et cette terreur sans nom, irrationnelle, injustifiée, qui paralyse les efforts nécessaires pour transformer une retraite en une progression... » La nation est malade, il lui faut prendre des mesures adéquates, aussi n'hésite-t-il pas à déclarer : « S'il advenait que la crise que traverse la nation demeure aussi grave, je demanderais au Congrès de me laisser user du seul moyen existant pour faire face à la crise : un vaste pouvoir exécutif capable de lutter contre elle. »

Le choc est immédiat, et si d'aucuns, une minorité, annoncent un pouvoir dictatorial, les réactions favorables sont quasi unanimes. Ce qui frappe, c'est l'esprit combatif du Président. En témoigne avec lyrisme John Henrick de la *Sunday Chicago Tribune* : « D'une voix aussi frappante que fouettaient les drapeaux, aussi courageuse que le rouge, le blanc et le bleu des étendards, il mit au défi la nation de le suivre jusqu'à la victoire[1]... »

Les festivités se poursuivent tout l'après-midi avec un défilé multicolore qu'acclame un million de personnes. Roosevelt ne dissimule pas sa joie. De retour à la Maison Blanche, le Président accueille personnellement des petits paralytiques. Eleanor reçoit pour sa part deux mille cinq cents invités dans les salons de la résidence présidentielle, avant d'assister seule au grand bal inaugural. Une photo la montre qui s'avance, majestueuse et souriante, dans un long manteau du soir entre deux haies de gardes. Évitant toujours les lieux où son infirmité serait trop visible, le Président, lui, est déjà au travail. Dans son bureau installé au premier étage de la Maison Blanche, entouré de plusieurs membres de son cabinet et de son conseiller Harry Hopkins chargé des missions délicates, il n'attend pas une minute

1. André Kaspi, *Franklin Roosevelt*, p. 38-39.

pour mettre en place le New Deal. Ce n'est pas un programme fixe et étudié, c'est une affirmation politique, un acte de foi dans les vertus de l'action, le refus d'admettre la fatalité de la dépression.

Il s'agit d'agir sans délai. Le pays est au bord de l'abîme, la dette hypothécaire atteint 36 milliards de dollars, celle de l'industrie et de la banque 58 milliards et la dette publique 19. La veille, tous les États se sont déclarés en faillite bancaire. Dès le 4 mars au soir F.D.R. décrète une fermeture exceptionnelle de toutes les banques du pays. Le 9 mars, soit quatre jours plus tard, le Congrès est appelé à siéger. La première loi proposée concerne les établissements bancaires : rédigée dans la nuit, elle est présentée au Congrès à midi et ratifiée le soir même. Ne seront autorisés à rouvrir que ceux qui auront été déclarés solvables après un examen passé sous le contrôle du département du Trésor. L'étalon or est abandonné, le dollar dévalué et de grandes facilités de crédit décrétées.

Toute une série de décisions suivent, y compris la légalisation de la vente de bière – la réouverture des brasseries procure du travail à un demi-million d'hommes et les taxes qui s'ensuivent un sérieux pactole. Certains textes sont établis, présentés, discutés, votés et signés dans la même journée par le Congrès. Au total, quinze nouvelles lois qui touchent l'ensemble des secteurs de l'économie et de la finance voient le jour entre le 9 mars et le 25 juin 1933. Trois mots : aide sociale, reprise et réforme, caractérisent ce programme des cent premiers jours. Certains textes sont sans précédent et l'ensemble modifie de fond en comble les habitudes et les structures de la société, de l'économie et de la politique américaine. Roosevelt, qui n'est pas un doctrinaire, sait qu'il est impérieux de remettre le pays au travail et de ranimer l'activité le plus rapidement possible en stimulant la demande, et pour ce faire augmenter le pouvoir d'achat des ouvriers et des paysans. Il se lance avec audace et innove. Dans le marasme présent, l'État fédéral en a seul les moyens, la réglementation économique, la législation sociale deviennent de sa compétence. Pour combattre le chômage, Washington met dans l'immédiat 500 millions de dollars à la disposition des États et engage un vaste programme de travaux publics : construction d'écoles, d'aéroports ou de routes. L'aménagement de la vallée du Tennessee, préparant l'électrification et l'irrigation des régions voisines, est amorcée sous l'égide de la Tennessee Valley Authority (TVA). Un corps de protection civile occupe 250 000 hommes au reboisement. À long terme, des crédits et des aides diverses sont accordés aux fermiers qui souffrent de la mévente et de l'effondrement des cours, et aux industries les plus touchées. À cet effet sont créées diverses agences gouvernementale : l'AAA (Agricultural Adjustment Act) est chargé de distribuer des subventions fédérales et de contrôler la production que l'on décide d'ailleurs de réduire pour faire remonter les cours agricoles, le NIRA (National Industrial Recovery Act) encourage les industriels à signer des codes de concurrence loyale et accorde aux ouvriers la liberté de se syndiquer et de négocier des conventions collectives. Le syndicalisme accomplit d'ailleurs de grands progrès sous la présidence de Roosevelt, la vieille American Federation of Labor ne tarde pas à être concurrencée en 1936 par une organisation plus dynamique, le Congress of Industrial Organization.

Jamais les États-Unis n'ont vécu une réforme économique d'une telle ampleur et dans un temps si court, une réforme qui remet en question les maximes du libéralisme et le laissez-faire, réglemente la concurrence et favorise, aux dépens des États, le recours à la puissance publique, à l'État fédéral qui gonfle ses services et ses effectifs. Jamais, d'ailleurs, un président ne mettra une telle détermination à passer si rapidement de la parole aux actes. Peut-être faut-il pour cela avoir au fond de soi la conscience d'une forte légitimité historique et l'invincible détermination acquise à travers l'expérience de l'invalidité !

Bien qu'il ne soit pas question de briser le capitalisme, bien plutôt de le sauver en l'humanisant et en instaurant plus de justice entre les pauvres et les riches, cet ensemble de réformes qui modifie de fond en comble les habitudes et les structures de la société, de l'économie et de la politique ne trouve pas que des soutiens, loin de là. Pour défendre le New Deal, le président Roosevelt doit user de toutes ses forces et de tous ses talents. Son don de la parole en est un, et c'est ainsi qu'il inaugure à la radio dès le dimanche 12 mars ces fameuses conversations hebdomadaires « au coin du feu », destinées à instruire le peuple américain de ses décisions. Décidé à faire un travail d'explication concernant les sujets les plus sensibles, et choisissant pour cette émission inaugurale de parler des premières mesures économiques et financières qu'il vient de prendre, il s'adresse ainsi à ses concitoyens : « Je peux vous assurer, mes amis, qu'il vaut mieux redonner votre argent aux banques que de le garder sous vos matelas [...] Nous avons fait en sorte de remettre en marche notre système financier, c'est à vous de le renforcer et de le faire fonctionner. C'est autant votre problème que le mien. Ensemble nous ne pouvons pas échouer[1]. »

Travail de pédagogue, ce ton amical, chaleureux des interventions qui débutent toutes par « My friends », qui communiquent à chacun l'impression d'être compris, entendu, soutenu. Et même si les résultats ne répondent pas complètement aux espérances, il n'en reste pas moins que la situation s'améliore. Ainsi F.D.R. est-il, en cette première année, immensément populaire.

Cependant, le New Deal soulève nombre d'oppositions. Les patrons sont mécontents de voir l'Administration appuyer les revendications des salariés – Henry Ford est l'un des plus virulents –, les États de se voir contester leurs pouvoirs ; et même dans le propre camp de Franklin d'aucuns s'inquiètent de son autoritarisme ou crient au socialisme. Quant à la Cour suprême que Roosevelt tente en vain de soumettre[2], elle déclare purement et simplement inconstitutionnelles un certain nombre de lois. Roosevelt n'en est pas moins réélu en novembre 1936 avec

1. Hazel Rowley, *Franklin and Eleanor, an Extraordinary Marriage.*

2. Dans le but de modifier le fonctionnement de la Cour suprême dominée par des juges qui lui sont hostiles, Roosevelt réclame que, chaque fois que l'un d'eux atteint l'âge de soixante-dix ans et ne part pas à la retraite, un nouveau juge soit nommé. Aux neuf membres de la cour s'ajouteraient six juges au maximum.

une avance importante sur son adversaire républicain, et une majorité renforcée dans les deux chambres qui lui permettent de s'ancrer plus à gauche et de mettre en place l'État Providence (Welfare State) appuyé sur trois piliers : la sécurité sociale, l'aide aux chômeurs, la justice fiscale. Les Américains obtiennent la garantie d'un salaire minimum. Ils disposent désormais d'une couverture vieillesse et chômage. Quelles que soient les protestations du capital, il les balaie : « The capital haits me and I welcome their hatred (Le capital me hait et j'accueille volontiers leur haine) », ne craint-il pas de dire déjà en 1935.

En revanche, il a tout le soutien d'Eleanor sur sa manière d'exercer le pouvoir : « Pendant toute sa carrière Franklin n'a jamais dévié de son objectif initial : rendre la vie meilleure pour tous, hommes, femmes, enfants. Des milliers de moyens ont été utilisés, des difficultés ont surgi, des changements ont eu lieu, mais cet objectif a été le constant moteur de son action [...] Il estimait qu'un président a l'obligation d'éclairer et de conduire le peuple [...] Je n'ai jamais connu un homme donnant un plus grand sentiment de sécurité, ne parlant jamais de ses doutes, fournissant toujours une solution aux problèmes. Je ne l'ai jamais vu manifester de crainte devant la vie, devant aucun des problèmes qui ont pu se dresser en face de lui [...] Il croyait dans le courage et dans la capacité des hommes, et ils lui ont donné raison. »

Chapitre XII

ELEANOR, FIRST LADY

Eleanor a donc obtempéré aux désirs du Président et abandonné toutes les activités qui étaient jusque-là les siennes, quitte à s'en trouver d'autres. C'est en vain qu'elle a proposé à Franklin de s'occuper par exemple de son courrier. La réponse a été sans détours : Missy LeHand en a la charge. Elle ignore encore le nombre impressionnant de lettres qu'elle recevra elle-même : trois cent mille pour la seule année de 1933, qui traitent du désespoir individuel, du chômage, du manque de soins. Ses correspondants, en majorité des femmes, ne doutent pas de son influence auprès de Franklin, aussi lui demandent-ils souvent d'intervenir auprès de lui pour que leurs problèmes soient pris en considération. Tommy, son inséparable secrétaire, est chargée de trier chaque jour les lettres les plus significatives auxquelles Eleanor s'efforce de répondre elle-même. Elle ne néglige pas non plus la presse. À partir du mois d'août 1933 elle publie chaque mois un article dans le *Woman's Home Companion.* Elle souhaite engager un dialogue avec ses lectrices, être informée de leurs difficultés et de leurs besoins pour tenter de remédier aux carences. En même temps, attentive à soutenir les choix politiques et économiques de Franklin, elle s'efforce de les éclairer sur les enjeux des réformes.

Alors que le Président s'occupe à régler la crise financière, Eleanor aidée de Nancy Cook organise la vie du 1600, Pennsylvania Avenue. Cet édifice, construit à l'initiative de George Washington dans la dernière décennie du XVIIIe siècle, est tout à la fois le lieu de travail du premier personnage de l'État, sa résidence privée et le centre administratif le plus important du pays. C'est aussi une maison, comme le veut la tradition, ouverte au peuple, que les Roosevelt ouvriront encore davantage. Eleanor en particulier y convie les gens les plus divers, simples citoyens, artistes, syndicalistes et même, transgression entre toutes, des Noirs.

Incapable d'imaginer qu'elle va y vivre pendant douze ans, la Maison Blanche, avec ses soixante chambres, n'est à ses yeux qu'un domicile provisoire, un peu délabré pour ne pas dire inconfortable, une sorte de musée puisque rien ne doit être jeté. Des travaux de modernisation sont quand même entrepris au milieu de l'année suivante, certaines chambres remeublées, les cuisines équipées pour recevoir jusqu'à mille invités, les jardins redessinés, une piscine construite pour que le Président puisse nager quotidiennement, hiver comme été.

Au rez-de-chaussée sont groupés les services de la Présidence, dont le fameux bureau ovale. Au premier étage se trouvent les appartements du Président et de la First Lady, confortables mais pas luxueux, voisins mais nettement séparés par une porte toujours fermée. Franklin occupe une chambre et un vaste studio lui aussi de forme ovale encombré d'objets hétéroclites, de souvenirs, de collections, de gravures marines. Eleanor dispose d'une toute petite chambre dont les murs sont tapissés de photos et d'un salon qui lui sert aussi de bureau. Orientées au sud, les fenêtres du couple donnent sur les parterres ornés de magnolias, plantés depuis plus d'un siècle par le président Jackson.

En fait, la Maison Blanche prend vite l'allure d'une sorte de grand hôtel où cohabitent de manière discontinue les enfants Roosevelt qui ont alors entre seize et vingt-six ans. James et Elliott déjà mariés y séjournent pour les grandes occasions ; les plus jeunes encore étudiants, Franklin Junior à Harvard, John à Groton – le collège fréquenté de génération en génération par les Roosevelt –, y passent généralement leurs week-ends et les fêtes de fin d'année. Noël, qui réunit toutes les générations, est un événement majeur dans l'existence familiale par la gaieté qui y règne. Eleanor n'est pas la dernière à contribuer à sa réussite en distribuant à tous des cadeaux qu'elle est allée acheter à New York. Seule Anna, leur fille aînée en instance de divorce, y séjourne de manière continue la première année avec ses deux jeunes enfants[1]. Les proches d'Eleanor et de Franklin y logent aussi, Missy LeHand a sa chambre au deuxième étage, Louis Howe est installé face à Eleanor dans la chambre dite de Lincoln, Hick occupe une petite pièce voisine, quitte à aller dormir sur le canapé du salon d'Eleanor si la place manque pour accueillir des hôtes imprévus ou des visiteurs officiels[2]. Les amis en difficulté y trouvent aussi refuge : devenu veuf, Harry Hopkins y est accueilli avec sa fille ; en exil avec ses quatre enfants, la princesse Marthe de Norvège, dont Franklin apprécie particulièrement la jeunesse et la beauté, y passe plusieurs semaines pendant la Deuxième Guerre mondiale. C'est un va-et-vient constant, une activité de ruche. Le protocole est allégé, Eleanor donne le ton en manœuvrant elle-même l'ascenseur sous le regard éberlué des huissiers, refuse la présence d'un chauffeur et se rebelle contre celle des agents de la sécurité. Elle conduit aussi seule sa voiture avec une témérité maladroite qui en effraie plus d'un. Franklin ne s'embarrasse pas plus de préséances, vêtu souvent d'un vieux pull-over, monocle à l'œil et long fume-cigarettes entre les lèvres ; il reçoit volontiers autour de son lit, à l'heure du petit déjeuner, amis et collaborateurs.

Si chacun loue l'hospitalité chaleureuse des Roosevelt, la cuisine servie sous l'autorité de la cuisinière en chef Henriett Nesbitt, qu'Eleanor a fait venir du village de Hyde Park où elle tenait un petit salon de thé, est des plus ordinaire et fait l'objet des plaisanteries du tout-Washington. Même les doléances de Franklin qui la trouve exécrable n'y font rien. Indifférente aux

1. Nés de son premier mariage avec Curtis Bean Dall, il s'agit de sa fille aînée Eleanor et de son fils cadet Curtis.

2. Le Premier ministre du Canada, Édouard Herriot accompagné de vingt-cinq journalistes, l'envoyé spécial de l'empereur d'Éthiopie chargé de deux peaux de lion y sont les premiers reçus.

petits plats, Eleanor estime de plus qu'il faut donner l'exemple et rester économe en cette période de crise pendant que souffre le peuple américain. Elle fixe donc à 19 cents par personne la somme à ne pas dépasser pour les repas familiaux.

Les obligations mondaines ne manquent pas à la nouvelle First Lady. Outre les réceptions et les dîners officiels, elle déploie une énergie débordante entre les déjeuners hebdomadaires avec les épouses des sénateurs, les rencontres avec celles des représentants et les thés où elle réunit des centaines d'invités. Attentive à ne pas réserver seulement aux hôtes de marque les salons de la Maison Blanche, elle institue une rencontre annuelle pour les nombreuses femmes de l'Administration qui occupent un poste élevé et n'ont jamais été conviées.

Son emploi du temps pour les deux premiers jours de la semaine donne une idée de son agenda officiel :

LUNDI

13 heures : déjeuner avec Mme Hull, épouse du secrétaire d'État

16 heures : thé pour 175 invités

17 heures : thé pour 236 invités

MARDI

13 heures : déjeuner avec Mme Garner, épouse du vice-président

16 heures : thé pour les membres du Club des démocrates du Delaware

16 h 30 : thé pour les épouses des diplomates étrangers

19 heures : dîner pour 22 personnes

21 heures : réception judiciaire[1]

S'il faut encore quelques exemples de cette extraordinaire activité, on sait que le 18 mars elle assiste au dîner du Club de la presse féminine nationale ; le 23, elle prend la parole lors de la rencontre annuelle de la Travelers Aid Society ; le même soir, elle vole en robe du soir au-dessus de Washington jusqu'à Baltimore dans l'avion que pilote Amelia Earhart, première femme

1. Régine Torrent, *First Ladies. D'Eleanore Roosevelt à Hillary Clinton.*

à avoir traversé l'Atlantique. Eleanor regrettera toujours de n'avoir pas appris à piloter mais elle se rend à l'avis de Franklin : pourquoi perdre un tel temps quand on n'a pas les moyens d'acheter et d'entretenir un avion ?

En service commandé, Eleanor a tendance à en faire plus qu'on ne lui en demande, pourtant elle n'envisage pas de renoncer à son autonomie. En mettant fin, comme elle l'a promis à Franklin, à ses activités au sein du parti démocrate et aux autres organisations de caractère plus ou moins politiques, par exemple The League of the Women Voters, elle a l'impression d'avoir renoncé à une part importante d'elle-même. Elle ne peut en rester là. Encouragée et conseillée par Lorena Hickock et accessoirement par Louis Howe, elle trouve de nouvelles voies pour agir.

Sa première initiative, et non des moindres, tranche avec toutes les pratiques antérieures et la discrétion exigée des épouses de président : elle institue le principe d'une conférence de presse hebdomadaire réservée aux seuls membres féminins de la profession, trop souvent négligés, selon elle, par leur hiérarchie[1]. Précédant de deux jours celle de Franklin qui rassemble des journalistes des deux sexes, la première conférence a lieu le lundi 6 mars 1933. Lorsqu'elle arrive ce matin-là dans le salon rouge où l'attendent trente-sept femmes, Eleanor, en dépit de sa grande expérience des réunions publiques, a du mal à cacher son appréhension. Elle est là dans un rôle de meneuse de jeu qui lui est inhabituel, et elle doit s'imposer face à des professionnelles. De plus, elle sait que cet exercice consenti par F.D.R. n'est pas du goût de tous, à commencer par certains conseillers immédiats du Président qui estiment qu'elle en fait trop. Le secrétaire de presse de Franklin, Stephen Early, arguant de son expérience, refuse par exemple qu'elle invite une journaliste noire. Cela produirait, lui dit-il, un « terrible précédent » – aucun professionnel afro-américain ne figurant

1. Malgré son souhait de compter des journalistes noires dans son auditoire, elle a dû y renoncer pour éviter de mettre Franklin en difficulté avec les électeurs ségrégationnistes.

au sein de la presse présidentielle. Nombreux sont aussi les journalistes masculins qui ricanent : « Pourquoi diable assisterions-nous aux conférences de Mme Roosevelt » ? Et prédisent que l'expérience ne durera pas plus de six mois. Quelques-unes de leurs consœurs, notamment Elisabeth May Craig, correspondante du *Portland Press Herald* à Washington, qui ont lutté dur pour vaincre les barrières mises par les hommes à leur carrière, protestent aussi contre cette exclusive. Elle ne sera levée qu'une seule et unique fois en 1943, lorsque Eleanor, envoyée spéciale de Roosevelt sur le front du Pacifique, reviendra d'une longue tournée aux armées qui combattent en Extrême-Orient. Le sujet, pense-t-elle devrait intéresser tout le monde. Curieusement, ce jour-là, aucun des deux cents journalistes présents ne pose de question.

Pour l'heure, Eleanor précise qu'elle n'entend pas s'immiscer dans les domaines réservés du Président. Elle ne répond pas aux questions politiques. Priorité est donnée aux problèmes touchant les femmes, aux difficultés qu'elles rencontrent dans leur vie familiale, sociale ou professionnelle. Elle fait d'ailleurs appel à la collaboration de son auditoire pour être mise au courant de faits qu'elle pourrait ignorer, de son côté elle les informera des événements marquants de la vie à la Maison Blanche.

Les premières conférences n'apportent rien de très nouveau, à une exception près : il sera dorénavant possible de consommer de la bière à la Maison Blanche. Les questions posées à une Eleanor encore inexpérimentée restent peu nombreuses. Il s'agit plutôt de prendre contact, d'établir une relation progressive de confiance et de solidarité.

Peu à peu, l'assistance augmente, les sujets de discussion se multiplient, la décision de bannir les sujets politiques ne signifie pas l'exclusion de sujets plus amples qui touchent l'ensemble de la société. Eleanor devient plus téméraire. Elle explique et défend les enjeux des réformes et affirme sa volonté de remédier aux inégalités. Elle ose même aborder, mais c'est une exception, un sujet d'actualité qui touche à la situation internationale. Alors qu'une réunion rassemble à la Maison Blanche autour de Roosevelt un certain nombre de personnalités étrangères pour discuter des perspectives de la Conférence mondiale de l'économie qui doit avoir au mois de juin 1933, elle surprend son auditoire par un plaidoyer anti-isolationniste qui contraste avec la réserve présidentielle. « Nous devons, dit-elle, trouver une base pour fonder un monde plus stable [...] Nous sommes dans une position idéale de leader parce que nous avons moins souffert et il nous reste peu d'années pour y travailler. Déjà partout en Europe existe la terreur de la guerre qui peut survenir. »

En revanche, elle sait rester muette quand les journalistes cherchent à savoir par des questions insidieuses si Franklin postulera pour un troisième mandat.

Outre ces rendez-vous avec la presse, Eleanor est sollicitée pour faire des tournées de conférences qui lui rapportent des sommes importantes et l'amènent, pendant les douze ans qu'elle passe à la Maison Blanche, à parcourir chaque année des milliers de kilomètres. S'efforçant d'échapper le plus possible aux manifestations officielles, elle en profite pour rencontrer toutes sortes de populations et constate ainsi par elle-même les effets de la politique sociale de Franklin. Quel meilleur moyen d'instruire cet homme immobilisé dans son fauteuil des succès ou des insuccès du New Deal ? À l'exception du Dakota du Sud, aucun État n'échappe à ses inspections.

La Virginie occidentale est tout de suite l'objet de son attention. À l'automne 1933, les Quakers de cet État, qui reste l'un des plus misérables de la Fédération, la convient à constater l'indigence dans laquelle vivent les habitants en dépit des efforts entrepris. La situation est particulièrement catastrophique pour les mineurs de Morgantown. Depuis quatre ou cinq ans, ils n'ont aucun travail régulier. L'argent payé à la boutique de la compagnie, l'huile pour leur lampe de mineur ou le loyer les laisse avec moins d'un dollar par semaine. Les enfants affamés mangent des restes comme ceux qu'on donne aux chiens. Un tel spectacle rappelle les descriptions que l'on peut lire dans *Les Raisins de la colère* ou *Le Petit Arpent du Bon Dieu*. N'est-ce pas le moment et le lieu, plaide-t-elle auprès de Roosevelt, pour mettre en pratique le Subsistance Homestead Programme ? Nouvellement voté, ce programme permet de créer des communautés de travail et de résidence à partir de terres achetées par le gouvernement et allouées à des chômeurs ruraux.

Ainsi naît « Arthurdale », une expérience dont Eleanor se fait le maître d'œuvre, mais d'où les Noirs là encore sont exclus en dépit de ses protestations. Près de deux cents habitations, une école, une petite industrie textile voient le jour, à charge pour les bénéficiaires sélectionnés de participer à la réalisation et au développement du projet. Pendant trois ans, Eleanor est une familière du lieu et de ses habitants. Une photo d'époque la montre, vêtue d'une robe à fleurs qui lui arrive à la cheville, partageant au bras d'un mineur les plaisirs d'une square dance.

Mais trop approximatif, trop rapidement conçu, Arthudal n'obtient pas la réussite escomptée. Les maisons préfabriquées ne conviennent pas aux rigueurs de l'hiver dans cette région des Appalaches, les circuits d'eau sont défaillants, nombre de projets industriels restent en panne, et l'ensemble finit par coûter cher au gouvernement. Quant à Eleanor, elle y dépense une part importante de l'argent gagné grâce à ses articles et à ses conférences. Arthudal devient surtout pour les adversaires de Roosevelt l'occasion de dénoncer une entreprise qu'ils qualifient de « communiste ». Aux yeux d'Eleanor et de Franklin, quels qu'en soient les défauts, c'est une expérience positive car elle a apporté travail et dignité à des gens en désespérance et permis à leurs enfants d'être scolarisés. En 1947 le gouvernement cesse de financer l'ensemble, mais Arthurdale reste encore aujourd'hui dans la mémoire de ses habitants un symbole de la politique rooseveltienne tournée vers le bien-être pour tous.

Depuis longtemps déjà, Eleanor collabore à différents journaux et magazines, où elle aborde des thèmes aussi différents que la justice fiscale, la prohibition ou le mariage. Elle a même été pendant quelque temps rédactrice en chef d'un magazine féminin, *Babies just Babies*, et tient une chronique à la radio. Sa carrière journalistique prend une nouvelle ampleur quand, parmi de nombreuses sollicitations, elle se voit proposer par un agent un contrat de cinq ans pour écrire une chronique à paraître du lundi au vendredi, destinée à faire mieux connaître aux Américains la vie à la Maison Blanche. Elle hésite devant la contrainte d'une tâche régulière. Franklin est plutôt réservé. Louis Howe l'incite au contraire à accepter l'aventure.

My Day, c'est le nom de la rubrique, paraît pour la première fois le 30 décembre 1935. « Je me demande, écrit ce jour-là Eleanor, alors que le froid et la neige sévissent à l'extérieur, si on peut se réjouir d'une bonne flambée et du luxe de prendre son repas, seule dans sa chambre, sur un plateau. Je me rends compte qu'on peut trouver parfaitement égoïste et un peu bizarre de considérer une telle occasion comme une fête. Néanmoins, ce samedi soir en fut une. La maison était pleine de jeunes gens, mon mari enrhumé était resté au lit et n'a bu qu'un verre de lait pour tout dîner, aussi ai-je pris gentiment congé vers 19 h 30. J'ai fermé ma porte, allumé un feu et me suis installée pour une longue et calme soirée. J'ai lu des choses que j'avais dans mon sac de voyage depuis des semaines, comme ce rapport concernant l'éducation dans les Civilian Corporation Camps (CCC)[1] [...] et je me suis endormie à 22 h 30. Parce que je ne m'étais pas couchée pendant des semaines avant au moins 1 heure du matin, j'ai eu l'impression au réveil d'avoir dormi pendant des années. »

On jugera sans doute cette prose assez plate, peut-être triviale et d'un intérêt très relatif – E.R. ne sera jamais une grande styliste –, et on peut s'étonner de l'immense succès que remporte cette colonne. Mais ce n'est qu'un début. Au départ, trente journaux la publient, ils sont soixante-quinze au bout d'un an et plus de cent dans les années quarante, même si certains de ces organes de presse ne partagent en rien les options démocrates. Le nombre des lecteurs de *My Day* atteint quatre millions en 1939 lors de la visite des souverains britanniques. Un chiffre dont E.R. peut être fière, encore qu'il ne représente que la moitié de celui du célèbre Walter Lippman.

---

1. Réservés aux jeunes sans travail. Il s'agit pour eux de voir du pays, de travailler à l'air libre et de recevoir un petit pécule.

Mais c'est justement ce parler simple, ce ton de confidence, le souci qu'elle exprime pour les préoccupations ordinaires de ses concitoyens que les lecteurs apprécient. Centrées surtout au départ sur la vie de famille, les détails domestiques de la Maison Blanche ou les impressions recueillies lors de ses nombreux déplacements, ces chroniques qu'elle publia jusqu'à sa mort deviennent peu à peu moins anecdotiques et de plus en plus politiques, surtout après son départ de Washington. Elle s'approprie tous les thèmes de l'actualité. Elle appelle à l'action collective pour l'amélioration de la situation des travailleurs et toujours plus d'égalité. En 1937, elle reconnaît à Mussolini le mérite de permettre aux femmes d'intégrer n'importe quelle profession. Elle condamne en 1939 la ségrégation et la même année l'invasion criminelle de la Pologne. Lorsque survient Pearl Harbor, elle écrit le 8 décembre 1941 : « Les nuages d'incertitude et d'anxiété planaient sur nous depuis longtemps. Maintenant nous savons où nous en sommes. » Elle s'indigne en 1943 de l'antisémitisme et du traitement des Juifs en Europe « J'ignore ce que nous pouvons faire pour les sauver et les accueillir, mais je sais que nous en subirons les conséquences si nous n'agissons pas. » Le 29 octobre 1947, elle s'attaque au Comité des activités antiaméricaines qui persécute les cinéastes de Hollywood, les écrivains et les artistes, et s'indigne de l'hystérie ambiante : « Nous vivons dans l'atmosphère d'un état policier. » Les droits de l'homme, la bombe H, la guerre froide, l'éducation, les conquêtes de l'espace ou les abus de la télévision sont aussi, les années suivantes, les sujets de sa réflexion.

Le plus souvent Eleanor dicte sa colonne à Malvina Thomson et l'envoie par téléphone avant dix-huit heures. Encore faut-il trouver un appareil, ce qui n'est pas toujours simple lors de ses déplacements. Pour ne pas être prise de court si elle sait que le voyage est hasardeux, elle écrit plusieurs papiers à l'avance. Justement, en l'absence de Malvina qui ne l'accompagne pas à cette occasion, elle accomplit un prodige lors de sa tournée dans le Pacifique en 1943 où, pendant cinq semaines, elle tape elle-même chaque nuit ses impressions de

Les parents d'Eleanor, Anna et Elliott Roosevelt, ont eu trois enfants. On voit ici l'aînée, Eleanor, en compagnie de son frère cadet Elliott junior, né en 1889. Le benjamin, qu'elle chérira toute sa vie, Hall, naît en 1891.

Eleanor à 15 ans.

Une adolescente grave, un peu mélancolique. Elle est orpheline de ses deux parents depuis l'âge de dix ans, et le petit Elliott est mort lui aussi.

Eleanor à Venise pendant son voyage de noces.

La photo a été prise par Franklin.
Pudique et puritaine comme beaucoup de ses contemporaines, Eleanor aime les cols enserrant le cou et les longues manches.

1905.

Eleanor a grande allure en robe de mariée et d'aucuns retrouvent les traits de sa mère.

La photo a été prise la veille du mariage.

1906.

Eleanor et Franklin, l'année de la naissance d'Anna, leur premier enfant.

Diplômé en droit de l'Université de Columbia, Franklin s'apprête à intégrer un cabinet d'avocats à Wall Street. D'habitude c'est Eleanor qui tricote.

1916. Eleanor et Franklin
avec leurs cinq enfants à Washington.

Franklin est alors Secrétaire d'État adjoint à la marine.
(De gauche à droite Elliott, Franklin junior, James debout entre ses parents, John, le dernier né et Anna, leur fille aînée.)

Quand elle se trouve à la Maison Blanche, Eleanor Roosevelt monte presque tous les matins à cheval.

4 juillet 1932. Franklin Delano Roosevelt en campagne électorale.

Appuyé sur le bras de James qui le soutient, il a ce sourire éclatant qui fait merveille. Il est entouré d'Eleanor et de ses trois autres fils. Devant lui, son petit-fils, Curtis.

1939.

Eleanor en compagnie de la grande cantatrice afro-américaine Marian Anderson, dont le concert organisé grâce à Eleanor au Lincoln Memorial de Washington, le 19 avril 1939, eut un retentissement mondial.

Eleanor Roosevelt à la Convention démocrate de Chicago le 19 juillet 1940.

Refusant de s'y rendre, peut-être par tactique, Franklin Roosevelt a envoyé sa femme en ses lieu et place. Mais le discours que prononce ce jour-là Eleanor est de sa seule inspiration.

Washington, le 24 janvier 1941.

Franklin, accompagné d'Eleanor, est réélu pour un troisième mandat. Une première dans l'histoire américaine. Jamais un autre président n'a tenté trois fois l'investiture.

Pearl Harbor, automne 1943.

Eleanor Roosevelt lors de sa longue tournée des troupes engagées en Extrême Orient. Dix-sept îles parcourues. À son retour à Washington, Eleanor a perdu quatorze kilos.

1942.

Journaux, radios, télévisions, tous les médias sont bons ! Eleanor ne craint pas, en dépit des critiques, de s'adresser régulièrement à l'opinion américaine.

15 avril 1948.

À l'occasion de l'inauguration à Londres d'une statue de Franklin Roosevelt, Eleanor en compagnie de l'ex-Premier ministre britannique Winston Churchill, l'allié incontournable.

© Bettmann/Corbis

5 novembre 1960.

Dernier meeting électoral à la veille de l'élection présidentielle. Eleanor entre le futur président John F. Kennedy et son colistier Lyndon B. Johnson.
La victoire de JFK contre Nixon – qu'elle estime un danger pour l'Amérique –, la remplit de joie.

© Corbis

la journée. En près de trente ans, elle ne manqua que quelques jours le rendez-vous.

Encouragée par son agent, George Bye, elle publie en 1937 le premier tome des mémoires, fréquemment cités dans ce livre : *This is my Story.* Avant même sa parution, le *Ladies Home Journal* lui a offert 75 000 dollars, une somme énorme qui égale le salaire annuel du Président, pour pouvoir en publier les bonnes feuilles. À sa sortie, le livre est critiqué sur plusieurs plans. Le principe même est d'abord mis en question : la First Lady doit-elle se mettre ainsi en vedette ? Sur le fond, il est jugé trop complaisant. Sur la forme, trop plat. Il n'en remporte pas moins un énorme succès populaire. Un commentaire *du New York Times* daté du 21 novembre loue par exemple son charme et sa franchise.

Mais plus répréhensibles aux yeux de nombreux citoyens sont ces publicités où l'on voit Mme Roosevelt vanter la qualité des matelas Simmons ou de la crème Ponds. Elle s'en explique en affirmant que toutes les sommes perçues sont remises directement à différentes organisations de charité. Si personne ne doute de ces propos, les Américains n'apprécient quand même médiocrement de la voir s'afficher ainsi au bénéfice de marques commerciales.

Qu'est-ce qui fait courir Eleanor ? Sa nature profonde, sa curiosité des autres, une revanche à prendre sur une jeunesse contrainte, un besoin vital d'être utile pour compenser un mal-être, le désir d'être aimée, tout à la fois peut-être ? La question reste en suspens, mais chacun constate cette hyperactivité et cette ubiquité qui inspirent alors nombre de caricatures, comme celle devenue fameuse publiée dans le *New Yorker*, où l'on voit deux mineurs au fond de leur mine s'exclamer éberlués : « Oh ! Dieu, voilà Mme Roosevelt ! » Plus tard plusieurs films feront aussi référence à son goût de l'action et à ses qualités de médiatrice. Dans *Tootsie,* on entend Dustin Hoffman déclarer : « Il faut absolument en parler à Mme Roosevelt. » *Le Scorpion de jade*, de Woody Allen, évoque aussi son efficacité.

« Elle avait la conviction, écrit Ted Morgan, que les laissés-pour-compte devaient être aidés, que les pauvres devaient avoir un logement décent, que les Noirs devaient être traités avec justice [...] et poursuivant ces buts elle n'hésitait jamais à intervenir dans les affaires publiques, provoquant une bonne dose de ressentiment[1]. » Certains sourient de son activisme, d'autres s'en plaignent, y compris des partisans du New Deal, estimant qu'elle outrepasse son rôle. Dès 1934 des lettres affluent à la Maison Blanche[2] pour demander à Roosevelt de mettre un terme au zèle de sa femme et de la garder au foyer. Datée du mois de mai 1934, cette missive émane d'un démocrate : « Ne pouvez-vous rien faire concernant votre femme, cette First Lady qui parle trop ? Vos amis sont désolés pour vous et personne ne peut plus la supporter... » Celle-ci, plus menaçante, est expédiée l'année suivante : « Je me demande s'il existe un moyen humain de museler cette créature femelle connue dans le monde pour être votre femme [...] Je ne crois pas personnellement à la peine capitale, mais dans son cas elle devrait être encore renforcée... »

Rien n'y fait, Eleanor devient chaque année de plus en plus populaire. En 1937, un sondage de la chaîne de radio NBC la proclame « Femme la plus remarquable de l'année ». Deux ans plus tard, selon l'institut Gallup, elle bat Franklin en popularité. Pour sa part, le *New York Times* écrit : « Après des centaines et des milliers de kilomètres de voyages et de visites, des myriades de questions et d'explications, il est probable qu'elle est, à l'exception du Président, la personne la mieux informée de la scène américaine. »

Curtis Roosevelt : « L'influence d'Eleanor sur Franklin ? Tout dépendait du moment et de la cause. Elle en avait parfois beaucoup, parfois pas du tout. Il est impossible d'en connaître le degré. Il pouvait l'écouter, acquiescer à ce qu'elle disait, partager les mêmes idées, mais il avait de grandes responsabilités et n'agissait qu'en conséquence. Il était le Président. Eleanor

1. Ted Morgan, *F.D.R. Biography*, p. 177.

2. Ces lettres tirées d'un dossier de correspondance reçue pendant les années passées à la Maison Blanche sont conservées à la Bibliothèque de Hyde Park.

était libre de toute fonction officielle ; beaucoup plus affective, elle voulait à tout prix faire le bien, elle avait l'attitude d'un *volunteer*, elle agissait en franc-tireur. Elle n'a d'ailleurs jamais su l'influence réelle qu'elle pouvait avoir sur mon grand-père, ce qui devait être très frustrant pour elle[1]. »

1. Entretien avec l'auteur, avril 2012.

Chapitre XIII

LES DÉFIS D'ELEANOR

« Vous pourriez être un roi ou un dictateur, heureusement que vous n'avez pas de telles aspirations. » Eleanor est sincère lorsqu'elle s'adresse ainsi à Franklin quelques jours après son éclatante victoire du 3 novembre 1936. Les résultats du vote assurant un deuxième mandat à Roosevelt ont, en effet, dépassé toutes les espérances. Il a obtenu cinq cent vingt-trois mandats électoraux contre huit à Alfred M. Landon, un républicain modéré. Avec un total de plus de 27 millions de voix, c'est 5 millions de plus qu'en 1932, soit 61 % de suffrages exprimés en sa faveur, un chiffre qui n'a jamais été atteint depuis 1820.

Si spectaculaire que soit la victoire, ce deuxième mandat se révèle très vite plus instable que le précédent, d'autant que le contexte international se détériore[1]. La Bourse s'effondre de nouveau au mois d'août 1937 et le chômage atteint la même année 17 % de la population. Le succès du New Deal se révèle donc relatif, entraînant la déception des couches populaires, y compris des démocrates, et l'hostilité grandissante de la droite et des mouvements d'extrême droite ou populistes comme celui du père Coughlin[2] face au choix de F.D.R. et la radicalisation de son discours. Roosevelt se veut le champion des défavorisés et ne cesse, en effet, de dénoncer les intérêts particuliers : l'argent, l'égoïsme et l'excès de pouvoir. Rien ni per-

1. Voir le chapitre « La montée des périls ».
2. Démagogue raciste et antisémite, fondateur de la National Union for Social Justice, il mène le combat des isolationnismes.

sonne, laisse-t-il entendre, ne doit freiner les réformes engagées, en particulier cette loi sur la sécurité sociale dont il est si fier – une première dans l'histoire américaine –, qui bénéficie aux personnes âgées, aux chômeurs, aux mères et aux enfants dans le besoin. Il entame un bras de fer avec la Cour suprême dont il veut modifier le fonctionnement et le nombre de juges, qui passerait de neuf à quinze. Dominée par des conservateurs d'âge canonique, Roosevelt craint qu'elle n'invalide un peu plus, comme elle a commencé à le faire, l'arsenal juridique du New Deal. Car c'est toucher à l'un des trois piliers de la Constitution[1]. Tandis qu'Eleanor le soutient, ce geste suscite de toutes parts des réactions hostiles : Roosevelt marche-t-il sur la trace des dictateurs ? Le Président se voit contraint de reculer.

Dans cette période ingrate, délicate, complexe, où il s'efforce de transformer l'Amérique, un homme lui manque cruellement : Louis Howe, son conseiller le plus écouté et le plus loyal, l'ami de toujours qui n'a cessé de le soutenir dans les pires épreuves, est mort au mois d'avril. Eleanor semble peut-être encore plus touchée par cette perte. En témoigne cette note du 7 janvier 1937 qu'elle adresse à l'occasion des cinquante-cinq ans de Roosevelt à l'un de ses secrétaires, Marvin McIntyre : « Aucun de nous n'a le cœur d'avoir le genre de fête que nous avions quand Louis en était l'âme. Nous pensons que nous aurons simplement un dîner suivi pour les messieurs d'une partie de poker. » Louis était en effet le maître d'œuvre habituel de ces festivités, comme cette soirée de janvier 1934 où l'on avait vu apparaître Franklin revêtu d'une toge et coiffé d'une couronne de lauriers, lui-même figurant un garde prétorien et Eleanor l'oracle de Delphes.

Pour sa part, Eleanor œuvre de toute son énergie au renforcement du New Deal, par ses articles, ses émissions de radio ou ses déplacements dans les coins les plus reculés du pays. Elle proteste par exemple contre les différences salariales qui existent entre les deux sexes dans les diverses agences de la Natio-

1. Voir André Kaspi, *Franklin Roosevelt*, p. 318.

nal Recovery Administration (NRA), et s'oppose au licenciement des femmes au bénéfice des hommes dans les secteurs publics ou privés. Elle s'implique aussi dans la National Youth Administration (NYA) qui favorise l'éducation et la formation des jeunes sans emploi, qu'ils soient blancs ou noirs, et soutient activement l'initiative de Harry Hopkins qui crée en 1935 la Work Progress Administration (WPA). Ce programme subventionné majoritairement par l'État fédéral est destiné à fournir un travail rémunéré aux chômeurs et aux personnes assistées. Plusieurs millions d'Américains contribuent ainsi à la construction de routes, de parcs, d'aéroports, de bâtiments publics – hôpitaux, bureaux de poste, nurseries, bâtiments universitaires – à travers les États-Unis. Cette mobilisation générale touche aussi la culture. Artistes et intellectuels sont appelés à contribuer à l'expérience en cours et à encourager la créativité au sein des couches populaires. Un immense effort est nécessaire au nom de la solidarité sans quoi rien ne peut se faire, affirme Eleanor. Grâce à la WPA, mille cinq cent soixante-six peintures murales, dix-sept mille sept cent quarante-quatre sculptures, plus de cent mille tableaux voient le jour. Deux millions d'étudiants profitent de l'éducation artistique, de nouvelles pièces sont montées, Hollywood produit cinq mille films pendant les années trente, dont ceux de Frank Capra qui montrent les riches sous des traits féroces. La littérature n'est pas en reste : de Steinbeck à Faulkner en passant par Hemingway et Erskine Caldwell, l'Amérique de Roosevelt y surgit sur fond de misère et d'espoir.

Mais l'engagement d'Eleanor est plus profond. À une époque où les États-Unis restent fortement marqués par le racisme, à tel point que les Noirs sont exclus de nombreux emplois et même des réformes du New Deal – en 1933 un quart de la population urbaine noire est au chômage –, elle fait preuve d'une incomparable audace en prenant fait et cause pour eux, non seulement sur le plan social, mais sur le plan politique. On a peine à imaginer la force des préjugés à leur égard, la discrimination dont ils pâtissent quotidiennement – beaucoup de professions leur sont fermées, l'admission dans de nombreuses écoles et universités interdite. Dans les États du Sud où ils sont victimes de violences récurrentes, vingt-quatre Noirs sont lynchés pendant cette même année. Ainsi faut-il beaucoup d'audace à Eleanor – on parle à son propos d'ingénuité, de criminelle inconscience – pour s'attaquer à « l'horreur la plus grande de l'histoire américaine[1] ». Difficile de reconnaître la jeune femme conformiste aux antécédents sudistes, demeurée totalement insensible, lors de son premier séjour à Washington en 1914, à la campagne menée en faveur d'une amélioration des conditions de vie des Noirs par une précédente First Lady, Edith Wilson.

Eleanor s'efforce dès le début du premier mandat en 1933 de faire pression autant qu'il est possible sur le Président, et plus largement sur l'opinion américaine, par de multiples initiatives. Si son action est limitée par les contingences électorales qui obligent Roosevelt à ne rien entreprendre qui puisse lui aliéner les voix sudistes, si elle n'a pas le pouvoir de changer la loi, elle ose toutefois l'impensable en manifestant sa solidarité, en transgressant par sa seule présence auprès des Noirs les règles sacro-saintes de la discrimination. « Personne plus qu'elle ne contribue à la destruction des valeurs traditionnelles », assure au début des années quarante le journaliste William Pegler, adversaire résolu du couple présidentiel.

Sans parler de sentiments racistes, F.D.R. demeure peu concerné par le problème noir. Certes, il souhaite pour leur communauté, comme pour tous les groupes défavorisés, une amélioration des conditions de vie, mais il ne prétend nullement, suivant l'exemple de Lincoln, à être un second émancipateur. Comme beaucoup de libéraux de l'époque, il estime que les changements économiques et politiques qu'induit le Welfare State aideront à régler la question raciale. Il n'est absolument pas prêt à en faire une priorité, et rien dans son programme présidentiel n'y prépare. Il a trop conscience, en effet, des risques qu'impliquerait toute réforme remettant en ques-

1. Entretien avec Robert Silvers, directeur du *New York Review of Books*, mai 2011.

tion leur statut. Pour la plupart partisans résolus de la ségrégation, les représentants et sénateurs démocrates du Sud qui contrôlent nombre de postes stratégiques au Congrès lui feraient payer cher tout changement qui accorderait aux Noirs plus de droits. S'ils ne sont plus officiellement esclaves, les Afro-Américains restent pour la majorité des Américains des États du Sud des êtres inférieurs interdits de cité.

Eleanor, plus libre de ses paroles et de ses actes, n'a pas peur d'afficher ses opinions. À ses yeux, la ségrégation n'est pas seulement « antidémocratique et immorale », elle représente un danger mortel pour la liberté de chacun. Les Américains doivent le savoir.

« Est-il vrai que les salaires des Noirs dans les régions 3 et 4 sont inférieurs à ceux que prescrit le Work Relief Act, et que ceux des Blancs ? » s'inquiète-t-elle auprès de Harry Hopkins quelques semaines après son installation à Washington.

Lorsque le Congrès s'apprête à voter un projet de loi concernant l'amélioration de l'habitat des Afro-Américains, Eleanor entraîne un groupe d'épouses de représentants dans une tournée des quartiers noirs. Elle espère que, touchées par le spectacle de la misère et de l'abandon qui règne dans ces lieux, elles pèseront peut-être sur le vote de leurs maris.

Mais elle ose encore plus. Pressée par les responsables noirs de la National Association for the Advancement of Colored People, elle tente de convaincre Roosevelt de promouvoir une loi fédérale (la loi Costigan-Wagner) contre le lynchage. À cet effet, elle organise une rencontre entre F.D.R. et l'un des principaux dirigeants, Walter White, dont la blancheur de peau, la blondeur des cheveux et le patronyme trompent sur sa véritable ascendance. En dépit de l'avis de plusieurs de ses conseillers, Roosevelt accepte de le recevoir. Le rendez-vous prévu pour être discret est fixé au dimanche 7 mai 1934. Lorsque Walter White arrive à la Maison Blanche, c'est Eleanor qui le reçoit en compagnie de Sara Delano, la mère de Franklin. Le Président n'est pas encore rentré d'une promenade sur le Potomac et elle profite de son absence pour informer White des arguments qui peuvent être utilisés contre le projet de loi. À son arrivée, Franklin, d'excellente humeur, commence par raconter des anecdotes, comme il a coutume de le faire pour avoir le temps d'observer son interlocuteur. Mais, pressé par Eleanor qui doit s'absenter pour aller répondre à son courrier, il entre enfin dans le vif du sujet. Entre les deux hommes, la discussion se déroule dans un climat de compréhension. Roosevelt est attentif aux arguments de son interlocuteur et se déclare personnellement favorable à une telle législation, mais il y a un mais... « Je n'ai pas choisi les outils avec lesquels je dois travailler », dit-il à White. Les Sudistes, par suite de la règle d'ancienneté qui prévaut au Congrès, occupent les places les plus stratégiques au sein des comités du Sénat et de la Chambre des représentants. « Si je me prononce pour la loi contre le lynchage, ils bloqueront toutes les lois que je suis en train de faire passer pour empêcher l'Amérique de s'effondrer. *I just can't take the risk*[1]. »

Pour Walter White la déception est forte. Elle l'est aussi pour Eleanor et plus encore lorsque Franklin lui demande de ne pas assister en 1934 et 1935 à la convention de l'Association for The Advancement of Colored People. Tout aussi violente est sa désillusion quand, désireuse de prendre la parole lors d'un meeting de protestation contre un lynchage particulièrement odieux qui s'est déroulé en Floride, Franklin l'enjoint, via son omniprésente secrétaire Missy LeHand, de s'en abstenir : « C'est de la dynamite », dit le Président. Mais Eleanor s'obstine et l'année suivante obtient de Roosevelt d'assister aux conventions de la NAACP et de la National Urban League, alors même qu'approchent les élections.

Franklin réélu, elle en profite pour durcir son combat pour les droits civiques et accepte la coprésidence du National Committee to Abolish the Poll Tax, l'impôt que doivent payer les Noirs pour pouvoir voter. Comportement scandaleux de la part de la femme d'un président, s'indigne plus haut que jamais la presse du Sud, qui l'accuse de contrevenir à toutes les règles

1. Walter White, *A Man Called White : an Autobiography of Walter White*. Cité par Joseph Lash, *Eleanor and Franklin*, p. 673.

du jeu et la qualifie d'« antiaméricaine et d'activement rouge ». Comment accepter qu'elle offre une rose à une petite fille de couleur âgée de cinq ans, Geraldine Walker ? demande le *Georgia Woman's World* qui publie la photo[1]. Comment admettre l'impudence qu'elle manifeste lors de la Southern Conference of Human Welfare lorsque, empêchée par la police de Birmingham de prendre place aux côtés de ses amis noirs, elle s'insurge et choisit de s'asseoir seule à l'écart des Blancs !

Mieux que quiconque, Mary McLeod Bethune a aidé Eleanor à comprendre le problème noir. Fille d'anciens esclaves et dernière née d'une famille de dix-sept enfants, elle a commencé sa carrière comme missionnaire enseignante avant de devenir une des personnalités majeures de la communauté afro-américaine. Fondatrice du National Council of Negro Women en 1935, elle est nommée quelques années plus tard par l'Administration Roosevelt à la tête du Federal Council of Negro Affairs, avec une douzaine d'autres Noirs. Mary Bethune, raconte Joseph Lash, avait l'habitude d'embrasser les gens et c'est le jour où Eleanor l'embrassa sans y penser qu'elle prit conscience d'avoir définitivement vaincu ses préjugés racistes.

1939. De retour d'une triomphale tournée en Europe, Marian Anderson, la célèbre cantatrice noire, se voit refuser l'autorisation de donner un récital au Constitution Hall de Washington, qui dépend d'une organisation à laquelle appartient Eleanor : The Daughters of The American Revolution[2]. Beaucoup se scandalisent de ce rejet, et l'affaire prend une dimension nationale quand la First Lady, indignée et solidaire de la chanteuse, fait connaître dans *My Day* la nouvelle de sa démission adressée par lettre le 26 février 1939 à la présidente de l'organisation féminine : « Je suis en complet désaccord avec votre décision de refuser Constitution Hall à une grande artiste. Vous avez agi de manière tout à fait inconsidérée et je me vois obligée de ne plus faire partie de votre association.

1. En 1998 un timbre a été émis représentant Eleanor recevant un bouquet de fleurs de la petite fille.
2. Descendantes des combattants de la guerre d'Indépendance.

Vous aviez l'occasion d'adopter un comportement éclairé et vous avez failli... »

Eleanor peut se réjouir, son geste est bien accueilli par l'opinion. Selon un sondage Gallup, 67 % de la population la soutient dans cette affaire qui attire l'attention du monde entier sur le problème noir aux États-Unis. Pour la communauté de couleur, c'est une chance à ne pas manquer. Sol Hurok, le manager de Marian Anderson, et Walter White projettent d'organiser un concert gratuit en plein air devant le mémorial de Lincoln. Soutenu par le sous-secrétaire à l'Intérieur, le projet est transmis à la Maison Blanche : Eleanor l'appuie, Franklin l'approuve.

Soixante-quinze mille spectateurs répondent présent. Le 19 avril 1939, alors que des millions d'Américains sont à l'écoute du récital retransmis par la radio, une foule immense et frémissante acclame la cantatrice qui apparaît en haut des marches du majestueux monument de marbre élevé à la gloire du grand émancipateur. Après un instant de silence, l'émotion est à son comble quand elle entonne « America ». Les paroles à la gloire de la liberté sonnent en cette fin d'après-midi comme une prière. Si la majorité des participants est composée d'Américains noirs, il n'y a jamais eu dans l'histoire des États-Unis autant d'Américains blancs pour se trouver à leurs côtés.

Eleanor n'assiste pas à cet événement historique. Pourtant, il n'aurait pu avoir lieu sans son appui, affirme Walter White, qui lui rend hommage. Ce choix de l'absence, elle l'a fait par prudence, soucieuse de ne pas provoquer par une présence trop spectaculaire la colère des adversaires de Roosevelt un an avant les élections présidentielles. Son regret n'en est pas moins vif. Quelques mois plus tard, au début de l'automne 1939, elle prend la parole au National Negro Congress où l'on commémore la signature de la proclamation de l'émancipation par Lincoln, et elle exhorte l'Amérique à poursuivre l'œuvre commencée par le Président assassiné soixante-quinze ans auparavant.

La question noire demeure cependant loin d'être encore réglée et Eleanor eut bien d'autres occasions de manifester ses convictions. En 1940, alors que l'Amérique qui n'est pas encore en guerre renforce son industrie militaire, elle découvre la ségrégation chez les militaires. Dans l'armée de terre, Blancs et Noirs appartiennent à différents bataillons. L'aviation est la plus libérale des trois armes, la marine n'accepte les Noirs que pour servir au mess, et les officiers noirs de haut rang sont une exception. Plus symbolique, la Croix-Rouge fait fonctionner deux banques du sang, l'une pour le sang blanc, l'autre pour le sang noir. Une fois encore, Eleanor s'immisce de nouveau dans le débat et pousse Franklin à prendre des mesures. Elles seront plus formelles qu'effectives. Une fois encore le Président est prisonnier de ses contradictions : comment ménager le Congrès et donner en même temps satisfaction à un électorat noir en année électorale ? F.D.R. sait parfois entendre les recommandations humanistes de sa femme, surtout quand elles peuvent le servir. Le 27 septembre, il convoque une réunion avec les secrétaires d'État à la Guerre et à la Marine, et trois leaders noirs. Le résultat n'est pas spectaculaire, mais c'est un premier pas : pour la première fois, en dépit de la consternation d'une grande partie de la hiérarchie militaire, un officier noir de l'armée de terre est nommé brigadier général. L'entrée en guerre des États-Unis après Pearl Harbor ne retient pas Eleanor de continuer sa lutte en faveur des minorités. Elle estime, en effet, que l'Amérique ne peut lutter contre le totalitarisme et tolérer en même temps sur son sol le traitement inégalitaire fait aux Noirs. À ses yeux, le racisme américain et le fascisme sont de la même essence.

Chapitre XIV

ELEANOR, UNE LIBÉRALE DE GAUCHE

« Ma mère n'a bien évidemment jamais été une communiste, mais elle avait de la sympathie pour le droit des minorités... » Selon James, son fils aîné, Eleanor est dans les années trente une libérale de gauche. En 1933, les États-Unis comptent environ une dizaine de milliers de militants communistes, et le marxisme exerce une grande attraction sur les intellectuels, impressionnés par ce qui se fait en Union soviétique sur les Noirs et sur une minorité de jeunes. Cela suffit pour que l'anticommunisme soit exploité cyniquement par les conservateurs, et tous ceux qui refusant le changement condamnent les réformes de l'administration Roosevelt.

Eleanor, de son côté, est convaincue que le communisme ne peut s'implanter en Amérique que si le système échoue à combattre le chômage et ne garantit pas la sécurité et la justice. Tout comme Roosevelt, elle a pleine confiance dans la démocratie américaine. Jamais leurs concitoyens ne sauraient tolérer les restrictions à la liberté imposées dans la Russie de Staline. Eleanor manifeste un certain intérêt pour les réussites économiques russes, elle est curieuse de savoir comment fonctionne un système basé sur la planification et la propriété de l'État et, si elle a approuvé la décision de Roosevelt de reconnaître l'Union soviétique en 1934, elle n'a que répugnance pour les aspects totalitaires du régime.

Ainsi, sans se soucier une fois encore du qu'en dira-t-on et des attaques qui font de Roosevelt un nouveau Kerenski[1] et d'elle une « rouge », Eleanor participe à diverses organisations auxquelles se trouvent mêlés des militants et des sympathisants communistes. Elle y est conduite par son intérêt pour les jeunes sans emploi qui sont pléthore en dépit des efforts faits pour leur venir en aide. Guidée par le principe qu'« une civilisation qui ne procure pas à la jeunesse les moyens de gagner sa vie n'a rien de bon », elle estime indispensable de créer une organisation où les jeunes pourront défendre leurs revendications. Elle soumet à Roosevelt un rapport qui met en lumière toutes les difficultés, tous les obstacles qui se présentent à eux. S'il n'en disconvient pas, il objecte que sa propre vision est plus globale : « Il n'y a pas, dit-il, de problème des jeunes, le problème se pose pour le peuple tout entier. » Eleanor, qui sait que son mari est toujours sensible à l'argument politique, n'en démord pas : « Ils veulent du travail », et elle ajoute : « Ce seront bientôt des électeurs. » Roosevelt entend son plaidoyer. Le 26 juin 1935, il crée la National Youth Administration, à vocation strictement économique, qui bénéficie d'un programme de cinquante millions de dollars.

Plus combative sur le plan politique, l'American Youth Congress est une coalition qui rassemble diverses organisations, The American Student Union, The Young Communist League, The Young Women's Christian Association. Au total, plusieurs millions de jeunes de toutes catégories : blancs et noirs, catholiques et laïques, ruraux et citadins, pacifistes, socialistes ou communistes. Ils réclament une amélioration de leurs conditions sociales et économiques, mais tentent aussi d'obtenir du Congrès une législation donnant plus de droits à la jeunesse (American Youth Bill of Rights). Très actifs, ils s'engagent aux côtés des syndicats, protestent contre la discrimination raciale, militent contre la guerre et le fascisme. Modérée à ses débuts, l'AYC se radicalise vite sous l'influence des communistes qui

1. Chef du gouvernement provisoire après la révolution de Février en Russie, renversé par les bolcheviques.

en prennent la tête. Eleanor accepte de participer au mois de janvier 1936 à leur premier congrès national qui se tient à Washington. Les critiques contre l'Administration y sont vives, la politique du New Deal jugée trop peu inopérante, trop timide, trop soumise aux pressions. Pour approfondir le débat et curieuse de mieux s'informer sur leurs revendications, Eleanor invite quelques-uns des dirigeants à prendre le thé à la Maison Blanche, et s'évertue de son côté à leur faire comprendre les obstacles économiques et politiques auxquels se heurte Franklin. On la retrouve au mois d'août 1938 au deuxième congrès de l'organisation. La paix est au centre des débats, l'atmosphère fiévreuse. De nombreux jeunes sont allés combattre en Espagne, ils ne cachent pas leur hostilité à l'égard de l'Église catholique qui soutient Franco et ils ne se privent pas d'afficher leurs sympathies pour l'Union soviétique.

Eleanor, loin de partager toutes leurs analyses, comprend mal comment les communistes américains, sous prétexte d'affaiblir la cause antifasciste, ne condamnent pas la terreur qui sévit en URSS. Elle accepte encore moins qu'ils ne dénoncent pas le pacte germano-soviétique : « J'ai toujours pensé qu'en théorie le communisme était plus proche de la démocratie que le nazisme. En dépit du fait que Staline soit un dictateur et que la Russie traverse une période de violences comme toutes les révolutions en ont connu, on pouvait encore espérer que la théorie communiste créerait un monde dans lequel démocratie et communisme pourraient cohabiter. Ce traité ne me semble nullement aller dans l'intérêt de la paix. Il dit simplement à Hitler : "Nous ne vous attaquerons pas, ainsi vous pouvez être assuré d'avoir un ennemi de loin"[1]. »

Malgré des divergences plus ou moins lourdes qui la séparent des éléments les plus engagés de l'American Youth Congress, Eleanor se trouve à leurs côtés lors de leur comparution devant The House Un-American Activities Committee (HUAC). Avant-

---

1. Lettre de E.R. à Anna Louise Strong, défenseur inconditionnel de l'Union soviétique, le 28 août 1939. Citée par Joseph Lash, *Eleanor and Franklin*, p. 772.

goût du maccarthysme, cette commission spéciale mise sur pied par la Chambre des représentants a pour mission d'enquêter sur les « activités non américaines ». Censé combattre les idées venues d'Allemagne, d'Italie, d'Union soviétique, qui risquent d'infester l'Amérique, le comité présidé par Martin Dies, représentant démocrate du Texas, enquête mollement sur les nazis américains, mais concentre ses attaques contre la gauche, en particulier contre les communistes ou soupçonnés tels. Les acteurs et les écrivains subventionnés par la Work Progress Administration, les leaders de l'American Youth Congress sont les premiers visés.

Eleanor est indignée par le parti pris et les méthodes d'intimidation dont use le comité vis-à-vis des suspects lors des auditions (*hearings*), et va jusqu'à les comparer à celui de la Gestapo[1]. Pour montrer sa solidarité avec les jeunes militants, elle décide d'assister aux séances. Sans crier gare, Eleanor pénètre le 30 novembre 1939 dans l'enceinte de la salle d'audience. Déconcertés par l'arrivée impromptue de la First Lady, les membres de la commission lui offrent de s'asseoir parmi eux. Mais elle refuse et prend place dans la foule au premier rang. Parfois, lorsque les questions lui semblent particulièrement hostiles, elle rejoint le banc de la presse, prend des notes et intervient pour manifester son désaccord quand les arguments invoqués lui semblent fallacieux.

Les débats doivent durer plusieurs jours et les jeunes gens n'ont pas les moyens de prendre une chambre d'hôtel. Sans hésiter, Eleanor convie un petit nombre d'entre eux à loger à la Maison Blanche. Un peu intimidés, ils le sont bien davantage quand ils apprennent qu'ils vont dîner le soir même avec le Président. L'URSS, ce même jour, vient d'envahir la Finlande et Franklin ne cache pas ses préoccupations, mais il est curieux d'entendre le récit des débats. S'il juge « sordide » le comportement des membres du comité, il insiste sur la situation finlandaise et qualifie l'invasion soviétique de « terrible événement ». La discussion se poursuit en son absence. Le ton monte, les plus radicaux critiquent les positions de Roosevelt face à la situation euro-

1. *This I Remember*, p. 202.

péenne. Ils lui reprochent, sous prétexte de garantir la paix, de vouloir renforcer la défense américaine, et cela aux dépens des intérêts des travailleurs américains qui veulent un plus grand nombre d'écoles et moins de navires de guerre.

Les jeunes gens s'inquiètent de ce deuxième New Deal annoncé par le Président, mais qui reste lettre morte. Et qu'en est-il des droits des Noirs, toujours discriminés politiquement et économiquement ? Eleanor s'efforce de leur faire comprendre les difficultés auxquelles se heurte le Président chaque fois qu'il tente de faire passer une loi plus libérale. C'est pourquoi elle leur suggère de créer un mouvement indépendant du parti démocrate pour faire pression sur le gouvernement. La jeunesse, dit-elle, doit savoir se faire entendre.

Une autre rencontre a lieu quelque temps plus tard avec le Président. La discussion est vive. Roosevelt s'efforce de convaincre du bien-fondé de ses choix, il insiste sur ses responsabilités historiques : les États-Unis ont le devoir de s'armer face à la menace que fait peser en Europe l'alliance germano-soviétique.

Il faut ici conter un épisode plus privé de la vie d'Eleanor, révélateur des amitiés passionnées qu'elle manifeste tout au long de sa vie pour des gens dont le milieu et le parcours sont si différents des siens. Dans la mesure où elle est liée à ses choix politiques, cette histoire ne sera pas sans conséquences.

Au cours des auditions de l'AYC, le regard d'Eleanor s'attarde souvent sur un jeune homme brun aux yeux noirs rencontré quelque temps auparavant. Il a l'âge d'être son fils, se nomme Joseph Lash et n'est autre que son futur biographe – mentionné dans ce récit. Mis en cause par le comité, suspecté d'être un espion à la solde de l'URSS, Joseph réfute ces accusations. Il reconnaît toutefois être membre du parti socialiste américain et ne nie pas que l'Union soviétique a représenté pour lui une terre de progrès et un bastion contre le fascisme. Mais l'invasion de la Finlande et la signature du pacte Molotov-Ribbentrop lui ont ôté toutes ses illusions et l'ont conduit à rompre avec ses anciens camarades communistes les plus engagés. Eleanor, qui a ressenti son désarroi, lui fait passer une note : accepterait-il de venir lui parler ?

Quelques jours plus tard, Joe Lash sonne à la porte du petit appartement que la First Lady occupe à Greenwich Village quand elle se trouve à New York. C'est le début d'une relation tout à fait singulière entre l'épouse du Président et ce fils d'émigrés juifs venus de Russie. Eleanor est attendrie par son histoire. Comme Lorena, il a eu une jeunesse difficile et tourmentée. Son père est mort quand il avait neuf ans, sa mère restée seule avec ses cinq enfants tient une épicerie à Harlem et travaille quinze heures par jour. Après avoir fréquenté le City College de New York et milité dans le mouvement étudiant, il a rejoint l'Espagne et combattu quelque temps aux côtés des forces loyalistes. « Peut-être que mes misères, écrivit plus tard Lash à propos de l'intérêt manifesté par Eleanor à son égard, lui rappelaient les souffrances de sa jeunesse. Insécurité, timidité, manque d'assurance en société, elle avait dû tout conquérir. Aider quelqu'un qui lui était cher et qui avait connu une vie difficile comblait sa soif insatiable de se rendre indispensable. »

Suivent bientôt d'autres rencontres et d'interminables conversations. Eleanor invite bientôt Joe Lash à Val Kill et lui propose de s'y installer en son absence avec un camarade pour terminer un travail. Pourrait-elle, demande-t-il, lui servir de référence dans son dossier de demande de bourse à Harvard ? Elle accepte. Il pense aussi écrire un livre sur la philosophie politique du Président. Il est aussitôt convié à Hyde Park où il déjeune avec Eleanor et Franklin, qui l'impressionne par sa largeur de vues et son autorité chaleureuse. Désormais acquis au Président, il ne manque pas de le soutenir lors de la campagne imminente.

Un attachement réciproque qui ne sera jamais démenti unit désormais Joe et la First Lady. L'inclination est incontestablement plus passionnelle chez Eleanor. Elle manifeste en effet ses sentiments avec une ardeur et une ingénuité surprenantes de la part d'une femme qui se livre si peu dans son cercle familial, comme s'il lui était plus facile de se montrer elle-même avec des étrangers. S'agit-il d'engouement, d'attirance instinctive ? Doit-on parler d'amour ? Elle lui écrit, un jour où il vient de quitter Val Kill, dans ce style débordant d'émotion qui la caractérise et ne cesse d'intriguer : « Je me suis mise à tant vous aimer, j'aurais pu pleurer quand vous êtes parti, mais je comprends que vous devez travailler et c'est mieux pour vous, alors pardonnez-moi d'être si égoïste et de souffrir de votre absence. » Dans une autre lettre plus tardive puisqu'elle date de son départ pour l'armée au mois d'avril 1942, on trouve cette phrase, peut-être la plus explicite : « Joe, un petit morceau de mon cœur semble être toujours avec vous, emportez-le où que vous alliez... Je veux simplement vous dire au revoir et que je vous aime. Parfois je pense que, si nous avons choisi d'aimer quelqu'un, nous l'aimons encore plus que les enfants nés de notre chair, et c'est pourquoi je souhaite avoir la chance de vous revoir bientôt en attendant le jour où vous serez définitivement de retour. Dieu vous bénisse et vous garde[1]. »

Rien n'est trop beau pour Lash. À l'occasion de son trente-deuxième anniversaire, Eleanor lui offre une Pontiac décapotable, et elle organise une fête en son honneur à l'hôtel Lafayette de New York lorsqu'il est mobilisé. Pourtant, elle n'ignore pas qu'il est tombé amoureux peu avant leur rencontre d'une femme richement mariée, mère de trois enfants. Gertrude Pratt, elle aussi militante socialiste, est arrivée d'Allemagne dans les années vingt. Si elle partage les sentiments de Joe, comme l'appelle Eleanor, elle craint de perdre la garde de ses enfants en demandant le divorce. Quels que soient ses sentiments et la souffrance qu'elle peut ressentir, Eleanor devient leur confidente et encourage leur amour.

Mais l'affaire se complique, on s'approche du roman d'espionnage. L'épisode a lieu pendant la Seconde Guerre mondiale. Joseph Lash, envoyé en février 1943 dans un camp d'entraînement de l'aviation situé en plein Illinois, s'aperçoit bientôt que son casier a été fouillé par les services de renseignement de l'armée et qu'on a pu lire les lettres d'Eleanor. Il en informe aussitôt la First Lady, qui ne renonce pas pour autant à venir lui rendre visite. Accompagnée de Malvina Thomson, sa secrétaire, elle rencontre Joe dans l'hôtel où elle a loué une chambre. Le FBI n'est pas loin, comme en témoigne cette fiche[2] :

1. Lettres citées par Hazel Rowley dans *Franklin and Eleanor*, p. 251.
2. Cité par Joseph Lash dans l'appendice de *A World of Love*.

« À 9 heures le 4 mars 1943, a noté l'informateur, un soldat est venu à la réception de l'Urban-Lincoln Hotel, a annoncé qu'il était Joseph Lash et que Mme Roosevelt avait réservé une chambre pour lui. Il a été accompagné à la chambre 330. L'informateur a indiqué que Mme Roosevelt avait commandé à dîner pour trois dans la chambre 332 à environ 20 h 30. Il a dit aussi qu'après l'arrivée de Lash, on avait déménagé le bagage de Mlle Thomson dans la chambre occupée par Mme Roosevelt.

« Ni Mme Roosevelt ni Lash n'ont quitté leurs chambres d'hôtel pendant toute la journée du 6 mars, à l'exception du déjeuner qu'ils ont pris dans la salle à manger. Les autres repas ont été pris dans leurs chambres, selon l'informateur. Mme Roosevelt a quitté l'hôtel à 7 h 35 du matin le 7 mars 1943, quelques minutes après le départ de Lash, selon l'informateur. Les notes d'hôtel pour les chambres 330 et 332 ont été réglées par Mme Roosevelt. »

Deux semaines plus tard, Gertrude Pratt rejoint Lash dans le même hôtel. Le FBI est toujours là : « Le sujet et Mme Pratt ont semblé être très amoureux et ils ont fait l'amour à plusieurs reprises pendant leur séjour. »

À partir de là, l'affaire prend un autre tour : « Il semble, écrit Hazel Rowley, que le FBI a délibérément confondu les deux amies de Lash. » J. Edgar Hoover, le chef du FBI à qui Roosevelt a recommandé quelques années auparavant de surveiller tout particulièrement les sympathisants nazis et communistes, déteste Franklin et Eleanor. Il décrète que la First Lady a une aventure avec Lash et décide d'envoyer ses agents informer le Président des « liaisons dangereuses » de son épouse. Scandalisé qu'on cherche à salir Eleanor et convaincu qu'elle n'a rien à se reprocher, Franklin ordonne que cesse toute surveillance de sa femme.

Les services d'espionnage de Washington n'en continuent pas moins à la soupçonner pendant toute la guerre de sympathies actives en faveur de l'Union soviétique. Certains secteurs de la droite la plus extrême l'accusent même d'être un agent du Kremlin.

Chapitre XV

LA MONTÉE DES PÉRILS

À plus de cinquante ans, Eleanor ne cesse pas de revendiquer la liberté de ses choix et de ses opinions, seul la retient le souci de ne pas nuire au Président. Distants dans leur vie quotidienne – à l'exception des réunions familiales ou des cérémonies officielles où les photos les montrent côte à côte, Franklin toujours souriant, Eleanor plus grave, ils partagent à l'heure des totalitarismes et des dangers que ceux-ci font courir au monde une même inquiétude : comment préserver la paix ?

L'isolationnisme est en Amérique un courant d'idées aussi ancien que la république. Plus ou moins affirmé selon les époques, il se renforce tout au long de ce deuxième mandat. Beaucoup d'hommes politiques et d'historiens américains estiment que les USA ont eu tort de s'engager dans le premier conflit mondial, l'Allemagne n'ayant pas été selon eux la seule puissance à mener une politique détestable. Le non-paiement des dettes de guerre par les Européens est un autre élément fédérateur. C'est un fait, pour la majorité des Américains, le destin du reste du monde ne les concerne pas. Préoccupés avant tout par leurs conditions de vie, ils choisissent d'ignorer les menaces qui se multiplient : la dictature nazie dissimule de moins en moins ses visées expansionnistes depuis la réoccupation et le réarmement de la Rhénanie en 1935, Mussolini occupe l'Éthiopie, la guerre civile espagnole s'avère de jour en jour plus meurtrière. En Asie, le Japon envahit une grande partie de la Chine et renforce son potentiel militaire.

En janvier 1935, les isolationnistes ont remporté une victoire écrasante en refusant l'adhésion des USA au Tribunal permanent de justice internationale. De plus, contraint par la majorité de l'opinion et le législateur de rester à l'écart d'événements qui ne concernent pas directement le sort de l'Amérique, le Président n'a pas réussi à s'opposer au vote des lois de neutralité (Neutrality Acts), renforcées d'année en année jusqu'en 1937[1]. C'est un rude combat qu'il l'attend s'il veut renverser la tendance.

« J'ai vu le sang couler du corps des blessés… J'ai vu des villes détruites… J'ai vu des enfants mourir de faim… J'ai vu l'agonie des mères et des épouses[2]… » Moins que personne, Roosevelt ne souhaite la guerre dont il connaît les réalités, pourtant il ne se fait guère d'illusions. Devant « le règne de la terreur et de l'illégalité internationale[3] », les États-Unis ne pourront demeurer éternellement dans la position du spectateur indifférent à une situation qui met en péril les démocraties. S'écartant nettement de l'opinion majoritaire, F.D.R. prononce le 5 octobre 1937 à Chicago l'important discours dit de la Quarantaine : « Il y a une solidarité et une interdépendance dans le monde moderne à la fois techniquement et moralement, qui rend impossible pour une nation de s'isoler complètement… » Les interventionnistes acclament le Président au nom de la sécurité collective. De leur côté, les isolationnistes du Congrès, voyant là un tournant radical de la politique étrangère susceptible de les entraîner dans une guerre, n'hésitent pas à évoquer l'*impeachment*. L'opposition ne

1. Dérivant des travaux des travaux du comité Nys, les trois lois sur la neutralité, qui s'échelonnent de 1935 à 1937, consacrent l'interdiction de vendre des armes aux belligérants, ainsi que l'interdiction de prêt. Elles illustrent la volonté des Américains de ne pas s'engager dans un conflit européen. Le Congrès vote une loi spéciale en 1937 concernant la guerre civile espagnole, qui met l'embargo sur tout envoi d'armes et de munitions à l'un ou l'autre camp. Les citoyens américains n'ont pas le droit de voyager sur des bateaux appartenant aux parties engagées dans un conflit.

2. Discours prononcé à Chataugua dans l'État de New York le 14 août 1936.

3. En 1939, il essaye encore en vain de convaincre Hitler et Mussolini de signer un pacte qui les engagerait à ne pas attaquer ni envahir d'autres pays.

réagit pas avec moins de vigueur quand F.D.R. parle de renforcer le potentiel militaire américain. Réaliste comme toujours, Roosevelt fait marche arrière. Il décide de n'avancer que pas à pas et s'efforce, tâche difficile, de sensibiliser son pays aux problèmes du monde. Mesurant ses mots, il assure à ses compatriotes que jamais les États-Unis ne s'engageront dans une « guerre étrangère ». Il lui faudra de longs mois et combien d'événements annonciateurs du pire pour convaincre l'Amérique de fournir des armes aux alliés. Le climat ne changera qu'après Munich, et non sans réticences !

Eleanor a toujours été une pacifiste. Elle expose ses convictions en 1935 par une contribution au livre *Why War Must Cease*, de Carrie Chapman Catt, l'une des personnalités les plus en vue du Women's Peace Movement. Mère de quatre fils en âge d'être mobilisés, elle n'ignore rien des horreurs de la guerre. Elle en a vu les effets lorsqu'elle a accompagné Franklin lors de sa tournée d'inspection des troupes américaines en Europe après l'armistice de 1918. Ainsi veut-elle croire que seule la négociation peut sauvegarder la paix. Lors d'un dîner en 1935 à la Maison Blanche avec Thomas Mann, elle répète qu'il est encore possible de trouver un terrain d'entente avec Hitler, alors qu'il vient justement de réoccuper par la force la Rhénanie L'auteur de *La Montagne magique* qui a fui l'Allemagne nazie ne partage pas ses illusions et la détrompe : on ne négocie pas avec le maître du Troisième Reich.

Les événements qui surviennent en Europe et en Asie dans la deuxième partie des années trente amènent Eleanor à réviser peu à peu ses jugements. Face à la menace fasciste et nazie, aux exactions raciales, aux invasions, aux bombardements des civils en Espagne et en Chine, Eleanor n'exclut plus l'usage de la force. Elle s'en explique dans une lettre adressée au mois de décembre 1937 à des pacifistes inquiets de la réaction énergique[1] de Washington vis-à-vis de Tokyo, après le torpillage par un avion japonais d'une canonnière américaine : « Je n'ai

1. Le gouvernement américain exigeait des excuses et des compensations. Ce qui fut fait.

jamais pensé, écrit-elle, que la guerre soit la solution pour régler une situation de manière satisfaisante, mais je ne suis pas absolument convaincue au vu des circonstances qui prévalent aujourd'hui dans le monde qu'il ne soit pas pire pour une nation de ne pas s'y engager au nom de ses seuls principes[1]... » Eleanor développe cette idée dans *This Troubled World*, un petit livre de quarante-sept pages publié un an plus tard, où elle n'exclut plus l'utilisation du boycott économique et, si nécessaire, le recours à la force

La guerre civile espagnole marque sa rupture définitive avec le mouvement pacifiste. Alors que les catholiques américains approuvent le coup d'État de Franco au nom de la lutte contre le communisme, Eleanor prend fait et cause pour les républicains espagnols et soutient deux organisations, The Friends Service Committee et The Joint Committee for Spanish Children. Son amitié avec Martha Gellhorne l'aide à saisir la mesure du drame. Compagne d'Ernest Hemingway dont elle deviendra plus tard l'épouse, cette jeune et belle journaliste dont les reportages paraissent dans le magazine *Colliers Weekly* revient du front de Barcelone. Eleanor l'invite à la Maison Blanche. Pendant le déjeuner, la jeune femme témoigne des crimes franquistes et défend avec passion le courage des loyalistes. Son récit trouve un écho dans *My Day* : « [...] le peuple espagnol est un peuple glorieux, écrit Eleanor, quelque chose se passe en Espagne qui peut signifier beaucoup pour le reste du monde. » À la demande de Martha Gellhorne qui souhaite un geste de l'Amérique en faveur des républicains, Eleanor organise pour Roosevelt la projection du film *Terre d'Espagne*[2]. Réalisé en collaboration avec Hemingway par le cinéaste communiste hollandais Joris Ivens, le documentaire présente le problème dans toute sa complexité. Franklin et Eleanor découvrent à quel point la terre espagnole est dominée par la

1. Citée par Joseph Lash, *Eleanor and Franklin*, p. 736.
2. On peut voir dans les archives conservées à Hyde Park cette note adressée à Roosevelt : « dîner avec Martha Gellhorn, Ernest Hemingway, Joris Ivens, viendrez-vous ? », signée E. R.

noblesse et l'Église. À quel point le peuple a faim de justice sociale. Très impressionnés, ils encouragent les deux auteurs du film à continuer de faire connaître la tragédie espagnole.

Eleanor proteste contre les bombardements de Barcelone et de Valence, qui causent la mort de centaines de femmes et d'enfants. Mais que peut-elle faire d'autre que soutenir les organisations qui se mobilisent pour envoyer des vivres ou accueillir des enfants ? Elle doute même que le projet d'envoyer cinq cents enfants aux États-Unis sans leurs parents soit une bonne solution. Elle reconnaît son impuissance, et s'en désole, face à la politique officielle de neutralité défendue avec acharnement par le Département d'État. Roosevelt lui-même, dont les sympathies naturelles vont aux républicains espagnols, reste lié par les lois de neutralité qui excluent tout soutien à l'un ou l'autre camp, agresseur ou agressé. Pressée par les partisans de la République espagnole que terrifie le rapprochement de plus en plus massif de Berlin et Rome aux côtés de Franco, Eleanor tente toutefois une démarche auprès du Président pour qu'il lève l'embargo sur l'Espagne afin de venir en aide aux loyalistes. Franklin répond par la négative : les belligérants, expliquent-il, se trouvent de part et d'autre.

« Il est étrange de voir combien nos intérêts affectent nos sentiments démocratiques », conclut amèrement Eleanor dans une lettre adressée au mois de juin 1939 à Martha Gellhorn. Depuis cinq mois, Franco est maître de l'Espagne et il le restera jusqu'en 1975.

La nuit du 9 au 10 novembre 1938, dite Nuit de cristal, les troupes nazies incendient les maisons, les écoles, les synagogues, profanent les cimetières, brisent les vitrines des magasins, et des milliers de Juifs sont arrêtés. Ainsi débute l'œuvre de destruction de tout un peuple. L'événement réveille les consciences. Le monde entier s'indigne. Roosevelt rappelle son ambassadeur en Allemagne. Mais il s'en tient là. À Munich, on s'en souvient, la France et la Grande-Bretagne se sont déjà inclinées devant Hitler.

Hitler, qui du moins officiellement, ne parle pas encore d'extermination totale, propose que les pays prêts à recevoir des Juifs les accueillent. L'Amérique ne souhaite pas héberger de nouveaux émigrants, surtout pauvres. De plus, l'antisémitisme se porte bien. « Chaque dimanche, rappelle Arthur Miller dans l'avant-propos de *Focus*, un vaste auditoire attendait avec impatience que le père Caughlin[1] entame sa diatribe contre les Juifs sur une chaîne nationale. » Roosevelt lui-même n'est pas épargné. Les journaux réactionnaires, notamment ceux de la presse Hearst, faisant allusion à certains de ses proches collaborateurs de confession juive[2], parlent non de New Deal mais de *Jew* Deal. Certains doutent même de ses origines : Rosenfelt ne serait-il pas le nom de ses ancêtres ? Le Président répond à ces attaques avec son flegme caractéristique : « Dans le passé, ils ont pu être juifs ou catholiques. Peu m'importe. J'espère seulement qu'ils étaient de bons citoyens et qu'ils honoraient Dieu. » Mais Roosevelt s'en tient là. Il sait que ses moyens d'action sont limités face à l'opposition et qu'il ne peut pas contrecarrer la politique des quotas d'immigration. Néanmoins, il lance l'idée d'une conférence internationale sur la question des réfugiés juifs. Elle se tient à Évian en 1938 mais ne donne aucun résultat. Quelques mois plus tard, au mois de juin 1939, Franklin, sous la pression véhémente du secrétaire d'État Cordell Hull, refuse l'accès au sol américain à trois ou quatre cents Juifs allemands contraints de fuir leur pays et qui ont pris place sur le navire *Saint-Louis*. Il oblige le paquebot à repartir pour l'Europe, bientôt submergée par les troupes hitlériennes : « Le navire disparut à l'horizon cinglant vers l'est dans une bulle de silence, avec à son bord ce qui était sans doute le plus grand troupeau humain à avoir jamais laissé derrière lui la statue de

1. Ce représentant des plus actif du populisme de droite était surnommé le Père de la radio de la haine, selon Arthur Miller.

2. Le chef du Trésor Henry Morgenthau Junior, Samuel Rosenman qui écrit ses discours, le conseiller à la Cour suprême Felix Frankfurter ou son ami et conseiller spécial Bernard Baruch.

la Liberté[1]. » Les États-Unis ont d'autres préoccupations : de nouvelles élections doivent avoir lieu l'année suivante. L'avenir du New Deal, celui du parti démocrate sont en jeu. Inutile de forcer l'opinion pour une cause qui ne mobilise tout au plus que quelques dizaines de milliers d'Américains.

La First Lady, moins contrainte, est curieusement lente à réagir, et ce n'est que tardivement qu'elle manifeste sa solidarité à la cause des réfugiés juifs. Même après la Nuit de cristal qui l'horrifie, Eleanor, si progressiste soit-elle, n'est toujours par totalement débarrassée des préjugés antisémites des Wasp. Preuve en est cet extrait de lettre assez consternant qu'elle adresse à Carola von Shaeffer, son ancienne condisciple du collège d'Allenswood et sympathisante nazie : « Je comprends très bien qu'il peut y avoir une nécessité à réduire l'influence du peuple juif, mais cela pourrait se faire d'une manière plus humaine… » ; et plus encore ceux qu'elle fréquente, comme les Morgenthau ou les Baruch, demeurent d'une prudence extrême quand il s'agit d'accueillir leurs congénères européens, comme s'ils craignaient qu'une arrivée massive de réfugiés n'augmente l'antisémitisme.

Mais, par tempérament, Eleanor ne peut rester longtemps indifférente, insensible à l'injustice, à la souffrance. Touchée notamment par le sort des enfants, elle soutient l'action d'organisations telles que l'Emergency Rescue Committee ou l'US Committee for the Care of the European Children, qui s'emploient à convaincre l'administration de Washington d'accueillir le plus grand nombre possible de petits réfugiés. Sous la pression de groupes juifs et antifascistes, un projet de loi est présenté au début de 1939 devant le Sénat par le démocrate Robert Wagner et devant la Chambre des représentants par la républicaine Edith Nourse Rogers. Ratifié, il permettrait l'entrée aux États-Unis de vingt mille enfants allemands, juifs pour la plupart. Deux tiers d'Américains s'y opposent. Une cousine d'Eleanor et épouse du fonctionnaire chargé de l'immigration, Laura Houghteling, ose même dire en public : « Vingt

1. Arthur Miller, avant-propos de *Focus*.

mille charmants enfants qui deviendront vingt mille horribles adultes... »

Certaine du bien-fondé de l'initiative de Robert Wagner, Eleanor télégraphie à son mari qui navigue dans les Caraïbes : « Êtes-vous d'accord pour dire que nous approuvons tous deux le projet de loi ? » Roosevelt répond immédiatement : « Allez-y, soutenez-le, mais mieux vaut que je m'abstienne actuellement d'une telle démarche[1]. » Eleanor s'exécute et annonce officiellement, lors de sa conférence de presse hebdomadaire, son ralliement à la loi. En vain. Celle-ci ne verra jamais le jour. Consciente d'avoir manqué une occasion et des limites de son influence, elle constate amèrement dans *My Day*, au mois de février 1939 : « La démocratie exige non l'action d'un seul homme, mais la conviction et le courage de beaucoup. » Elle n'en continue pas moins de critiquer la politique restrictive d'immigration menée par le Département d'État et réussit à faciliter l'obtention de visas par l'Emergency Rescue Committee en faveur de réfugiés européens. C'est ainsi qu'elle aide en particulier Varyan Fry, un jeune journaliste américain, qui opérant à Marseille au nom du Comité en 1940 et 1941 réussit à sauver plus de deux mille Juifs et militants antinazis, dont nombre d'artistes et écrivains, comme Hannah Arendt, Marc Chagall, Max Ernst, André Breton, Arthur Koestler, en les aidant à fuir l'Europe et le régime de Vichy. « Rien de ce que j'ai pu réussir, assure Varian Fry dans ses mémoires, ne l'aurait été sans Eleanor Roosevelt. »

De son côté, doutant que les accords de Munich garantissent une paix stable, Roosevelt veut renforcer la solidarité entre les deux pays et sensibiliser du même coup l'opinion aux dangers qui menacent la Grande-Bretagne. Aussi convie-t-il les souverains britanniques à se rendre aux USA : « My dear King George [...] Je pense que ce serait une excellente chose pour les relations anglo-américaines que vous puissiez visiter les

1. Hazel Rowley, *Franklin and Eleanor*, p. 229. Roosevelt s'apprête à dénoncer la loi de neutralité et il a besoin du soutien des démocrates du Sud, hostiles à l'entrée de nouveaux réfugiés.

États-Unis… » La visite, prévue au mois de juin 1939, réjouit le cœur de l'Amérique tout entière.

Le roi George VI et la reine Elizabeth sont reçus triomphalement et Eleanor commente chaque instant de leur visite dans *My Day*. Les lecteurs de sa chronique, reproduite exceptionnellement par le *New York Times* et nombre de journaux britanniques, apprennent ainsi tous les détails de la réception à Washington, du séjour à Hyde Park où Sara Delano règne majestueusement sur le repas d'apparat, enfin de l'excursion à Val Kill, le cottage d'Eleanor. Celle-ci raconte l'épisode par le menu et décrit, avec un rien d'amusement, le pique-nique qu'elle a offert au couple royal, leur faisant déguster en plein champ entre autres mets des hot dogs, la spécialité américaine la plus populaire – une première pour les souverains, note-t-elle dans sa chronique. Plus sérieusement, elle vante pour ses lecteurs l'humanité du couple royal et met l'accent sur l'attachement que partagent les peuples britannique et américain aux valeurs démocratiques.

Il est 23 heures, c'est le dimanche 11 juin 1939. Franklin et Eleanor raccompagnent les souverains à la petite gare de Hyde Park. Un violent orage survenu pendant le dîner a rafraîchi la touffeur de l'air, le ciel est à nouveau clair et la lune brille sur l'Hudson. La foule se presse sur le quai. Chacun mesure la gravité de l'heure. Vingt ans après la fin de la Grande Guerre, l'Europe est de nouveau menacée de se retrouver à feu et à sang. En disant adieu à ses invités, raconte Eleanor dans ses mémoires, « mon cœur était lourd à la pensée des nuages suspendus au-dessus d'eux ».

Trois mois plus tard, la guerre éclate en Europe. Au soir de ce 3 septembre 1939, Roosevelt s'adresse par radio au peuple américain, la voix est grave, le ton solennel : « Mes concitoyens et amis, j'ai espéré qu'un miracle nous préserverait d'une guerre dévastatrice en Europe […] J'espère que les USA resteront à l'écart. Il est évidemment difficile de prédire le futur. Quand la paix a été rompue quelque part, la paix de tous les pays et de tous est en danger… » Il s'efforce de rassurer l'opinion, répète que les jeunes Américains ne quitteront pas le territoire. Mais, déterminé à soutenir la Grande-Bretagne et la France au nom de l'intérêt national, il demande le 21 septembre 1939 au Congrès de lever l'embargo sur les armes et les munitions. Après six semaines de débats contre le dernier carré des isolationnistes menés par les sénateurs Gerard Nye et William Borah, Roosevelt l'emporte, et les deux chambres abrogent l'embargo. Grâce à la clause *Cash and Carry* autorisant l'Amérique à vendre du matériel de guerre aux nations qui peuvent les payer tout de suite et les transporter sur leurs propres bateaux, Roosevelt donne un avantage à la Grande-Bretagne et à la France, seules à disposer des navires nécessaires.

Durant l'automne 1939, presque toutes les opérations se déroulent à l'est de l'Europe. Hitler et Staline[1] se partagent la Pologne à la fin du mois de septembre. En décembre les Soviétiques envahissent la Finlande. Sur le front de l'Ouest, l'année 1940 commence par le calme trompeur de la « drôle de guerre ». les Allemands envahissent au mois d'avril le Danemark et la Norvège, prélude à leur grande offensive qui débute le 10 mai avec l'invasion des Pays-Bas, précédant celle de la Belgique et de la France. Le 15 mai, Winston Churchill devient Premier ministre à la place de Neville Chamberlain. Constatant l'urgence de la situation, il s'adresse directement à Roosevelt et réclame en urgence l'envoi de cinquante destroyers[2] et du plus grand nombre possible d'avions pour compenser les pertes subies par la Royal Air Force. Churchill – « le meilleur homme que possède l'Angleterre », dit Roosevelt – prend à témoin l'opinion internationale : « Je pense que la bataille de la Grande-Bretagne va commencer [...] Si nous ne résistons pas, alors le monde entier, y compris les États-Unis [...] s'enfonceront dans les abysses d'un nouveau Moyen Âge (*Dark Age*)[3]. »

1. Berlin et Moscou ont conclu les 23 et 24 août un pacte de non-agression pour dix ans.

2. La cession des destroyers fut faite en échange de la possibilité pour les États-Unis d'établir des bases dans certaines possessions insulaires britanniques situées dans l'ouest de l'Atlantique.

3. Discours prononcé par Winston Churchill le 18 juin 1940 devant la Chambre des communes. Voir Hazel Rowley, p. 237.

C'est dans ce contexte évoqué ici à grands traits que le Président américain, insistant sur l'urgence de renforcer la puissance militaire américaine, demande au Congrès des crédits supplémentaires d'un million de dollars pour la construction de cinquante mille avions par an. Une nécessité que Franklin souligne dorénavant dans chacune de ses interventions, comme dans ce discours qu'il prononce le 10 juin à l'université de Virginie, à Charlottesville, où Eleanor l'accompagne à l'occasion de la remise du diplôme de droit à leur fils Franklin Junior : « Dans l'unité, nous poursuivrons simultanément deux buts. Aux adversaires de la force, nous fournirons les ressources matérielles de notre nation et, dans le même temps, nous accélérerons nos préparatifs pour utiliser ces ressources, afin que nous ayons en Amérique l'équipement et l'entraînement exigés par la situation exceptionnelle à laquelle nous devons faire face… »

Le jour même de ce discours, l'Italie déclare la guerre à la France et à l'Angleterre. « Un coup de poignard dans le dos », commente Roosevelt qui a tenté de neutraliser Mussolini. Quatre jours plus tard, les Allemands entrent à Paris. Le 22 juin, la France signe l'armistice. L'événement traumatise l'Amérique. L'Allemagne nazie ne domine pas seulement l'Europe, elle menace maintenant la sécurité américaine. Pour répondre au danger, Roosevelt donne désormais priorité à la construction de la plus formidable industrie militaire du monde.

Chapitre XVI

UN TROISIÈME TERME POUR ROOSEVELT : ELEANOR EN SERVICE COMMANDÉ

En cet été 1940 où l'Europe continentale passe sous le joug nazi, les Américains dans leur ensemble veulent se convaincre qu'ils échapperont à la guerre. Eleanor est d'un autre avis : « Je sentais que nous n'en étions pas loin », écrit-elle dans ses mémoires. En attendant, une échéance moins tragique mais essentielle préoccupe les Américains, celle de l'élection présidentielle. Franklin Roosevelt termine son deuxième mandat. Jamais depuis les débuts de la République un président n'a même songé à se présenter une troisième fois. Rien dans la Constitution ne l'interdit[1], mais la tradition est ainsi faite. Or, dans ces temps de tempête, l'opinion s'inquiète de savoir qui sera le prochain candidat démocrate. Même si le New Deal n'a pas conduit aux résultats espérés – le chômage est encore élevé et la croissance moins forte que souhaité –, la stature et le charisme de Roosevelt sont tels qu'aucune personnalité démocrate ne semble pouvoir rivaliser avec lui. Et puis, qui mieux que lui pourrait conduire la nation en cas de guerre si l'Amérique s'y voyait contrainte ? Pourtant, tel n'est pas l'avis de tous. De nombreux responsables politiques, y compris dans le camp démocrate, refusent de voir F.D.R. briguer une nouvelle candidature : « C'est un gouvernement de la loi et non celui d'un seul homme, si populaire soit-il », affirme par exemple le sénateur Patrick McCarran.

1. Jusqu'en 1951.

Après huit ans d'exercice du pouvoir, à quoi ressemble Franklin Delano Roosevelt ? À cinquante-huit ans, le Président est conscient du temps qui passe, ses cheveux ont blanchi aux tempes et se sont clairsemés, il a pris de l'embonpoint, d'autant qu'il mène une vie très sédentaire, conséquence de sa paralysie et du poste qu'il occupe. Seule la natation qu'il pratique le plus souvent possible lui conserve une certaine vigueur. Sa santé est médiocre et, au mois de janvier 1940, il s'est évanoui un bref moment après le dîner. Toutefois, il n'a rien perdu de son charme, son sourire est aussi éclatant, comme le montre une photo prise en compagnie de sa mère qui le couve du regard à sa sortie du Capitole, où il vient de prononcer un discours. Très droit, s'appuyant fermement sur les rampes de l'escalier roulant, il arbore une attitude qui dénote l'énergie, la vaillance. Nul doute que l'action, le contact des autres ainsi que le goût du pouvoir et la volonté de triompher de l'adversité sont pour lui des antidotes au stress et aux vicissitudes de la vie politique, quelle que soit la lassitude qu'il laisse paraître exceptionnellement. Ainsi ce jour où il s'abandonne, lors d'une conversation avec le sénateur George Norris, à évoquer son handicap : « Je suis enchaîné à cette chaise du matin au soir. Vous, vous pouvez être assis dans votre bureau, mais quand quelque chose va mal, que vous êtes irrité ou fatigué, vous pouvez vous lever et aller dans une autre pièce. Pour moi c'est impossible, je suis attaché à ma chaise jour après jour, semaine après semaine, mois après mois, et je n'en peux plus[1]. »

À mesure que le temps passe et que s'aggrave la conjoncture internationale, de plus en plus de voix s'élèvent pour souhaiter une nouvelle candidature Roosevelt. Toutefois lui-même en ce printemps 1940, tel un sphinx, ne dit mot de ses intentions.

Que pense, que veut Roosevelt ? Envisage-t-il un troisième terme ? Tout comme son proche entourage politique, Eleanor l'ignore : « Je n'ai jamais questionné Franklin sur ses intentions [...] Autour de lui, écrit-elle dans ses mémoires[2], certains sou-

1. Doris Kearns Goodwin, *No Ordinary Time*, p. 107.
2. *This I Remember*, p. 212 et suivantes.

haitaient qu'il se représente, d'autres au contraire le craignaient, l'atmosphère était tendue [...] Pour moi, d'après certains petits faits, j'avais l'impression qu'il aimerait s'installer à Hyde Park et jouer le rôle du sage... » Elle n'ignore pas, cependant, le plaisir que Franklin éprouve à être président : « Lorsque vous vous trouvez au centre des affaires du monde, il y a quelque chose de si fascinant que vous pouvez difficilement imaginer vivre une autre vie... » De son côté, Eleanor reconnaît face aux pressions qui s'accentuent et devant les menaces de guerre : « Je ne voyais personne d'aussi capable que lui. » Elle s'interroge quand même sur la nécessité de passer le flambeau. Ne devrait-il pas préparer quelqu'un pour lui succéder ? Quand elle lui pose la question lors d'un week-end à Hyde Park, Franklin se contente d'une phrase laconique qu'il accompagne d'un sourire : « Les gens doivent se préparer eux-mêmes... »

Mais qui ? La presse avance des noms parmi les plus proches de Roosevelt : Harry Hopkins ? Le secrétaire d'État Cordell Hull ? Le Postmaster Jim Farley ? L'attorney général Robert Jackson ? Roosevelt reste muet sur le sujet et continue de ne rien laisser paraître de ses intentions. Le suspense dure jusqu'au début du mois de juillet. À quelques jours de la convention démocrate qui doit se dérouler à Chicago, Roosevelt met fin à des mois de spéculation, mais il prend des précautions. Il ne se porte pas lui-même candidat, mais accepte de l'être si tel est le choix du parti. Encore pose-t-il ses conditions en exigeant au poste de vice-président Henry Wallace. Le ministre de l'Agriculture, new dealer convaincu, a modernisé efficacement son secteur, et Roosevelt le sait loyal. Mais il n'est pas populaire et trop marqué à gauche, si bien que les milieux d'affaires lui sont résolument hostiles.

La convention démocrate débute le lundi 15 juillet 1940 dans la confusion et en l'absence du Président, qui a annoncé qu'il n'y paraîtrait pas. Ce comportement déroute son camp, d'autant que le candidat républicain, Wendell Killie, un homme d'affaires libéral respecté de Roosevelt et qu'Eleanor qualifie de courageux et de sincère, a déjà commencé sa campagne. Le tumulte domine, les délégués du parti ne veulent pas de Wallace et fustigent Roosevelt dont ils dénoncent le comportement impérial. Les discussions se prolongent, les confrontations se multiplient. Ses proches amis politiques présents à Chicago, France Perkins, secrétaire d'État au Commerce depuis 1933, Harry Hopkins, Lorena Hickock s'inquiètent : la présence du Président est indispensable. Roosevelt s'y refuse avec vigueur et suggère à France Perkins d'appeler sa femme : « Pourquoi ne pas faire venir Eleanor, elle sait comment s'y prendre avec les gens… » Il précise toutefois de ne pas lui dire que l'idée vient de lui.

France Perkins joint Eleanor au téléphone et lui décrit la situation qui frise la catastrophe, la division menace le camp démocrate : « Si Franklin veut la nomination, il doit venir, et s'il ne vient pas, venez. Vous devez intervenir. » La First Lady, qui se trouve à Val Kill avec Joseph Lash et sa chère Tommy, sa secrétaire, jouit en effet de l'admiration du parti et de la confiance de la population. Mais elle s'interroge. Que va-t-on dire encore à la voir si directement mêlée à la politique alors qu'elle ne dispose d'aucun mandat ? Devant l'insistance de France Perkins, elle téléphone à Franklin à la Maison Blanche pour connaître son véritable désir. Le Président prend son temps pour répondre, comme s'il voulait laisser à Eleanor le choix de la décision, avant de conclure : « Je pense que ce serait très bien que vous y alliez… »

Une fois de plus, la voilà chargée d'une mission. Elle quitte donc Val Kill au matin du 18 juillet pour New York, où elle retrouve avec plaisir son fils Franklin Junior que Roosevelt a encouragé à accompagner sa mère. Ensemble, ils prennent l'avion pour Chicago. Après huit heures de vol, elle est accueillie par Jim Farley et un groupe de femmes journalistes à qui elle donne une brève interview, bien décidée à en dire le moins possible, car elle ignore encore quel rôle elle va devoir jouer. Elle apprend, en effet, qu'entre son départ de Val Kill et son arrivée dans la capitale de l'Illinois, les délégués ont renouvelé leur confiance à Roosevelt pour un troisième mandat. Sans avoir eu besoin de se porter candidat, il triomphe avec une avance indiscutable et l'emporte avec 946 votes contre 150 pour les autres candidats. Demeure le problème du vice-président : les délégués démocrates refusent toujours la nomination de Wallace. De son côté, le Président reste inflexible : pas de Wallace, pas de Roosevelt. Infléchir la résistance du parti, telle est la tâche d'Eleanor.

Lorsque la First Lady pénètre dans Convention Hall où elle doit prendre la parole, l'atmosphère est fiévreuse, les tractations se poursuivent toujours – certains, y compris son plus jeune fils Elliott, tentent de faire prévaloir un autre choix que celui voulu par Roosevelt. La nomination de Wallace s'annonce plus qu'incertaine et, à l'appel de son nom, huées et applaudissements se neutralisent. Que dire pour convaincre ? Son intervention, décide-t-elle, sera brève mais ferme : « La seule manière d'accomplir ma mission, rappelle Eleanor dans *This I Remember*, était de persuader les délégations de faire abstraction de leurs intérêts personnels au nom des intérêts de la nation et de leur faire comprendre les dangers auxquels nous allions devoir faire face… » Dans les circonstances présentes, insiste-t-elle, la charge de ce troisième mandat risque de peser lourd sur les épaules du Président, il est donc nécessaire de lui laisser le libre choix de son colistier.

Il est 22 h 30, jeudi 18 juillet, lorsque Eleanor, petit chapeau à fleur, robe de crêpe à manches courtes ornée comme souvent d'une orchidée, se lève tranquillement et monte à la tribune. Devant elle, une myriade de micros. Jamais encore dans l'histoire américaine une First Lady n'a eu à remplir une telle tâche, ne s'est vue chargée d'une telle responsabilité, mais personne dans l'assemblée ne semble s'étonner, tant elle en impose. Un silence majestueux remplace le tumulte. Eleanor prononce des mots simples et l'immobilité de l'assistance prouve l'attention qu'on lui porte : « It is not an ordinary nomination in an ordinary time[1]… » « Je sais et vous savez qu'il n'y a jamais eu dans ce pays aucun homme qui ait eu à porter une aussi lourde responsabilité. Or cette responsabilité ne peut être celle d'un seul,

1. « Ce n'est pas une nomination ordinaire dans un temps ordinaire. »

elle doit être supportée par un peuple tout entier, uni par l'amour du pays et prêt à lutter pour lui jusqu'au bout de ses forces… » Eleanor ne prononce pas le nom de Wallace mais, lorsqu'elle s'interrompt, les applaudissements fusent, l'émotion est réelle, elle a gagné la partie : le candidat de Roosevelt emporte la nomination.

La convention à peine terminée, Eleanor repart immédiatement pour l'aéroport. Au moment de monter dans l'avion, on la prévient que le Président la demande au téléphone. Il a écouté son intervention et veut la remercier, elle a fait « un beau travail ». Elle a tenu le juste discours qu'il fallait, répétera-t-il souvent. Compliment plutôt laconique, mais qui n'étonne pas Eleanor : « Il pensait qu'on devait savoir à partir de ses propres sentiments si l'on avait été à la hauteur de la tâche. » Les termes de la lettre qu'elle reçoit le 19 juillet du sénateur George Norris sont nettement plus enthousiastes : « Alors que la convention était sur le point d'éclater et le combat de la vertu d'être perdu, vous êtes entrée en scène. Les mots que vous avez prononcés lors de votre bref discours ont permis aux hommes de bon sens et d'honneur de réfléchir et non de sombrer […] Vous avez changé la déroute en victoire […] Une victoire qui, selon moi, est le résultat de votre action avant toute autre et qui fait de vous une héroïne. »

Roosevelt a gagné la confiance de son parti, mais il lui reste à faire campagne pour remporter l'élection le 6 novembre. Il décide qu'elle sera brève. Devant l'évolution de la situation – Hitler prépare l'invasion de l'Angleterre –, le Président ne veut pas trop s'éloigner de Washington, en dépit de la température étouffante qui règne ce mois d'août 1940 dans la capitale fédérale. Pendant ce temps, la popularité de son challenger républicain augmente. Modéré au début, Wendell Willkie, devenu de plus en plus offensif sous la pression de son parti, accuse Roosevelt de vouloir entraîner le pays dans la guerre. Le 2 septembre, Franklin se lance enfin à l'assaut des électeurs lors d'un premier discours à Chattanoogee dans le Tennessee, mais plus d'un mois se passe avant qu'il intervienne de nouveau. Eleanor, inquiète, le pousse à mettre l'accent sur les différences qui existent entre lui et son adversaire : « Il me semble essentiel que vous fassiez sans attendre des discours politiques car le peuple a droit de savoir ce qui vous oppose à Wilkie[1]... » Eleanor l'accompagne lors de plusieurs discours importants qu'il fait entre le 10 octobre et le 3 novembre dans les grandes villes de l'Est : Cleveland, Philadelphie, Boston, New York et en fin de course Washington, l'avant-veille de l'élection. Partout il assure au peuple américain que les « boys ne participeront jamais à une guerre étrangère ».

Le 5 novembre au soir, toute la famille Roosevelt réunie à Hyde Park attend à la radio le résultat des élections. Eleanor, qui a organisé un buffet à Vall Kill pour quelques amis et voisins, a rejoint vers 21 heures la Grande Maison où Franklin a dîné tranquillement avec sa mère et Missy avant de s'isoler, accompagné seulement de sa secrétaire, dans une petite pièce attenante à la salle à manger. Le chef des services de sécurité, Mike Reilly, à qui il a donné ordre de ne laisser entrer personne, pas même Eleanor, constate qu'il semble inquiet, plus incertain que d'habitude des résultats et qu'il transpire à grosses gouttes.

À minuit, les résultats définitifs sont annoncés. Le Président l'emporte pour la troisième fois avec une marge inespérée : 54,8 % des voix populaires et trente-huit États sur quarante-huit. Quelques minutes plus tard, des centaines de voisins munis de flambeaux accourent pour le féliciter. Accompagné de toute la famille, Roosevelt, soutenu par son fils Franklin Junior, sort sur le porche de la maison qui l'a vu naître. Eleanor est à sa gauche. Un peu à l'écart, Hopkins fait un geste de triomphe. Franklin remercie la foule et prononce une brève allocution dont la dernière phrase se veut rassurante : « Vous me trouverez dans le futur semblable au Franklin Roosevelt que vous connaissez depuis de longues années. » Dans la nuit, des voix se font entendre : « Nous voulons Eleanor... » Son fils Franklin Junior la pousse à prendre la parole : « Sept cents per-

1. Lettre d'Eleanor à Franklin datée du 11 octobre 1940. Citée par Joseph Lash, *Eleanor and Franklin*, p. 812.

sonnes sont debout dans le noir et vous réclament, vous devez y aller. » « Je ne prends jamais la parole quand votre père est dans les environs [...] et je déteste le contrarier, alors s'il le faut, allons-y », consent Eleanor.

Le 20 janvier 1941, pour la troisième fois F.D.R. prête serment. En ces temps troublés il a souhaité une cérémonie intime et familiale.

Chapitre XVII

LES ANNÉES DE GUERRE

Eleanor se résout à l'inévitable : passer encore quatre années à la Maison Blanche. Rien ne la réjouit moins. Comme toujours elle est prise dans ses propres contradictions : se débarrasser des mille contraintes qui sont celles de la First Lady et servir, soutenir Franklin. D'ailleurs, elle n'entend pas renoncer à ses propres activités. Ce qu'elle ignore encore, c'est combien cette année 1941, où la guerre se profile de plus en plus nettement à l'horizon, porte de drames et de souffrances à venir.

Réélu, et bien que les États-Unis soient toujours officiellement neutres, Roosevelt se consacre de plus en plus au soutien de l'effort de guerre européen. Depuis la défaite française, la Grande-Bretagne est maintenant seule concernée. Convaincu par Churchill que son pays livre un combat décisif pour la survie de la démocratie, le Président est déterminé à tout faire pour fournir au peuple ami l'armement nécessaire, en s'imposant une seule restriction : ne pas compromettre la sûreté des États-Unis. Il trouve la solution : le prêt-bail (*Lend Lease*), qui lui permet de vendre, de transmettre, d'échanger, de louer, de prêter ou de céder du matériel militaire à tout pays dont la défense semble au Président vitale pour celle des États-Unis[1]. Le 29 décembre, alors que les bombardiers allemands s'acharnent sur la capitale britannique, Franklin évoque, lors d'une causerie au coin du feu radiodiffusée, la conversion de l'éco-

1. L'URSS en bénéficia plus tard, après l'invasion de son territoire par les armées hitlériennes et son entrée en guerre.

nomie américaine pour l'effort de guerre et énonce les grandes lignes de son plan, concluant d'une phrase qui sonne comme un ordre : « Nous devons être le Grand Arsenal de la Démocratie. » Deux mois de débats passionnés au Congrès seront encore nécessaires avant qu'il signe la loi, le 11 mars 1941, et désigne Hopkins responsable du prêt-bail. Ce spécialiste des affaires sociales autant qu'habile diplomate est devenu le confident et le conseiller spécial du Président. Franklin le juge à tel point indispensable qu'il l'installe à la Maison Blanche. Tous deux partagent la même conviction : quelle que soit l'échéance, l'Amérique n'échappera pas la guerre, il faut donc la préparer.

Eleanor n'apprécie guère ce rapprochement qui l'éloigne du Président. Elle ne nie pas les qualités de Hopkins, son ardeur au travail, ses qualités de négociateur, sa fidélité à Franklin. Mais elle regrette qu'il manque de la sagesse politique et de l'esprit d'analyse caractéristiques de Louis Howe, qui l'aidait à résister à Franklin lorsqu'il pensait que le Président avait tort. Eleanor a des réticences plus personnelles, plus affectives aussi. Dans le passé Hopkins a été plus proche d'elle que de Franklin, ils ont collaboré au sein de plusieurs organismes du New Deal, défendant ensemble avec ardeur les réformes sociales, organisant l'aide aux chômeurs et aux femmes, luttant pour les plus défavorisés. Sur le plan personnel, Eleanor l'a soutenu au moment de la mort de sa femme en l'accueillant avec sa fille à la Maison Blanche. Et maintenant il lui échappe, totalement dévoué à Franklin.

À tort ou à raison, Eleanor se sent trahie. Peu de temps après l'emménagement de Hopkins à proximité des appartements de Roosevelt, ses amis apprennent qu'elle est atteinte d'une pleurésie. À Esther Lape elle fait cet aveu : « Je n'ai pas du tout été malade mais il m'est arrivé quelque chose [...] J'ai eu l'habitude d'entendre des gens dire combien ils tenaient à moi. Je n'ignorais pas qu'ils souhaitaient seulement entrer en contact avec Franklin par mon entremise ; mais il y avait quelqu'un à qui je pensais pouvoir faire toute confiance sans avoir à douter de son affection. Je m'étais trompée et je n'ai pu le supporter. »

Depuis son enfance, Eleanor connaît de tels moments d'abandon, de frustration. Et elle est d'autant plus sensible à l'attitude de Hopkins que le Président, plongé dans les affaires du monde, ne l'écoute que d'une oreille et s'agace de son insistance à vouloir l'entraîner sur le terrain des réformes sociales et des droits des minorités. « Je pensais, écrit-elle, qu'il était important de donner au peuple le sentiment qu'en entrant dans la guerre nous combattions pour ces mêmes objectifs... garants de la démocratie. »

Lorsque au mois de juin 1941, pour protester contre l'exclusion des Noirs dans les usines d'armement et les humiliations subies dans l'armée, deux leaders de la communauté, Philippe Randolph et Milton Webster, appellent à une marche sur Washington pour le 1er juillet, c'est pourtant vers Eleanor que Roosevelt se tourne encore. Sachant combien ils respectent la First Lady, il compte sur elle pour les convaincre de renoncer à une telle initiative. Mais l'intervention d'Eleanor ne suffit pas, ils exigent un engagement du Président. Pour prévenir un bain de sang, Roosevelt décide d'une conférence à la Maison Blanche[1]. Un accord est trouvé et le 25 juin Roosevelt signe un ordre contraignant employeurs et syndicats à fournir du travail à tous les travailleurs, sans discrimination de race, de rang social, de couleur, de croyance ou d'origine ethnique.

Ce même mois, des événements plus intimes frappent les Roosevelt. Au moins de juin Missy est victime d'un malaise qui la laisse sans forces. Deux semaines plus tard, son bras et sa jambe droite sont paralysés et elle perd l'usage de la parole. Depuis vingt ans, elle n'est pas seulement une infatigable secrétaire, mais le plus fidèle soutien du Président, la compagne la plus dévouée. Elle vit à la Maison Blanche, le suit à Hyde Park, l'accompagne lors de ses croisières ou de ses séjours à Warm Springs ; elle remplit aussi, en l'absence d'Eleanor, le rôle d'hôtesse lors des dîners officiels. Sa santé est maintenant défi-

1. Sont notamment présents les secrétaires d'État à la Guerre et à la Marine (deux républicains), les leaders noirs, plusieurs responsables du New Deal et Eleanor.

nitivement compromise. Plus jamais elle ne travaillera à ses côtés. Pour Franklin, c'est une perte irréparable.

Quelque temps plus tard, le 7 septembre, sa mère dont l'état de santé s'est dégradé au cours de l'été meurt à Hyde Park dans son sommeil. Rappelé d'urgence par Eleanor, Franklin, de retour d'une première rencontre maintenue secrète avec Churchill au large de Terre-Neuve[1], est à ses côtés lorsqu'elle rend le dernier soupir. Cinquante ans auparavant, dans cette même chambre dont les fenêtres donnent sur la belle allée d'arbres centenaires qui mène à la grille du domaine, Sara Delano donnait le jour à ce fils si passionnément aimé.

« Ce fut pour mon mari un grand chagrin, écrit Eleanor dans ses mémoires. Ils étaient très proches. Il y avait entre eux un lien très fort en dépit du fait qu'il s'était un peu éloigné d'elle, surtout dans les derniers temps où ils étaient souvent en désaccord sur la politique suivie. » De ses propres sentiments à l'égard de cette femme, dont l'autoritarisme et la dureté l'ont tant fait souffrir pendant les premières années de son mariage et dont elle a pris soin tout l'été, Eleanor ne dit rien. Tout juste regrette-t-elle que Franklin ait refusé de rien changer dans l'ordonnance de la maison, une fois sa belle-mère disparue. Elle confie toutefois dans une lettre à Anna : « Je m'horrifie moi-même car je n'ai pas ressenti la moindre peine, pas le moindre sentiment de perte, n'est-ce pas terrible après trente-six ans d'une telle proximité ? »

Tout autre est sa réaction à la mort de son frère Hall, ce jeune frère qu'elle a protégé depuis leur enfance d'orphelins. Dans *This I Remember* elle lui consacre trois pages de louanges et de regrets, mais une phrase en dit plus long que tout : « Ce fut pour moi presque comme si j'avais perdu un enfant... » Le jour même de l'enterrement de sa belle-mère, Eleanor a été appelée au chevet de ce cadet qu'elle n'a cessé de protéger et d'aimer. Dans la petite maison qu'il occupe avec sa compagne non loin de Hyde Park, il délire. À cinquante-cinq ans, Hall,

1. Ils adoptent la Charte de l'Atlantique qui définit leurs buts de guerre communs.

qui fut un jeune homme aussi doué que généreux, est alcoolique au dernier degré. Transporté à l'hôpital de Washington, Eleanor le veille pendant trois semaines. Comme Elliott leur père, un demi-siècle auparavant, il meurt le 25 septembre 1941, victime des mêmes faiblesses, du même vice. De retour à la Maison Blanche, Eleanor retrouve Franklin et son fils James. Son émotion est telle qu'elle ne peut parler. Alors, raconte James, il y eut un moment inoubliable : « F.D.R. s'approcha d'elle dans sa chaise roulante, la serra contre lui, l'embrassa et garda longuement sa tête contre sa poitrine. »

Deux jours avant la mort de Hall, Franklin, conscient du besoin qu'a sa femme de canaliser ses énergies mais attentif à la tenir à distance dans cette période où la guerre et des décisions stratégiques exigent toute son énergie, l'incite à accepter la proposition que lui fait le maire de New York, Fiorello La Guardia, de travailler à ses côtés au sein du Bureau de défense civile (OCD). Chargée de l'information et de la protection des populations civiles, elle compose une équipe, prend Elinor Morgenthau comme adjointe, engage des artistes. Elle confie à une jeune danseuse, Mayris Chaney, le soin de distraire des enfants réfugiés dans des abris en cas de bombardements. À l'acteur Melvyn Douglas, celui de diriger le service artistique de l'OCD. Comme toujours, Eleanor ne mesure pas son temps, emporte même parfois du travail à la maison. « Que me dit-on, il paraît que vous ne vous êtes pas couchée de la nuit ? » s'inquiète un matin le Président.

Mais l'organisation pèche par un certain manque de sérieux. Fiorello La Guardia et Eleanor ont bien d'autres occupations et les décisions sont souvent prises à la hâte. Ainsi, les critiques n'épargnent pas l'épouse du Président. À l'intérieur de l'organisation, on lui reproche ses méthodes de travail et le choix de ses collaborateurs. Au Congrès, dans la presse, certains dénoncent le favoritisme qui lui a assuré cette position. « J'ai très vite compris que mes craintes étaient justifiées. Il ne m'était pas possible d'occuper une position officielle, même sans salaire et sans frais de représentation, sans qu'aussitôt des membres du Congrès, y compris parmi les démocrates, me prennent à partie. Les attaques me concernant m'importaient peu [...] mais ils s'en prenaient à ceux qui m'entouraient : le salaire de Mayris Chaney était trop élevé, apprendre à danser une activité immorale, Melvyn Douglas était taxé de communisme. » Pour éviter de porter préjudice à Franklin – c'est du moins son argument –, Eleanor donne sa démission le 23 février. Depuis deux mois, l'Amérique est en guerre.

C'est arrivé un dimanche : le 7 décembre 1941. Une journée, se souvient Eleanor, qui commence dans le calme. Un déjeuner d'une trentaine de personnes est prévu. Au dernier moment, comme souvent dans cette période, Franklin se récuse, faute de temps. Il doit travailler et se contentera d'un repas frugal dans le bureau ovale en compagnie de Harry Hopkins.

Il est 13 h 40 à Washington, six heures de moins en Asie, quand le Président est appelé d'urgence au téléphone. La nouvelle est inouïe : les Japonais viennent de bombarder Pearl Harbor, la grande base navale américaine du Pacifique. Le bilan est terrible : plus de deux mille cinq cents morts. La quasi-totalité de la flotte, amarrée à quai ou dans la rade, est coulée ou endommagée. Une heure plus tard, l'ensemble des responsables, militaires et civils, est rassemblé autour du Président.

Dès le lendemain, Franklin prend le chemin du Capitole. Debout, le visage sombre, il s'adresse au Congrès. Son allocution est courte, solennelle. « Hier, le 7 décembre 1941, une date qui restera comme une infamie, les États-Unis ont été soudainement et délibérément attaqués par les forces aériennes et navales du Japon. » Le Président fustige la traîtrise des Japonais et demande que l'état de guerre soit reconnu. Le Sénat entier et la Chambre des représentants à l'unanimité moins une voix l'approuvent. Eleanor qui l'accompagne ce 8 décembre 1941 se souvient d'avoir vécu une scène semblable moins d'un quart de siècle auparavant. Pour la seconde fois, elle assiste à l'annonce de l'entrée en guerre de son pays. En 1917, son mari n'était que secrétaire adjoint à la Marine dans le gouvernement de Woodrow Wilson. C'est désormais au tour de F.D.R. de mener l'Amérique à la victoire. « Les nuages de l'incertitude et de l'anxiété planaient sur nous depuis longtemps, écrit-elle dans *My Day*. Désormais nous savons où nous en sommes. Personne ne doit douter de l'issue finale. » À la radio, elle en appelle en particulier aux femmes et aux jeunes pour qu'ils soutiennent l'effort de guerre.

Du jour au lendemain, Washington prend un nouveau visage. Les uniformes sont partout. Des soldats patrouillent sur les ponts, le long des voies de chemins de fer. À la Maison Blanche des mesures de sécurité exceptionnelles entrent en vigueur. Les fenêtres sont camouflées, des sentinelles armées de mitrailleuses prennent place sur les toits. Alors qu'on y entrait comme dans un moulin, chacun sans exception, y compris les membres de la famille Roosevelt, doit prouver son identité pour y pénétrer. Dorénavant les déplacements du Président sont tenus secrets.

Pour la première fois, aucun des enfants ou des petits-enfants n'est présent pour les fêtes de fin d'année. Les quatre fils de Franklin et d'Eleanor ont déjà revêtu l'uniforme. Elliott est seul à porter celui de l'armée de terre, James, Franklin Junior et John arborent celui de la marine. Anna, dont le mari s'est lui aussi engagé, est à Seattle. Joe Lash évoque dans son journal une conversation téléphonique qu'il eut alors avec Eleanor : « Sa voix ne sonnait pas comme d'habitude, je lui demandai ce qui se passait, elle garda le silence… et nous avons raccroché. » Gagné par son inquiétude, il la rejoint sans tarder. Après lui avoir reproché d'être venu, « elle me dit qu'elle avait eu un jour difficile et éclata en sanglots ». Son désarroi était dû au départ à la guerre de ses quatre fils. Ils ne faisaient que leur devoir, mais c'était dur. « Si l'on s'en tenait aux lois de la chance, tous ne devraient pas revenir[1]. »

Pourtant, la vie continue et, si l'on en croit les mémoires d'Eleanor qui dresse la liste des personnalités présentes à la Maison Blanche en cette année 1941, c'est un rythme d'enfer : réunions de travail où se succèdent responsables politiques et militaires, syndicalistes, visites d'ambassadeurs, dîners officiels, accueil de souverains (le roi Pierre de Serbie, la reine Wilhel-

1. Doris Kearn Goodwin, *No Ordinary Time*, p. 306.

mine de Hollande...) et d'intellectuels européens en exil. L'invité le plus prestigieux, le plus attendu est sans contexte Winston Churchill. Le Premier ministre britannique, bravant les eaux de l'Atlantique infestées de sous-marins allemands, est arrivé le 22 décembre. Au cours de longues séances de travail qui durent parfois jusqu'à deux heures du matin, Churchill et Roosevelt apprennent pendant trois semaines à mieux se connaître. Ils ont besoin l'un de l'autre et se complètent. Ils partagent un même goût pour l'histoire et la marine. Franklin apprécie l'humour malicieux de Winston et son excentricité toute britannique, Winston admire le calme optimisme de Franklin et le courage avec lequel il supporte son invalidité. Surtout, ils n'ont qu'un seul et même but : vaincre.

Eleanor estime Winston pour son courage, son énergie, mais elle s'irrite. Churchill boit trop : « comme un poisson », il fume trop de gros cigares et encourage Franklin à suivre son exemple ; enfin, il traîne dans les couloirs du deuxième étage dans une sorte de grenouillère en coton gris. Avec son corps grassouillet, sa tête massive, son air renfrogné et sa peau rose, elle trouve qu'il ressemble à un bébé. Enfin, il se lève à onze heures du matin et fait la sieste, ce qui force Franklin à s'adapter à ses horaires. Hostile tout comme Franklin au colonialisme européen, elle estime qu'il reste « un conservateur de naissance qui n'a pas encore compris que l'Empire britannique est devenu une incongruité ».

« Vous ne m'approuvez vraiment pas, madame Roosevelt ? » s'enquiert Churchill plusieurs années après la guerre. « Si je regarde en arrière, je crois qu'il avait raison », reconnaît Eleanor dans *On my Own*, un autre volume de mémoires.

Elle manifeste moins de réticences vis-à-vis de Viatcheslav Molotov, le ministre des Affaires étrangères de l'URSS, en visite au mois de mai 1942. Ensemble, ils discutent des réformes sociales dans leurs pays respectifs. Il l'invite à venir en Russie. « Je l'aime beaucoup », reconnaît-elle. Déconcertante et naïve Eleanor ! Et le fait qu'un valet occupé à défaire les valises de Viatcheslav Molotov découvre un saucisson, du pain noir et... un revolver, l'amuse plutôt.

Au mois de février 1943, c'est une femme, Mayling Chiang Kaï-shek, qui est l'hôte de la Maison Blanche. Outre des problèmes de santé qui l'amènent aux États-Unis où elle a passé une grande partie de sa jeunesse, l'épouse du Généralissime, chef du gouvernement chinois nationaliste, a pour mission de défendre les intérêts de son pays, occupé en partie par les Japonais. Signataire de la Charte de l'Atlantique, la Chine estime ne pas être traitée à l'égal des autres alliés des États-Unis. Il s'agit donc pour Mme Chiang d'obtenir de Roosevelt une aide militaire et financière plus importante.

Le rôle qu'elle joue auprès de son mari, sa réputation de courage et l'autorité personnelle dont elle jouit dans son pays impressionnent Eleanor qui voit aussi dans son prestige la juste reconnaissance du rôle des femmes dans la sphère publique, y compris en temps de guerre. Elle est témoin de sa maîtrise lorsqu'elle la voit, mince silhouette vêtue d'une longue robe de soie noire à l'orientale, plaider sa cause auprès des sénateurs et des représentants américains.

« Je l'apprécie fort, c'est une merveilleuse personne », écrit-elle à Anna au début du séjour de Mme Chiang. Reconnaissante pour l'attention qu'elle a portée à James, son fils aîné, tombé malade alors qu'il se trouvait en Chine, la First Lady lui prête au départ toutes les qualités. Elle se fait un peu son mentor, l'invite à sa conférence de presse hebdomadaire, plaide sa cause auprès de Roosevelt, beaucoup plus réservé devant cette femme qui lui tient tête dans la discussion et entre dans son bureau sans y être priée. « Pa est un peu effrayé par Mme Chiang », écrit Eleanor à Anna. Le Président n'en accédera pas moins à ses souhaits en accordant une aide plus importante à la Chine.

Le séjour de « Madame » dans la demeure présidentielle se prolongeant beaucoup plus longtemps que prévu, Eleanor découvre une personnalité plus contestable. Brutale et méprisante envers les inférieurs, capricieuse et exigeante – ne faut-il pas changer ses draps de soie plusieurs fois par jour ? –, elle manifeste surtout un sens très limité de la démocratie et fort peu de sentiments humanistes. Alors que John Lewis, le leader syndical, menace d'une grève générale des ouvriers du charbon, Franklin Roosevelt lui demande quelle serait la réaction chinoise en pareil cas. Délicatement mais de manière expressive, Mme Chiang fait un geste de sa petite main d'ivoire comme pour trancher la gorge du dirigeant. « Je me rends compte que nous appartenons à des mondes totalement différents en ce qui concerne notre conception des devoirs et des obligations des individus dans une démocratie, peut-être aussi dans notre conception de ce que devra être l'organisation future du monde, l'égalité des hommes étant notre but prioritaire », conclut Eleanor à l'issue de son séjour.[1]

À en croire l'unanimité des intimes de la famille Roosevelt, ces années de guerre éloignent un peu plus Franklin et Eleanor l'un de l'autre. Elle est peu associée aux impératifs de l'heure. La conduite des affaires militaires et la diplomatie ne sont ni de son ressort ni de ses compétences et Roosevelt, qui travaille portes closes, ne la tient pas au courant des grandes manœuvres guerrières. Pas plus qu'il n'est disposé à écouter ses revendications. Les droits civiques, les droits des femmes, les droits des travailleurs... On verra plus tard, il y a d'autres priorités. Enfin, quand il dispose de temps libre, il privilégie une compagnie plus insouciante que celle d'Eleanor, que son caractère ne porte pas à la légèreté. À l'heure des cocktails qu'il prépare lui-même, un moment qu'il privilégie, les regards énamourés de la princesse Martha le flattent et les commérages de quelques-unes de ses mondaines cousines l'amusent. Eleanor n'a jamais apprécié cet aspect de play boy chez le Président. Mais que faire ?

Franklin tout occupé par la guerre, Eleanor, tenue à l'écart de la grande politique, a moins d'occasions pour faire pression sur lui et se retrouve donc impuissante dans le rôle de médiatrice qu'elle a longtemps tenu. Mais elle ne cède pas et tente de faire entendre sa voix, même si elle n'est pas toujours certaine du succès. Elle reste persuadée qu'il faut veiller et

1. *This I Remember*, p. 281.

défendre les acquis du New Deal, que la guerre ne doit pas être conduite aux dépens de l'amélioration des conditions de vie des Américains, de la protection sociale et de l'égalité des chances. « Je ne peux échapper au sentiment qu'on a tendance à demander aux travailleurs des sacrifices d'argent et de temps libre pour soutenir la défense nationale. Mais je n'ai constaté nulle part qu'il fallait qu'industriels et hommes d'affaires fassent le même genre de sacrifice, réduisent leurs profits et les salaires des cadres. »

Le combat pour les droits civiques reste un de ses chevaux de bataille. C'est ainsi qu'elle est une des rares personnalités américaines à réagir au traitement réservé aux citoyens américains d'origine japonaise vivant aux États-Unis. À la suite d'une campagne hystérique, déclenchée après Pearl Harbor, les accusant d'espionnage et de trahison, Roosevelt ordonne (ordre exécutif 9066) au mois de février 1942 leur évacuation et leur internement. Ils sont parqués en plein désert du Nevada ou de l'Utah dans des camps encerclés de barbelés que surmontent des miradors. Eleanor, qui a vainement tenté de dissuader son mari de prendre cette décision, proteste publiquement : « Nous savons, écrit-elle dans *My Day*, qu'il y a des agents allemands, italiens et aussi japonais, qui sont ici pour aider leur pays. Mais la majorité de ces populations issues de différentes origines ne doivent pas sentir qu'ils ont soudain cessé d'être Américains… » Elle ajoute : « Il nous faut sauvegarder dans ce temps de stress les libertés civiles que nous avons imposées comme droits de l'homme à respecter en tous lieux. » Son plaidoyer peut sembler timide, il est à la mesure de son pouvoir mais non sans une certaine ambiguïté. Ainsi lorsque son amie Pearl Buck lui écrit pour protester contre « ces traitements inhumains et cruels » qui lui paraissent plus proches des méthodes allemandes qu'américaines, Eleanor répond au prix Nobel de littérature : « Je regrette cette évacuation, mais je dois reconnaître qu'il fallait la faire. » Citant cette correspondance, Hazel Rowley[1] estime que la formule : « Je regrette mais je dois

1. *Franklin and Eleanor, an Extraordinary Marriage*, p. 257.

le reconnaître » est devenu le refrain d'Eleanor en temps de guerre. La First Lady ne peut dire que ce que Roosevelt lui laisse dire.

Limitée dans son action, elle modère dorénavant ses propos. Si elle comprend ses revendications, elle prêche aussi la patience à la communauté noire, après les affrontements interraciaux de Detroit, en 1943. Provoqués par la colère des Blancs qui refusent que des Noirs bénéficient de logements construits avec l'argent public, ces combats de rue font trente-quatre victimes dont vingt-neuf sont des citoyens de couleur. Eleanor paie chèrement sa modération de circonstance. « Vous avez du sang sur les mains, madame Roosevelt », accuse *The Jackson Daily News* du Mississipi. Pour les sudistes, elle reste la bête noire.

Profondément révoltée par les persécutions des Juifs en Europe, elle s'interroge le 14 août 1943 dans *My Day* sur son efficacité et avoue en quelque sorte son impuissance : « Que faire pour aider les Juifs en Europe et leur trouver un asile ? » Et d'affirmer le 29 octobre suivant devant l'Emergency Committee : « Le meilleur moyen de les sauver est de gagner la guerre le plus rapidement possible. » Ce discours ne diffère pas beaucoup de celui que Roosevelt tient lui-même à cette époque.

Chapitre XVIII

ELEANOR SUR TOUS LES FRONTS

En dépit de l'activité qu'elle déploie, visites dans les usines, les hôpitaux, encouragements donnés aux femmes pour qu'elles participent à la production et à l'effort de guerre sur un pied d'égalité avec les hommes, Eleanor supporte mal de ne pas prendre plus de part à l'effort de guerre. « J'ai l'impression que je ne fais rien d'utile[1] », se lamente-t-elle dans une lettre à une amie. Aussi le voyage qu'elle entreprend pour l'Angleterre, à l'invitation des souverains britanniques au mois d'octobre 1942, est-il un intermède bienvenu. D'autant que Roosevelt la charge d'une double mission, l'une officielle : visiter les troupes américains stationnées sur le sol britannique, l'autre officieuse : resserrer les liens entre les États-Unis et l'Angleterre : « Si je peux être utile, je serais ravie d'y aller », assure-t-elle à Franklin.

Le départ a lieu dans la plus grande discrétion pour ne pas alerter un ennemi potentiel, et c'est dans une voiture des services secrets qu'Eleanor accompagnée de Tommy rejoint l'aéroport. Le voyage dans l'avion, dont les rideaux de hublots n'ont été relevés qu'une fois quittée la côte, dure vingt heures. Le mauvais temps empêche un atterrissage à Londres, et comme Dublin, capitale d'un pays neutre, est infesté d'espions nazis, c'est dans le petit port irlandais de Foynes qu'Eleanor atterrit sous une pluie torrentielle. Escortée d'agents secrets, accompagnée de l'ambassadeur des États-Unis, elle rejoint

1. Lettre à Maud Gray.

enfin, par train, Londres où l'attendent le roi et la reine à la gare de Paddington. Tapis rouge et fanfare. Dans ses mémoires, Eleanor reconnaît avoir été intimidée par tout ce protocole déployé en son honneur. Mais ce qui la frappe et l'horrifie surtout, c'est la ville en ruine, obscurcie par le black-out et le brouillard, les immeubles éventrés, les quartiers entiers dévastés. Buckingham Palace, où Eleanor et Tommy sont pendant deux jours les hôtes des souverains, n'a pas échappé à un impact de bombe et le palais, comme le reste du pays, est soumis aux restrictions. On y gèle, l'eau du bain ne doit pas dépasser une ligne tracée dans la baignoire, les fenêtres dont les vitres ont été brisées sont colmatées par du bois, il est recommandé de tirer les rideaux pour dissimuler toute lumière. Même le grand dîner d'apparat du 23 octobre offert par les souverains britanniques, et auquel participent entre autres lord et lady Mountbatten, le Premier ministre, l'ambassadeur américain et Elliott, le fils d'Eleanor cantonné non loin de Londres, reste frugal, bien que servi dans des assiettes d'or et d'argent.

Durant les trois semaines qui suivent, Eleanor ne ménage pas sa peine. Elle inspecte les troupes américaines, dont un bataillon de parachutistes sur le point de partir pour l'Afrique du Nord, visite les unités des femmes volontaires britanniques dont elle admire le courage et le dévouement, les chantiers de construction navale, les hôpitaux. Elle participe aussi à des réunions de travail avec des personnalités européennes en exil, désireuses d'informer Roosevelt de la situation qui règne dans leur pays, comme c'est le cas du roi de Grèce, des représentants polonais ou du président Beneš de Tchécoslovaquie et de son Premier ministre Jean Masarik. Elle n'échappe pas non plus aux réceptions et aux dîners protocolaires comme celui que lui offre la reine Mary au château de Balmoral, où règne aussi un froid polaire, puis entame un circuit de sept jours à travers les Midlands, l'Écosse et l'Irlande. Elle n'en néglige pas pour autant sa tâche quotidienne. Dans sa chronique de *My Day*, dictée à sa secrétaire souvent au milieu de la nuit, elle s'émerveille et salue l'endurance et la solidarité d'un peuple confronté directement à la guerre, à la dureté de la vie, et invite les Américains à suivre leur exemple.

Avant son retour au États-Unis, elle passe un week-end aux Chequers, la demeure de campagne du Premier ministre. Une photo la montre en train de bavarder en toute amitié avec Mme Churchill : Eleanor tricote, l'épouse du Premier ministre, coiffée d'un foulard noué sur la tête, ressemble à n'importe quelle ménagère britannique. Avec Winston Churchill, les relations sont moins paisibles, comme le prouve un dîner où ils manifestent leurs divergences à propos des loyalistes espagnols. Churchill convient qu'il a été favorable au général Franco jusqu'au moment où l'Allemagne et l'Italie lui sont venues en aide. Eleanor se souvient de la scène et évoque leur dialogue dans ses mémoires :

« – Je ne comprends pas pourquoi il ne fallait pas aider les républicains, dit la First Lady.

« – Vous et moi aurions eu la tête tranchée s'ils avaient gagné et l'hostilité contre des personnes comme nous n'aurait fait que s'amplifier, affirme Churchill.

« – Ma tête n'avait pas beaucoup d'importance…

« – Je n'ai pas la moindre envie de perdre ma tête, ni que vous perdiez la vôtre… »

À la fin de cet échange, Mme Churchill se penche vers son mari à travers la table : « Peut-être que Mme Roosevelt a raison… » Le Premier ministre semble très contrarié : « J'ai eu certaines convictions pendant soixante ans et je ne vais pas en changer. »

Il n'en remercie pas moins avec chaleur Eleanor de sa venue : « Vous avez laissé derrière vous des empreintes de pas qui valent de l'or », et dans une lettre adressée à Franklin il loue la réussite de sa visite : « Je pense que vous serez heureux d'apprendre que la visite de Mme Roosevelt a été un grand succès… J'espère que l'amical accueil qu'elle a reçu partout dans le pays a donné lieu chez vous aux mêmes commentaires enthousiastes que ceux publiés ici… »

C'est dans un avion militaire, où elles grelottent toute la nuit sans avoir rien à manger jusqu'à l'escale de Gander, qu'Eleanor et Tommy rejoignent Washington. Sur le tarmac, parmi les limousines noires, les groupes d'agents de la sécurité, le Président a pris le temps de venir chercher sa femme. Une photo où on les voit s'embrasser lorsqu'elle monte dans sa voiture fixe l'événement. « Je crois réellement que Franklin était heureux de me voir de retour », écrit Eleanor dans son journal.

Si elle ne cesse de voyager à l'intérieur des États-Unis, ici pour une conférence, là pour une visite de chantier de construction navale ou l'inspection d'un camp d'entraînement du Women Army Corps, elle envisage aussi de nouveaux déplacements. Invitée à venir en URSS par Molotov, en Chine par le général Chiang Kaï-shek, Eleanor s'y rendrait volontiers si Roosevelt ne s'opposait pas à de telles visites qui ne lui semblent ni diplomatiquement opportunes ni sans risques. Lui-même n'a encore jamais rencontré Staline ; quant au régime de Chiang Kaï-shek, il ne le juge pas vraiment démocratique et craint que la visite d'Eleanor en Chine ne renforce les pressions exercées par le maréchal Chiang en vue de l'ouverture prioritaire d'un front chinois.

En revanche, il lui propose de partir pour le Pacifique-Sud comme son porte-parole auprès des milliers de soldats cantonnés en Australie, en Nouvelle-Zélande et dans de nombreuses îles avant de partir livrer bataille. Elle devra aussi se rendre auprès des nombreux blessés qui sont soignés dans des hôpitaux loin de leur patrie. Eleanor insiste aussi pour rejoindre Guadalcanal dans les îles Salomon où tant de jeunes GI ont perdu la vie au cours de six mois de combat acharné contre les Japonais. Elle le souhaite d'autant plus que le soldat Joseph Lash s'y trouve et qu'elle espère le voir.

Franklin n'ose s'opposer à son insistance. Il lui remet donc une lettre pour l'amiral Halsey, commandant en chef des forces du Pacifique-Sud, dans laquelle il consent à ce qu'elle entreprenne ce voyage si sa sécurité est assurée. Elle apprendra plus tard, que Franklin a adressé deux autres lettres, l'une à ce même amiral, l'autre au Premier ministre australien, pour qu'ils lui refusent une telle expédition. « Il n'avait pas eu le courage de me le dire, commente-t-elle, sachant que j'aurais refusé de partir si on m'avait imposé la moindre limite. » Ce comportement de Roosevelt ne surprend pas ceux qui le connaissent. Lui-même aime à dire : « Vous savez je suis un jongleur et je ne laisse jamais ma main droite savoir ce que fait ma main gauche. Je peux délibérément souhaiter tromper et dire des mensonges[1]. »

À la mi-août 1943, Eleanor s'envole de San Francisco dans un quadrimoteur militaire baptisé « Our Eleanor », départ resté secret jusqu'au dernier moment par mesure de sécurité. Elle est quand même missionnée par la Croix-Rouge, dont elle porte l'uniforme – vareuse et jupe de toile kaki, casquette à visière du même ton –, qu'elle a payé de ses deniers et qui permet, explique-t-elle, de voyager léger. Pour éviter tout commentaire de la presse sur des dépenses abusives, personne ne l'accompagne, pas même Tommy. Elle devra taper elle-même ses chroniques pour *My Day* et donnera ses gains à la Croix-Rouge et à l'American Friends Service Committee[2].

Après Hawaii, puis Bora-Bora, elle atteint enfin Nouméa où la reçoit l'amiral Halsey, à qui elle remet la lettre de Franklin. L'amiral qu'embarrasse plutôt la présence de la First Lady, d'autant qu'il a l'obligation de mettre à sa disposition un avion et une escorte, ne lui donne aucune certitude de pouvoir rejoindre Guadalcanal : « Guadalcanal, madame, n'est pas un endroit pour vous. – Je serai entièrement responsable de ce qui pourrait m'arriver », rétorque Eleanor. L'amiral ne se laisse pas convaincre. Qu'elle se rende déjà en Nouvelle-Zélande, aux îles Fidji et en Australie. On verra à son retour.

Partout elle parle devant de vastes audiences, visite quantité d'hôpitaux où l'eau potable est mesurée, des lieux de détente pour les infirmières, des centres de repos pour les GI. En Nouvelle-Zélande, elle découvre les tribus maoris. Elle se plie au rituel de bienvenue et se laisse photographier frottant son front contre celui de son guide. Dans le nord de l'Australie,

1. Ted Morgan, *FDR Biography*, p. 550.
2. L'American Friends Service Committee est spécialisé dans l'action pour la paix et la réconciliation entre les peuples.

Eleanor suit les hommes qui s'enfoncent dans la jungle, observe la manière qu'ils ont de se dissimuler, de détecter l'ennemi sans être vus, et elle crapahute sur des routes défoncées pour aller souhaiter bonne chance aux hommes qui partent au front.

Elle visite au total dix-sept îles, ce qui représente un vrai parcours du combattant. Durant cinq semaines elle se lève à l'aube, saute d'un avion dans une jeep, dort sur un lit de camp dans une chambre infestée de punaises, visite les soldats, partage avec eux l'ordinaire de la cantine, se presse au chevet des blessés à qui elle apporte les salutations du Président, écrit pour eux des lettres qu'ils adressent à leur mère et à leurs épouses et qu'elle postera aux États-Unis. Interrogée sur l'après-guerre, Eleanor s'efforce de rassurer les soldats : les vétérans auront droit à un métier qui leur permettra de vivre et d'éduquer leurs enfants.

Son ardeur ne fait pas toujours l'affaire des responsables militaires, généraux, amiraux, qui tentent en vain de la freiner. À la fin de sa tournée en Australie, le général MacArthur, commandant en chef des forces alliées du Pacifique Sud-Ouest, lui refuse, sans même la voir, de se rendre en Nouvelle-Guinée où se poursuivent les combats. Elle enrage. « On me traite comme si j'étais une frêle fleur et on ne me laissent approcher aucun danger, se plaint-elle dans une lettre à Tommy. Hier soir, les boys m'ont tous demandé si j'allais venir en Nouvelle-Guinée et j'ai ressenti plus que jamais les restrictions qu'on m'impose… »

De retour à Nouméa, elle apprend par l'amiral Halsey qu'elle peut se rendre à Guadalcanal. Le départ par avion prévu pour le lendemain matin huit heures comporte deux escales : l'une à Efate où se trouve l'un des plus gros hôpitaux américains, l'autre plus au nord, à Espiritu Santo, qui héberge le quartier général de la Navy Air Force. Elle dîne avec l'amiral, regarde un film et fait un petit discours. Couchée à onze heures, elle s'envole moins de trois heures plus tard. Après le vol nocturne, passé sur un siège inconfortable au-dessus de la soute remplie de bombes, l'atterrissage à Guadalcanal est un moment inoubliable. Sa présence fait sensation : « Gosh, there's Eleanor ! » s'écrie un jeune soldat. La journée est aussi mouvementée que les précédentes, partagée entre les visites d'hôpitaux et les rencontres officielles. Après un déjeuner avec l'amiral Halsey, elle a le temps de bavarder un bref instant avec Joe Lash, qui a la responsabilité de la station météo, avant de le retrouver dans la soirée. Assis sur le porche du petit bungalow sommaire qu'elle occupe, ils bavardent tard dans la nuit. Ils ont tant de choses à se dire. Joseph ne cache pas sa joie de ces retrouvailles, mais il s'inquiète : « Elle doit encore se lever à quatre heures du matin et visiter d'autres hôpitaux, écrit-il à Trud, sa future femme [...] Jamais je ne l'ai vue aussi fatiguée. Vous devez, vous et Tommy, la forcer dès son retour à se reposer, à vraiment se reposer. Elle a vécu sur un rythme d'enfer... »

Plus tard, l'aide de camp de l'amiral Halsey dresse un bilan du séjour d'Eleanor dans le Pacifique-Sud : « Mme Roosevelt voulait voir partout les choses qu'une mère veut voir. Dans les cuisines, elle regardait la cuisine qui avait été préparée. Quand elle bavardait avec les hommes, elle disait ce que disent les mères [...] Sa voix était celle d'une mère. Mme Roosevelt a traversé des salles d'hôpitaux par centaines, elle s'arrêtait à chaque lit, serrait les mains, disait quelque chose de gentil... »

Eleanor rentre à Washinton épuisée. Elle a perdu quatorze kilos et du même coup le sommeil. La fatigue physique n'est pas seule en cause, elle est encore sous le coup du spectacle des souffrances et des ravages constatés chez de jeunes soldats marqués à jamais sur le plan psychique par les expériences tragiques qu'ils ont vécu. Est-ce là vraiment le monde tel qu'il doit être ? Quand donc les hommes, s'interroge-t-elle, seront-ils assez sages pour résoudre leurs conflits autour d'une table et préserver les jeunes de la souffrance ?

Au mois de mars 1944, Eleanor fait son dernier grand voyage en tant que First Lady. Accompagnée cette fois-ci de Tommy, elle s'envole pour les Caraïbes et le sud du continent. Franklin a insisté pour qu'elle parte. Les hommes qui stationnent dans cette partie de l'hémisphère où la guerre se fait peu sentir aspirent à rejoindre la zone des combats. Le Président souhaite leur faire savoir qu'il les comprend, mais que leur mission actuelle est vitale pour assurer contre les sous-marins allemands le passage vers l'Europe et l'Afrique. Du 4 au 28 mars et de Cuba à Récife, elle mène une fois de plus un train d'enfer, faisant escale dans une vingtaine de villes, multipliant comme toujours les visites d'hôpitaux et de camps militaires. Infatigable Eleanor[1] !

1. Sauf indication particulière, les citations de ce chapitre sont tirées de Joseph Lash, *Eleanor and Franklin* ; et d'Eleanor Roosevelt, *This I Remember*.

Chapitre XIX

LA DERNIÈRE ANNÉE

La victoire des Alliés semble une quasi-certitude au printemps 1944, tandis que Franklin termine son troisième mandat. Le Président va-t-il une fois de plus se porter candidat à sa propre succession, comme le souhaite le parti qui n'imagine d'autre champion que lui ? Mais l'homme est épuisé. Mal remis d'une grippe contractée à son retour de la conférence de Téhéran qui s'est tenue à la fin de l'année précédente[1], il tousse, souffre de difficultés respiratoires et de migraines. « Les tensions nerveuses autant que le fardeau des responsabilités contribuent, j'en suis certaine, écrit Eleanor à Joseph Lash, à l'aggravation de son état. »

Le 28 mars, le jour même où la First Lady rentre de sa tournée latino-américaine, Franklin passe toute une série d'examens médicaux au Bethseda Naval Hopital. Le diagnostic du cardiologue Howard Bruenn est alarmant : bronchite aiguë, hypertension, symptômes d'angine de poitrine. Trois jours plus tard, un second spécialiste, le docteur Franck Lahey, confirme les conclusions pessimistes de son confrère. Franklin comprend la gravité de son état, mais exige le silence. Personne ne doit rien savoir. Ni ses fils, ni Anna, pas même Eleanor. Il va faire un régime, reprendre du poids et surtout du repos.

Habitué à combattre la maladie, à vaincre le destin, Franklin n'entend pas une seconde renoncer à ses fonctions. Aux commandes depuis onze ans, il mène une guerre qu'il est en train

1. 28 novembre-3 décembre 1943 entre Roosevelt, Churchill et Staline.

de gagner, il veut en voir la fin et jouir de la victoire en tant que président. Les rumeurs qui circulent sur sa mauvaise santé quand il part se reposer pendant un mois chez son ami Bernard Baruch en Caroline du Sud n'y changent rien. Sa décision est prise.

Consciente de l'affaiblissement de son mari sans toutefois en connaître la raison exacte, Eleanor ne conteste pas son choix. Quelles que soient ses inquiétudes, elle estime qu'il a décidé de sacrifier sa vie privée à une noble cause, et qu'il doit tout faire pour remplir sa promesse auprès du peuple. « Les médecins sont très satisfaits du retour de Pa et disent qu'il est maintenant tout à fait bien », écrit-elle à son fils James à la fin du mois de mai[1].

F.D.R. officialise sa candidature au début de juillet : « Réticent, mais bon soldat, j'accepterai de servir à ce poste si le commandant en chef – j'entends le peuple souverain des États-Unis – me l'ordonne. » Quelques jours plus tard, Franklin et Eleanor se rendent à la convention qui se tient à San Diego. Dans le train, F.D.R. envisage la possibilité d'une défaite et, lâchant un aveu révélateur, reconnaît une certaine lassitude : « J'aimerais, dit-il à sa femme, faire un tour du monde avec vous, acheter une terre dans le désert du Sahara pour montrer les miracles que l'on peut accomplir et vivre là pendant deux ou trois ans. » Mais son prestige a raison de ce vœu pieux : Franklin remporte sans difficulté l'investiture. Son vice-président ne sera plus Henry Wallace, mais Harry Truman. Eleanor regrette ce choix. À ses yeux, le sénateur du Missouri est trop modéré sur le plan social.

Tracassée par la santé de son mari et ne se réjouissant pas plus que d'habitude de son rôle de First Lady, Eleanor reste toutefois convaincue qu'en cette période cruciale, seul Franklin est capable de présider aux destinées de la nation américaine. Tout l'oppose au candidat républicain, Thomas Dewey. Qu'arriverait-il si le gouverneur de New York, cet orateur de

1. Ce passage s'inspire d'Eleanor Roosevelt, *This I Remember* et de Hazel Rowley, *Franklin and Eleanor, an Extraordinary Marriage.*

la platitude dont toute la philosophie tient à une expression « Moi aussi[1] », l'emportait ? Quel serait le sort de l'Amérique gouvernée par un homme qui mène la campagne la plus basse qui soit contre son adversaire, accusant F.D.R. de corruption, de traîtrise, de mensonges, Eleanor de communisme et ses fils de favoritisme, aucun n'étant mort au combat ?

La popularité de Dewey est en hausse, mais Roosevelt n'exprime aucune hâte à faire campagne. « Je ne pense pas que Pa serait tellement déçu de perdre [...] Je suis seulement préoccupée, écrit Eleanor à son fils James le 23 août 1944, parce que Dewey me semble de plus en plus incapable de mesurer les responsabilités qui sont celles d'un président vis-à-vis de son pays et du monde. » Et c'est elle une fois encore qui pousse Franklin à entrer dans l'arène. En contact direct avec le citoyen américain, Roosevelt, tel le Phénix, reprend vigueur et retrouve l'ardeur nécessaire pour combattre. Et c'est sous une pluie torrentielle, le samedi 2 octobre, qu'il parcourt en voiture découverte avec Eleanor, et malgré l'avis des médecins, les cinq arrondissements de New York (Brooklyn, Manhattan, Harlem, le Bronx et le Queens). Des centaines de milliers de New-Yorkais applaudissent le couple présidentiel. F.D.R. prononce deux vigoureux discours : le matin à Brooklyn, le soir au Waldorf Astoria. Il promet, une fois la guerre terminée, une paix fondée sur des bases solides et un nouveau New Deal qui transformera la vie des Américains. Qui oserait dire que le Président n'est pas à la hauteur de l'enjeu ?

Élu pour la quatrième fois le 7 novembre 1944, Roosevelt a insisté pour que ses treize petits-enfants soient présents à la cérémonie d'intronisation qui a lieu le 20 janvier 1945. Prise dans un des salons de la Maison Blanche, une photo témoigne de l'événement. Du plus âgé au plus jeune, ils sont tous là, entre Eleanor et Franklin qui tient sur ses genoux deux de ses derniers petits-fils.

Deux jours plus tard F.D.R. part pour Yalta, en Crimée, rencontrer Churchill et Staline, le maître de l'URSS refusant

1. André Kaspi, *Franklin Roosevelt*, p. 501.

comme toujours de quitter l'Union soviétique. Eleanor a souhaité l'accompagner, ainsi qu'elle l'a fait lors de la conférence de Québec au mois de juillet 1944, où le Président et le Premier ministre britannique ont discuté du sort de l'Allemagne. Mais cette fois-ci Franklin refuse : « Si vous venez, ce sera toute une affaire, avec Anna ce sera plus simple. » Eleanor est blessée et ne peut s'empêcher d'éprouver une certaine jalousie envers Anna. Depuis plusieurs mois sa fille aînée joue, en effet, un rôle privilégié auprès de son père. Elle assure son secrétariat, remplaçant autant qu'elle le peut Missy LeHand, et l'accompagne dans ses déplacements. Consciente de sa fatigue et de son besoin de détente, elle se fait aussi sa complice et accepte que la toujours jolie Mme Rutherford, alias Lucy Mercer, rende visite au Président en l'absence de la First Lady.

Pour un homme malade comme l'est Roosevelt, le voyage vers cet autre bout du monde est épuisant. Dix jours de traversée sur le *Quincy* jusqu'à Malte, où le Président s'entretient d'abord avec Churchill ; après quoi, un vol nocturne en petit avion jusqu'à Saki en Crimée puis un trajet de cinq heures en voiture par des routes en lacet l'amènent à Yalta. Et du 4 au 11 février, se succèdent sept jours de discussions intenses centrées sur le monde de l'après-guerre et le rôle des Nations Unies.

Roosevelt écrit à Eleanor combien il est satisfait des résultats de la conférence, et même s'il est un peu fatigué il se sent bien. « Votre habileté diplomatique a dû être colossale », lui répond Eleanor. Plus tard, dans *This I Remember,* elle nuance : « Yalta n'a été qu'un pas vers le projet final qu'il avait en tête. Il savait qu'il y aurait d'autres négociations, d'autres rencontres. Il espérait une ère de paix et de compréhension, il savait que la paix ne se fait pas en un jour, que pendant des jours et des jours, des mois et des mois nous devrions gagner la paix par un effort constant[1]. »

Le voyage de retour vers Washington s'effectue sous de sombres présage. Harry Hopkins, précieux intermédiaire

1. Eleanor Roosevelt, *This I Remember*, p. 340 ; Joseph Lash, *Eleanor and Roosevelt*, p. 924.

auprès de Churchill comme de Staline, tombe malade et débarque à Alger. Son attaché militaire, le tout dévoué général Edwin Patson, meurt d'une crise cardiaque en pleine mer.

Et c'est un Roosevelt dont chacun remarque le teint de cire, la voix sourde et la diction incertaine qui, le 1er mars, rend compte devant le Congrès de la conférence de Yalta. Pour la première fois il reste assis et s'en excuse : « Ce n'est pas très facile de porter dix livres d'acier autour des jambes [...] le voyage a été long mais je pense que vous êtes tous d'accord pour dire qu'il a été fructueux... »

Le 17 mars, Franklin et Eleanor célèbrent leur quarantième anniversaire de mariage par quelques cocktails dans le salon rouge et un dîner formel mais intime dans la salle à manger d'honneur, puis ils partent le 24 mars pour le week-end à Hyde Park. Dans son journal, Daisy Suckley, une amie de longue date du Président chez qui le couple vient prendre le thé écrit : « Mme Roosevelt adorable et charmante comme d'habitude. Le Président semble très mal – si fatigué que chaque mot est un effort... » Le 29 mars, de retour à Washington, Franklin travaille quelques heures, puis prend le train pour Warm Springs. Les médecins lui ont recommandé un repos total. En dehors d'un entourage politique réduit, il est accompagné de son cardiologue, le docteur Bruenn, de sa flamboyante cousine Laura Delano et de la discrète Margaret Suckley. Eleanor retenue dans la capitale par de multiples engagements est rassurée par la présence des deux femmes : « Je savais qu'elles ne l'importuneraient pas comme je l'aurais fait en discutant des affaires de l'État. Il pourra prendre un vrai repos et en même temps aura de la compagnie – et c'est je pense ce dont il a le plus besoin[1]. » Elle paraît toutefois sans illusions dans cette lettre adressée le 1er avril à Maud Gray, sa tante : « Je dis une prière chaque jour pour qu'il soit capable de résister jusqu'à la paix et que nous marchions sur la bonne route... » Eleanor téléphone quotidiennement à Franklin et se réjouit, comme elle le lui écrit le 10 avril, d'apprendre qu'il a pris du poids : « Vous

1. *This I Remember*, p. 343.

sembliez joyeux pour la première fois hier soir et j'espère que vous pèserez 170 livres à votre retour… » Elle ignore alors qu'il ne recevra plus jamais de lettre d'elle.

Mardi matin 12 avril, Eleanor tient sa conférence de presse hebdomadaire. Elle confie à son auditoire qu'elle attend avec impatience le moment de se rendre avec Franklin à la réunion de San Francisco pour l'élaboration de la charte des Nations Unies. Elle insiste sur le fait que cette organisation est l'affaire de toutes les nations, et que le pouvoir de décision ne doit pas résider dans les seules mains des États-Unis. À quinze heures, elle reçoit dans son salon un conseiller de la délégation américaine pour San Francisco lorsque Tommy interrompt la conversation. C'est urgent, on la demande au téléphone. De Warm Springs, Laura Delano lui annonce que le Président s'est trouvé mal. Eleanor pose deux ou trois questions et raccroche rapidement. Quelques minutes plus tard, un appel du docteur McIntire, médecin habituel du Président, qui vient de s'entretenir avec le docteur Bruen lui enjoint de partir le plus tôt possible pour Warm Springs, sans décommander sa visite à la vente de charité du Sulgrave Club. Que tout paraisse normal. À peine a-t-elle eu le temps de saluer les organisateurs que Steve Early, le conseiller de presse de Roosevelt, la prie de rentrer immédiatement à la Maison Blanche : « Il m'a priée de venir et je n'ai pas demandé pourquoi. Je savais au fond de mon cœur que quelque chose d'affreux était arrivé[1]. »

Roosevelt est mort à 15 h 35, lui apprennent Steve Early et le docteur McIntire. Eleanor reste de marbre. C'est, dit-elle, son réflexe dans les moments tragiques, mais elle ne perd pas une minute pour agir. Elle prévient Anna, envoie à ses quatre fils un télégramme par lequel elle les informe de la mort de leur père et dit qu'il a fait son devoir jusqu'au bout. Elle souhaite qu'ils en fassent autant. Puis elle prie le vice-président Truman de la rejoindre. Consterné par la nouvelle, il ne prononce que quelques mots : « Que puis-je faire pour vous ? » La réponse

1. *This I Remember*, p. 344. Les citations suivantes d'Eleanor sont tirées du même chapitre, *The Last Term, 1944-1945*.

d'Eleanor est conforme au personnage : « Y a-t-il quelque chose que nous-mêmes pouvons faire pour vous ? Vous êtes maintenant celui qui va récolter tous les problèmes. » Deux heures plus tard le nouveau Président prête serment.

Vêtue de noir, Eleanor s'envole le soir même, dans un avion du gouvernement, pour Warm Springs. Elle a laissé derrière elle Anna, Tommy et son autre secrétaire, Edith Helm, pour s'occuper de l'organisation du service funèbre qui doit se dérouler à la Maison Blanche après le rapatriement du corps.

À la petite Maison Blanche, Grace Tully, secrétaire de Franklin, ses cousines Laura Delano et Margret Suckley sont là pour l'accueillir lorsqu'elle arrive un peu avant minuit. Eleanor les serre dans ses bras : « Je suis si triste pour vous tous » ; puis s'asseyant sur le canapé du salon, demande qu'on lui dise exactement ce qui s'est passé. Laura Delano prend la parole. Eleanor écoute, se lève et se dirige vers la chambre de Franklin où elle reste cinq minutes. « Lorsqu'elle en sortit, ses yeux étaient secs, son visage grave et impassible », témoigne Grace Tully.

Pourtant, ce qu'elle vient d'apprendre n'a pu que la blesser au plus profond d'elle-même. Lucy Rutherford Mercer, que Franklin avait fait le serment de ne plus jamais voir, se trouvait dans la pièce au moment où le Président a perdu connaissance. Arrivée trois jours auparavant, elle est accompagnée d'une femme peintre, Isabelle Shoumatoff, à qui elle a demandé de faire le portrait de Franklin. Le Président avait semblé heureux de cette présence féminine et, revigoré, il avait même pu les accompagner lors d'une promenade en voiture.

En cette fin de matinée du 12 avril, F.D.R. a accepté de poser, en dépit d'une légère fatigue. Il est une heure un quart lorsque, glissant soudain de son fauteuil, il se plaint d'une terrible douleur derrière la tête, puis perd connaissance. On le transporte dans sa chambre, on l'allonge sur son lit, et le docteur Bruenn diagnostique une hémorragie cérébrale. Rien n'y fait, ni injection de papavérine, ni massages cardiaques, ni injection d'adrénaline. Avant même le décès du Président, Lucy Rutherford et Isabelle Shoumatoff ont quitté les lieux.

Sur les circonstances de la mort de Franklin, Eleanor reste muette dans *This I Remember* : « Une longue journée déchirante. » De la présence de Lucy, pas un mot. Comme toujours quand son intimité est en cause, elle reste d'une extraordinaire discrétion. On devine, connaissant sa fragilité émotionnelle, combien elle a dû se sentir trahie, d'autant qu'elle a appris du même coup qu'Anna était au courant des visites de Lucy à la Maison Blanche. Mais on sait aussi quelle force de caractère elle a cultivée pour contenir ses émotions, ses sentiments : « Bien que ce soit un terrible coup, d'une certaine manière vous n'y pensez pas comme à un chagrin personnel. Il devient le chagrin de tous ceux pour qui cet homme, qui gisait désormais sans vie et s'était trouvé être mon mari avait représenté un symbole de force et de courage. » L'explication qu'elle aura avec sa fille à son retour à Washington, le jour même des funérailles de Franklin, n'en est pas moins orageuse : savait-elle que Lucy Rutherfurd était à Warm Springs ? Anna l'a-t-elle trahie comme l'avait fait Franklin ? Non, répond Anna, elle ignorait la présence de Lucy aux côtés de Franklin et elle n'a pas trahi sa mère. Oui, elle a accepté que Lucy rende visite à son père à la Maison Blanche. Mais c'était en toute innocence, ils n'étaient jamais seuls. Franklin, fatigué, malade, chargé de soucis, avait besoin de présences qui lui sont chères. Pourquoi lui refuser ce plaisir ? Eleanor aime profondément sa fille qui, n'étant qu'une jeune adolescente à l'époque de la découverte par Eleanor de la liaison de Franklin avec Lucy Mercer, l'avait soutenue, mais cette fois-ci elle se sent doublement trompée et il lui faudra du temps pour pardonner.

Le vendredi 13 avril, les pensionnaires de la Fondation[1], sur leurs chaises roulantes, assistent au départ du cortège funèbre. Les cloches des alentours sonnent le glas le temps que le convoi traverse la petite ville jusqu'à la gare. Le cercueil de Franklin Delano Roosevelt est hissé dans le train présidentiel qui le ramène à petites étapes vers Washington à travers la Georgie,

1. Fondation pour les malades de la poliomyélite, créée par Franklin à Warm Springs.

la Caroline du Sud, la Caroline du Nord, la Virginie. Tout au long des voies la foule s'est amassée et pleure. Dans son compartiment Eleanor ne peut pas dormir : « Toute la nuit, allongée sur ma couchette, les stores levés, je regardais les paysages qu'il avait aimés et je contemplais les visages de tous ceux qui se trouvaient rassemblés dans les gares et même aux croisements des routes pour lui rendre un ultime hommage. »

Le train arrive à Washington le samedi 14 avril à dix heures du matin. Il a fallu vingt-trois heures pour parvenir à Union Station d'où le convoi, que tirent six chevaux blancs, rejoint la Maison Blanche par Pennsylvania Avenue. Les rues sont noires de monde, sous la pluie cinq cent mille personnes sont venues dire un dernier adieu à leur héros. Visages enfouis dans leurs mouchoirs, beaucoup sanglotent.

Les obsèques sont conduites selon les souhaits de Franklin qui détestait la pratique du recueillement de la foule devant le cercueil ouvert, raconte Eleanor : « Je demandai de ne l'ouvrir qu'une fois installé dans le salon Est, pour que je puisse m'y recueillir seule et déposer quelques fleurs avant qu'il soit fermé pour toujours. Franklin voulait qu'on se souvienne de lui vivant. »

À seize heures, en présence du tout-Washington, le très révérend Angus Dun, évêque épiscopalien du diocèse, prononce l'homélie. Eleanor l'a prié de rappeler les premiers mots prononcés par F.D.R. douze ans auparavant : « La seule chose dont nous devons avoir peur, c'est la peur elle-même. » Puis vient le dernier voyage. Le train remonte l'Hudson vers le nord jusqu'à Hyde Park, ce lieu tant aimé de Franklin. Il a demandé à être enterré dans la roseraie. La journée est radieuse, le soleil brille dans un ciel sans nuage, les lilas blancs sont en fleur, les oiseaux chantent, témoigne Trude Lash qui assiste au funérailles. La musique joue « Hail to the Chief », et la *Marche funèbre* de Chopin. Un court service religieux réunit trois cents personnes. Au premier plan, Eleanor, vêtue d'une simple robe noire, la tête recouverte d'un voile de deuil, est accompagnée de sa fille Anna et de John, seul de ses fils à être présent. James, Elliott et Franklin Junior, engagés en plusieurs points du globe, n'ont pu quitter leur base. Celle qui reste encore pour tous la

First Lady porte un seul bijou, la petite broche représentant une fleur de lys que lui a offerte Franklin le jour de leur mariage. Non loin d'Eleanor dont il devient bientôt inséparable, Fala, le cocker du Président, cherche en vain son maître.

Eleanor a soixante ans quand Franklin meurt à l'âge de soixante-trois ans. Ils ont été mariés pendant quarante ans et traversé les épreuves et les drames que l'on sait. Leur couple a failli sur le plan intime, mais ils ont su jusqu'au bout rester solidaires, inexorablement liés l'un à l'autre, en accord sur les valeurs essentielles. Avec pudeur, Eleanor revient dans les dernières pages de *This I Remember* sur cette relation : « Tous les êtres humains ont des failles, tous les êtres humains ont des besoins, des tentations et des émotions. Les hommes et les femmes qui vivent de longues années côte à côte apprennent à connaître leurs faiblesses respectives, mais aussi ce qui les rend dignes de respect et d'admiration [...] Il aurait pu être plus heureux avec une épouse dépourvue de sens critique. Ce que je n'ai jamais été capable d'être, il lui a fallu le trouver chez d'autres... »

En dépit de sa retenue quand elle évoque ses sentiments à son égard, Eleanor aime-t-elle toujours Franklin ? Joseph Lash pose la question à la fin de son livre sans y répondre. Esther Lape, qui a contribué au début des années vingt à la métamorphose de la femme blessée, est plus affirmative : « C'était l'histoire qu'elle se racontait et à laquelle elle croyait à moitié. Je ne pense pas qu'elle pouvait cesser d'aimer quelqu'un qu'elle avait aimé. » Sa fille Anna partage cet avis : « Elle aimait Père, indiscutablement. » Ils ont vécu souvent éloignés l'un de l'autre durant toutes ces années, mais Franklin a toujours occupé le premier rang. Ne l'avoue-t-elle pas elle-même dans ce livre[1], écrit à la fin de sa vie, où elle revient sur la perte de Franklin : « Il y eut un grand vide que le passage du temps n'a jamais pu combler. »

Le 8 mai Churchill et Truman annoncent la victoire en Europe – une semaine avant, Hitler et sa maîtresse, Eva Braun, se sont suicidés dans le bunker de la Chancellerie : « La voix

1. *On my Own.*

de Pa me manque et les mots qu'il aurait prononcés[1] », écrit Eleanor à Anna, ajoutant qu'elle ne se sent guère de goût pour célébrer cette date, vu les circonstances. La guerre se poursuit en effet dans le Pacifique, et le Japon ne se reconnaîtra vaincu qu'en septembre. En attendant, beaucoup de jeunes Américains, y compris ses fils, continuent de risquer le pire[2].

En l'absence de tout écrit intime de Franklin, que peut-on connaître de ses sentiments à l'égard de celle qui fut sa femme et plus encore sa partenaire pendant presque un demi-siècle ? « J'ai toujours aimé ce portrait », dit-il un jour montrant à France Perkins[3] un dessin au crayon accroché au mur de sa chambre, représentant Eleanor jeune. Et d'ajouter avec une lueur d'affection dans les yeux : « Quels beaux cheveux elle avait… » Le témoignage le plus éloquent est sans doute celui de leur fils Elliott, relatant une conversation avec son père dans les derniers mois de sa vie : « Père me parla de Mère en des termes qu'il n'avait jamais utilisés auparavant. Vous savez, me dit-il, je pense que votre mère et moi serions capables d'être maintenant ensemble, de faire des choses tous les deux, voyager peut-être, apprendre à se connaître à nouveau. Il parla de ce qu'elle représentait, de son caractère, de son importance pour lui. Je souhaiterais seulement qu'elle ne soit pas si sacrement occupée. J'aurais pu l'avoir bien plus avec moi si elle n'avait pas eu tous ses engagements. » Je fus heureux, continue Elliott lorsque ma mère, parlant avec moi, exprima le même désir, mais peu de temps avant sa mort elle me dit : « C'était un homme très solitaire. Je regrette de ne pas avoir été plus proche de lui pour le réconforter, mais je suppose que cela n'a pas pu être[4]… »

---

1. Doris Kearn Goodwin, *No Ordinary Time*, p. 620.

2. Le Japon ne demande la paix que le 10 août, après le lancement d'une première bombe atomique le 6 sur Hiroshima, et d'une seconde le 9 sur Nagasaki.

3. France Perkins, *The Roosevelt I Knew*.

4. Elliott Roosevelt and James Brough, *The Roosevelts of Hyde Park. An Untold Story*.

Chapitre XX

ON MY OWN : UNE VIE APRÈS ROOSEVELT

« Je descendais dans la vieille cabine de l'ascenseur de la Maison Blanche ce matin d'avril 1945 avec un sentiment de mélancolie et d'incertitude, parce que je disais adieu à une ère inoubliable et parce que j'avais jusqu'alors prêté peu d'attention au fait que j'étais désormais seule[1]. »

Le Président et Mme Truman ont donné à Eleanor tout le temps nécessaire pour quitter la Maison Blanche, mais elle préfère partir le plus rapidement possible – juste une semaine, le temps de faire ses malles et de les déménager à Hyde Park avec l'aide de Tommy. À quoi bon d'ailleurs s'attarder, maintenant que Franklin n'est plus, dans ce lieu qu'elle n'a jamais considéré comme sien, mais comme le bien de la nation ?

Par testament F.D.R. a fait d'Eleanor et de ses enfants les héritiers de la propriété de Hyde Park pour la durée de leur vie, mais dans une lettre personnelle à ouvrir après sa mort, il demande à sa femme d'en faire don le plus tôt possible au gouvernement. Ni elle ni leurs descendants, estime-t-il, n'ont les moyens d'entretenir les lieux. Déjà en 1941, après la mort de sa mère, le Président, dans le souci de sauvegarder les traces de l'Histoire, avait souhaité que la « Grande Maison » devienne plus tard un musée[2]. Eleanor n'éprouve d'ailleurs

1. *The Autobiography*, p. 283.

2. Hazel Rowley, *Franklin and Eleanor*, p. 289. Le lieu a été ouvert au public le 12 avril 1946, la cérémonie de remise étant présidée par Harry Truman.

aucun désir d'y vivre. Son appartement de Washington Square et son cottage de Val Kill lui suffisent – et elle est soulagée de voir qu'en dépit de certains désaccords entre ses enfants, comme il est d'usage dans ce genre de situation, aucun d'eux ne s'opposent en fin de compte au vœu de leur père.

« L'histoire est terminée », répond Eleanor aux reporters quand ils l'interviewent lors de son départ de la Maison Blanche, le 20 avril. Fait-elle allusion à la présidence Roosevelt, à la fin d'une certaine Amérique, celle du New Deal, à ses propres engagements politiques ? Elle l'ignore encore, mais les dix-sept années qui lui restent à vivre vont être aussi denses que les précédentes. Un nouveau chapitre s'ouvre.

Dans l'immédiat, son retour à la vie privée ne saurait l'éloigner des préoccupations qui sont les siennes depuis de longues années. Grâce à *My Day,* interrompu à peine quelques jours après la mort de Franklin, Eleanor conserve le contact avec les Américains. Dès le milieu d'avril elle reprend les thèmes qui lui sont chers : l'avenir de la paix, la justice sociale, le racisme qui lui paraît plus que jamais entacher la démocratie américaine – le Congrès n'a toujours pas voté un des derniers projets de loi de F.D.R. concernant la fin de la discrimination raciale dans les entreprises : « N'avons-nous rien appris, écrit-elle le 30 avril, des horribles images des camps de concentration parues jour après jour dans nos journaux ? Nos mémoires sont-elles si courtes que nous ne souvenons pas comment en Allemagne cette barbarie sans précédent a commencé par la discrimination infligée au peuple juif ? L'idée de la supériorité d'une race sur une autre doit cesser d'exister dans notre pays et nous devons y mettre fin dans nos relations avec le reste du monde. » Elle plaide aussi pour que le Sénat ratifie le plus rapidement possible la Charte des Nations Unies, signée à l'issue de la conférence de San Francisco qui s'est tenue du 25 avril au 26 juin.

Eleanor n'envisage alors rien d'autre que d'exercer professionnellement le métier de journaliste à plein temps et de voyager. Et pourquoi ne pas commencer par l'Union soviétique ? Elle pourra ainsi juger par elle-même des réalités de ce vaste et mystérieux pays. Truman, plus méfiant que Roosevelt à l'égard de Staline, juge que le moment est inopportun et l'en dissuade. Eleanor renonce à son voyage. Par ailleurs, elle exclut aussi toute carrière politique et refusera plus tard d'être candidate aux élections sénatoriales de l'État de New York contre le gouverneur Dewey : « J'ai entendu dire que l'on me proposait d'être candidate au poste de gouverneur de mon État, et même à celui de vice-président. Quelques esprits non sans humour ont même suggéré que je sois la première femme à poser ma candidature à la Présidence. La simple vérité est que j'ai eu mon plein de vie publique. » Est-ce si vrai ? En tout cas, pour l'heure, elle désire être libre.

Décembre 1945, Eleanor déjeune avec son fils Franklin Junior dans son appartement de Washington Square. Le téléphone sonne, le président Truman, avec qui elle entretient des rapports suivis, est à l'appareil. Eleanor lui écrit souvent et le conseille, estimant par exemple qu'il doit améliorer ses relations avec Churchill en tissant des liens plus personnels, mais il refuse sa suggestion d'augmenter les salaires. Ce jour-là il s'agit de bien autre chose, le Président lui demande de faire partie de la délégation qui va représenter les États-Unis à la première Assemblée générale des Nations Unies à Londres. La réponse d'Eleanor est d'abord négative : elle n'a aucune expérience dans les affaires internationales et elle ignore tout de la procédure parlementaire. Mais très vite elle se ravise et accepte car elle sait combien d'espoirs F.D.R. a mis dans la nouvelle organisation[1]. Les Nations Unies ne sont-elles pas le legs le plus important laissé par Franklin ? Le moyen le plus sûr de garantir une paix déjà fragilisée ? Depuis le 12 avril, date de la mort de Franklin, tant d'événements menaçants sont advenus : le lancement de la bombe atomique sur le Japon, la dis-

1. Dès l'année 1942 Roosevelt s'est préoccupé du sort du monde dans l'après-guerre. Il souhaite en remplacement de la défunte Société des nations une organisation internationale qui, par la sécurité collective, garantira le maintien de la paix, la défense des libertés publiques et individuelles. À l'automne de 1942, le Congrès a adopté à une large majorité une résolution recommandant l'entrée des États-Unis dans une organisation internationale.

tance prise avec l'Union soviétique, la guerre civile en Chine, la découverte des horreurs dans les camps d'extermination. Dans ce contexte, Eleanor insiste pour que les liens et la confiance soient préservés entre Moscou et Washington, elle est opposée à une prépondérance dans l'organisation de la paix et exhorte les États-Unis à partager le secret atomique en le confiant à une agence internationale. C'est pourquoi à ses yeux, les Nations Unies sont une priorité absolue.

La veille du nouvel an, l'ex-First Lady, haute silhouette toute vêtue de noir, renard argenté autour du cou, gravit seule à sept heures et demie du soir la passerelle du *Queen Elisabeth* en partance pour l'Angleterre. Trois jours plus tard, en plein Atlantique, la nouvelle déléguée tient sa première conférence de presse depuis son départ de la Maison Blanche : « La bombe atomique a donné conscience au monde qu'il faut agir pour préserver la paix, sinon viendra le matin où nous ne nous réveillerons pas [...] Nous avons plongé dans un monde nouveau. »

Seule femme de la délégation américaine[1], Eleanor sait gré à Truman de la confiance qu'il lui manifeste, mais ne se fait guère d'illusions sur son influence face à ses pairs, tous diplomates de carrière et hommes politiques expérimentés, dont certains, comme le républicain John Forster Dulles, lui sont nettement défavorables. Toutefois sa volonté, sa fermeté, sa faculté de comprendre et d'apprendre vont avoir raison de ses doutes comme des leurs. À l'exception de deux ou trois promenades quotidiennes sur le pont, elle occupe tout son temps à étudier les rapports et les dossiers mis à sa disposition. Aux yeux de Ralph Bunch, juriste et spécialiste de droit international d'origine afro-américaine et futur prix Nobel de la Paix, qui s'entretient avec elle à plusieurs reprises pendant la traversée, Eleanor est le membre le plus consciencieux de la délégation

1. La délégation est composée de dix membres dont cinq représentants et cinq remplaçants. Parmi les premiers on compte notamment le secrétaire d'État James E. Byrnes, Edward R. Stetinius, représentant au Conseil de sécurité, et le républicain John Forster Dulles.

et le plus attentif aux avis des experts[1]. James Reston ne dit rien d'autre quand il écrit dans le *New York Times* que Mme Roosevelt a surpris ses collègues par son zèle à étudier les détails techniques des textes.

Dans la capitale britannique où l'inauguration de l'Assemblée a lieu le 10 janvier, Eleanor est prise dans un tourbillon de réceptions, de déjeuners et de dîners avec les Churchill, les dirigeants des partis conservateur et travailliste, la famille royale. Toutefois, l'essentiel de son temps se passe en d'interminables séances de travail dont elle juge le protocole imposé par les hommes trop contraignant : « Il y a encore ici trop de membres de la Société des nations et d'hommes d'État trop âgés. Ils sont habitués à la diplomatie secrète. Or, rien ne pourra fonctionner sans le langage de la vérité », écrit-elle à Joseph Lash le 20 janvier. Inquiète des divergences qui surgissent entre les délégations, y compris à l'intérieur de la sienne, entre républicains et démocrates – au point que deux républicains, le sénateur Vandenberg et John Forster Dulles disparaissent un jour où cet organisme doit tenir sa conférence de presse –, elle met l'accent sur la nécessité du compromis capable de rendre possible la coopération. Elle regrette aussi de voir si peu de femmes parmi les délégués, six sur sept cent cinquante, mais refuse de voir se créer à l'intérieur des Nations Unies un groupe uniquement féminin pour défendre leurs droits.

Eleanor est nommée à la troisième commission de l'Assemblée générale, celle des questions sociales, humanitaires et culturelles, un organe considéré comme de peu d'influence où elle devrait donc se montrer plutôt inoffensive. Elle donne au contraire toute sa mesure quand surgit le problème des réfugiés, et en particulier celui des personnes déplacées : « Un nouveau type de réfugiés est apparu, ceux qui s'opposent aux nouveaux gouvernements, écrit-elle dans son journal, et qui en restant dans leur pays ou voulant y retourner, risquent d'être tués. » Dans l'immédiat après-guerre, plus d'un million d'entre eux ont fui l'Europe de l'Est passée sous l'autorité de Moscou et sont retenus dans des camps en attendant de connaître leur sort. En commission comme devant l'Assemblée,

1. Brian Urquhart, *Ralph Bunche. An American Odyssey.*

Soviétiques et Occidentaux s'opposent. Les démocraties donnent priorité aux droits individuels et considèrent que chacun doit pouvoir choisir le lieu où il souhaite vivre. Les Soviétiques, estimant qu'il s'agit pour la plupart du temps de « traîtres », se dressent contre le libre choix : ils doivent rentrer dans leur pays d'origine. Eleanor retourne contre eux leur propres arguments : « À ce compte, assure-t-elle, on devrait renvoyer les républicains espagnols chez Franco. »

Partisane de la conciliation, elle s'efforce toutefois d'éviter le clash, mais elle constate que ses interlocuteurs ne veulent rien savoir. « J'ai passé, raconte-t-elle, neuf heures pendant ces deux derniers jours à tenter de cadrer une résolution concernant les réfugiés, qui puissent satisfaire les deux parties [...] Mais ils [les Soviétiques] veulent que tout soit conforme à leur point de vue, à leurs besoins et refusent systématiquement de considérer d'autres situations que la leur. J'ai tant appris [...] mais je ne suis pas sûre qu'eux apprennent quoi que ce soit[1]. »

Lors de ces débats, contrairement aux craintes exprimées par le Département d'État, Eleanor affronte les délégués soviétiques avec une vigueur et une conviction qui étonnent tout le monde. Et en particulier Andreï Vychinsky, le chef de la délégation russe, qui n'est autre que le procureur des procès de Moscou. Le grand inquisiteur stalinien se montre le plus acharné de ses adversaires. Pour lui, une seule chose compte : les droits des gouvernements. Eleanor lui tient tête sans faiblir et réussit à le déstabiliser : « Monsieur Vychinsky, nous ne traitons pas ici des droits des gouvernements, ils sont déjà trop nombreux. Nous traitons ici, monsieur Vychinsky, des droits du peuple, de l'homme, de son droit d'être libre. L'homme, monsieur Vishinsky, c'est cela qui est prioritaire ». Le diplomate britannique Brian Urquhart[2], témoin de la scène, se souvient : « Elle a dit cela d'un ton presque maternel et pour une fois Vychinsky n'eut pas le dernier mot. Mme Roosevelt l'a possédé, je ne sais pas comment. C'était une femme étonnante. »

1. *My Day*, 6 février 1946.
2. « Mrs Roosevelt's Revolution », *The New York Review of Books*.

Stéphane Hessel, qui a assisté à certains de ces débats, se souvient lui aussi de l'énergie d'Eleanor[1] : « Intellectuelle et femme de gauche, elle se battait avec persévérance pour les libertés individuelles et les droits sociaux. Extraordinairement courtoise, elle s'opposait toujours d'un ton très civilisé à ses adversaires. »

Revenant plus tard sur ces affrontements avec les Soviétiques, Eleanor écrivit dans son *Autobiography* : « Je dois posséder une bonne dose du tempérament de mon oncle Ted, car j'aime un bon combat[2]. »

Ayant démontré ses compétences, Eleanor est élue à l'unanimité le 27 janvier 1947 présidente de la commission des Droits de l'homme[3]. La première session se tient à New York dans la bibliothèque de Hunter College. La principale mission de la commission est d'élaborer une Charte internationale des droits de l'homme. La tâche s'avère difficile et l'introduction de divers points de vue philosophiques complique son élaboration, chaque partie concernée souhaitant y voir figurer sa propre conception des libertés et des droits fondamentaux. Le représentant chinois insiste, par exemple, pour que l'on tienne compte de l'enseignement de Confucius. Les Yougoslaves reprochent aux démocraties de défendre les droits de la classe moyenne. Fidèle à elle-même, Eleanor ne se laisse pas déstabiliser. Elle oriente le travail de rédaction et impose un calendrier serré aux membres de la Commission. Deux années complètes sont toutefois nécessaires – quatre-vingt-huit réunions, cent soixante-huit amendements, mille quatre cents scrutins – pour finaliser le texte[4]. Mais son adoption est ardue, les Soviétiques ne cessant jusqu'au dernier moment de polémiquer. Eleanor écrit dans ses mémoires :

---

1. Jeune diplomate, il occupe à l'époque le poste de chef de cabinet du représentant français Henry Laugier à l'ONU. Entretien de novembre 2009.

2. *Autobiography*, p. 428.

3. On compte parmi ses principaux membres le Français René Cassin, le rapporteur du comité le Libanais Charles Malik, le vice-président Peng Chung Chang, de Chine, John Humphrey, du Canada.

4. Malgré plusieurs contributions, c'est René Cassin qui est le principal responsable du texte final.

« Nous avons travaillé, souvent tard dans la nuit, et débattu de chaque mot à plusieurs reprises du projet de déclaration avant que la troisième Commission n'approuve sa communication à l'Assemblée générale. »

Le 28 septembre 1948, Eleanor est à la Sorbonne à l'invitation de René Cassin. À Mme Roosevelt l'honneur de présenter l'œuvre accomplie et d'en faire connaître les grands principes. Eleanor est arrivée accompagnée du secrétaire d'État George Marshall (l'auteur du plan qui porte son nom) et de sa femme. Dans le grand amphithéâtre où la cérémonie est présidée par le ministre de la Défense nationale, se pressent plus de deux mille personnes dont le ministre des Affaires étrangères. Faute de place, des centaines d'autres se sont vu refuser l'entrée du grand amphithéâtre. Eleanor monte à la tribune sous un tonnerre d'applaudissements – pour les Français, le nom de Roosevelt est lié à jamais à la libération de la France, et la mort de l'homme qui a incarné l'espoir pendant la guerre a été ressentie comme celle d'un ami. C'est en français, une langue qu'elle parle couramment depuis son enfance – elle se plaît d'ailleurs à dire qu'elle l'a apprise avant l'anglais, grâce à sa nurse française –, qu'Eleanor prononce son discours. Retransmis à la radio et intitulé « Le combat pour les droits de l'homme », c'est une ode à la liberté : « Je suis venue ce soir pour parler d'un des plus grands problèmes de notre temps, la préservation de la liberté humaine. J'ai choisi de discuter de cela en France, à la Sorbonne, parce que sont ici les racines de la liberté humaine. Ici que fut proclame la Déclaration des droits de l'homme et que les grands slogans de la Révolution – liberté, égalité, fraternité – enflammèrent l'imagination des hommes... » Discutant des différentes conceptions de la liberté, elle met en cause celles qui sont réservées au service de l'État, comme en URSS au contraire du monde libre, pour conclure : « Les libertés ne sont pas seulement un droit, mais un instrument pour créer une manière de vivre grâce à laquelle nous pouvons jouir de la liberté... »

Il y aura encore de nombreuses négociations avant qu'elle puisse enfin présenter, le 9 décembre 1948, la Déclaration universelle des droits de l'homme devant l'Assemblée générale réunie à Paris au palais de Chaillot : « Nous sommes ici au seuil d'un grand événement dans la vie des Nations Unies et de l'espèce humaine. Cette déclaration est destinée à devenir la Magna Carta pour tous les hommes du monde. » Le 10 décembre, le texte est adopté[1] sans vote contraire, mais avec huit abstentions (Biélorurussie, Tchécoslovaquie, Pologne, Arabie Saoudite, Afrique du Sud, Ukraine, Yougoslavie et Union soviétique). La salle applaudit à tout rompre celle que Truman nomme désormais *The first Lady of the World.* « Dans ces années d'après-guerre, Eleanor Roosevelt occupe une position incomparable sur la scène internationale[2]. »

Mme Roosevelt a toutefois conscience des limites de la Déclaration. C'est une chose d'arriver à un accord sur des principes, une autre de les voir s'imposer. Le texte voté le 10 décembre 1948 par la majorité de la communauté internationale n'a pas force légale. Contrairement aux souhaits qu'elle a émis de voir élaborer un deuxième texte plus contraignant – car les Nations Unies ne disposent pas du pouvoir d'intervenir dans les affaires domestiques des États –, la Déclaration universelle des droits de l'homme n'a pour l'instant qu'une portée morale. Ses effets dépendent du bon vouloir des gouvernements et de l'évolution des mentalités d'un continent à l'autre.

Au moment où la Déclaration voit le jour, la ségrégation persiste aux États-Unis où l'institution des Nations Unies est contestée par une majorité de la population. Quelques mois auparavant la Chambre des représentants de Georgie a voté une loi interdisant aux Noirs de prendre part aux élections primaires. Eleanor s'en alarme dans *My Day*[3] : « Allons-nous nous mettre dans la position d'apparaître aux yeux du monde

---

1. Plusieurs des trente articles traitent des droits civiques et politiques qui protègent les personnes contre les gouvernements et les abus tolérés par les États. D'autres articles traitent des libertés partagées par tous, telle la liberté d'expression. D'autres enfin reconnaissent des droits économiques, sociaux ou culturels, tels que l'accès à l'éducation ou le droit au travail.

2. Entretien avec Brian Urquhart, mai 2011.

3. 13 mai 1947.

comme une nation arriérée, une nation qui empêche un large groupe de citoyens d'exercer ses droits politiques ? Le comportement raciste et rétrograde de la Georgie affecte la réputation des États-Unis… »

Un autre dossier brûlant – celui qui concerne l'avenir de la Palestine – occupe une place majeure dans les préoccupations d'Eleanor pendant cette même période. Depuis la déclaration Balfour en 1917, le projet de l'établissement d'un Foyer national juif est resté lettre morte jusqu'en cet après-guerre. Tout change en 1945. La découverte des camps de concentration et la tragédie vécue par les Juifs fait prendre conscience au monde de l'urgence de trouver une solution au désarroi des survivants : des dizaines de milliers d'entre eux sont retenus dans des camps de transit, dont certains situés en Allemagne, et une majorité souhaite gagner la Palestine. « Il me semble impératif, écrit alors Eleanor dans *My Day*, que ces gens reçoivent la permission de rejoindre la terre de leur choix… Ce sont les plus grandes victimes de la guerre. »

Initialement hostile au sionisme – à ses yeux le judaïsme est une religion et les Juifs doivent être partout accueillis comme des citoyens à part entière –, Eleanor, maintenant convaincue qu'ils ont droit à une patrie, s'emploie à en convaincre Harry Truman. Peut-être se souvient-elle aussi que son oncle le président Theodore Roosevelt avait déclaré en 1919 : « La Palestine doit être un État juif. »

La situation est d'autant plus urgente que peu de pays s'offrent à accueillir ces Juifs. Aux États-Unis le Département d'État limite strictement l'entrée des réfugiés. Quant aux Britanniques qui ont reçu mandat de la défunte Société des nations pour administrer la Palestine, ils s'opposent à l'entrée des émigrants dans ce pays, arraisonnent les navires qui les transportent, les refoulent vers Chypre où ils sont internés. En janvier 1946, un rapport d'une commission d'enquête anglo-américaine prescrit l'admission immédiate de cent mille réfugiés en Palestine et la création d'un État binational. Cette recommandation reste lettre morte pendant que les violences redoublent en terre palestinienne où l'autorité britannique est de plus en plus contestée

En février 1947, Londres se résout à soumettre le problème palestinien à l'ONU, mais n'en poursuit pas moins la traque des émigrants. Au moins de juillet les Britanniques poussent le cynisme jusqu'à renvoyer à Hambourg trois navires qui ont été interceptés par la Royal Navy. Les passagers sont de nouveau placés dans des camps, mais cette fois les Britanniques sont allés trop loin et l'opinion mondiale se révolte. Dans *My Day*, Eleanor n'est pas la dernière à s'indigner : « La pensée de ce que cela doit signifier pour ces malheureux êtres humains est insupportable, ils ont enduré tant de souffrances et ont cru être délivrés pour toujours de l'Allemagne, ce pays dont le nom est indissociablement lié aux camps de concentration et aux crématoires, et voilà qu'ils s'y retrouvent. Cela est trop horrible pour que nous puissions l'accepter. »

Au mois de septembre 1947, l'Assemblée générale requiert la fin du mandat britannique et la partition de la Palestine en deux États séparés. Deux mois plus tard, l'ONU vote une résolution en faveur de la partition, par trente-trois voix contre treize[1].

Pourtant la partie n'est pas gagnée. Devant l'hostilité des Arabes et poussé par les intérêts pétroliers américains, Truman tergiverse. Lorsqu'il décide de mettre sous embargo les armes à destination du Proche-Orient, Eleanor s'y oppose et le presse de reconnaître la décision onusienne. « Si l'ONU doit être un instrument pour la paix, il est crucial de le renforcer dès maintenant », écrit-elle au Président le 29 janvier 1948. Mais elle est encore plus scandalisée lorsqu'il revient sur la partition pour proposer une administration de l'ONU sur la Palestine. Considérant cette volte-face comme une trahison – à ses yeux tout doit être fait pour légitimer l'organisation internationale, garante de l'équilibre du monde –, elle offre sa démission de son poste de déléguée. Le président la refuse et Eleanor obtient gain de cause. Israël, dont l'indépendance est proclamée par Ben Gourion le 14 mai 1948, devient membre des Nations

1. L'Union soviétique et ses alliés ont voté pour, les pays arabes dans leur totalité contre.

Unies un an plus tard. « Presque tous eurent la gorge serrée à la pensée de la naissance d'une nouvelle nation, un peuple qui avait tant souffert », assure Eleanor quelques mois plus tard[1].

New York, Londres, Paris, Genève, Berlin… Pendant sept ans, de 1945 à 1953, les fonctions qu'elle occupe à l'ONU l'obligent à de multiples traversées de l'Atlantique. Au cours d'un vol vers la Suisse en novembre 1947, elle se retrouve assise à côté du docteur David Gurewisch. Charmant et séduisant, l'homme ne lui est pas inconnu. Il est devenu son médecin après la mort de Franklin, mais ils ne se sont pas revus depuis près de deux ans. À cause du brouillard qui les empêche de quitter Gander, le voyage dure quatre jours et leur permet de faire plus ample connaissance. Atteint de tuberculose, David part pour Davos où il doit être soigné dans un sanatorium. Fils de Juifs russes émigrés, il n'a pas connu son père mort avant sa naissance et il a longtemps été apatride. Eleanor est touchée par le récit d'une enfance incertaine, hantée comme la sienne par l'image fantasmatique d'un père trop tôt disparu.

Lorsqu'ils se séparent à Genève, Eleanor est conquise. Elle a soixante-trois ans, David à peine quarante-cinq. De cette rencontre naît une indestructible amitié, ardente, passionnée, excessive chez Eleanor, comme le révèlent ces lettres où se mêlent élans et frustrations.

Avril 1948 : « Me ferez-vous une faveur, m'envoyer une photo de vous. Ce n'est pas que je ne peux voir votre visage rien qu'en pensant à vous, mais j'aimerais quelque chose de tangible que je puisse tenir dans mes mains et regarder à tout instant… »

31 octobre 1951 : « Vous savez que je désire être avec vous plus qu'avec n'importe qui d'autre… »

8 février 1955 : « David, mon très cher… J'aimerais que vous m'appeliez par mon prénom. Peut-être est-ce mon âge ! Je vous aime et vous êtes constamment dans mes pensées, mais si cela vous gêne, je pourrais le cacher. Je suis bonne pour cela… En même temps aimez-moi un peu et montrez-le-moi. Prenez sur-

1. Lettre de E.R. à Mlle Berg, avril 1950. Citée par Joseph Lash.

tout soin de vous car vous êtes la personne la plus précieuse du monde[1]. »

Eleanor a bien compris qu'elle ne peut prétendre à l'amour de David et que pour le garder elle doit respecter sa liberté. Séparé de son épouse dont il a une fille, David a plusieurs aventures féminines. Eleanor n'en ignore rien. Elle lui donne des conseils et va jusqu'à le mettre en garde quand il s'agit de Martha Gellhorn, l'ex-compagne de Hemingway, qu'elle connaît bien. « En dépit de la proximité de leurs liens, ils ne furent jamais amants, écrit Geoffrey Ward, la tragédie de cette femme supérieure est qu'elle n'a jamais joui de l'amour absolu d'un homme[2]. » Reste l'ami irremplaçable qui ne lui fait jamais défaut. Le confident. Le chevalier servant. Ensemble ils vont au théâtre, passent le week-end à Val Kill. Il l'accompagne dans ses voyages autour du monde.

Son univers bascule quand David lui annonce en 1958 qu'il va se remarier. La jeune femme, historienne d'art, se nomme Edna Pernel, Bouleversée, Eleanor reste prostrée plusieurs jours, mélancolique comme au temps de ses désillusions de jeune épouse. Mais, terrifiée à l'idée de le perdre, elle choisit la générosité et propose que le mariage ait lieu dans son appartement. De nouveaux liens se tissent entre Eleanor et le jeune couple, si affectueux qu'ils achètent ensemble deux ans plus tard une maison de cinq étages dans la 64e rue Est. Eleanor occupe les deux premiers, Edna et David les deux derniers. Elle se fait discrète, comme le prouve cette lettre adressée à Edna en 1958 : « J'ai très besoin de vous deux, mais ne me laissez pas vous importuner. Il vous faut avoir le temps d'être seuls dans votre propre maison. »

---

1. Ces lettres sont tirées du livre d'Edna Gurewitsch, *Kindred Souls : The Friendship of Eleanor Roosevelt and David Gurewitsch*, p. 27, 59.

2. Geoffrey Ward, *The Emergency of FDR*, cité par Edna Gurewistch, *ibid.*

Chapitre XXI

QUE VA-T-IL RESTER DE NOS LIBERTÉS ?

En 1952, le président Harry Truman qui a poursuivi la politique de Welfare à l'imitation de son prédécesseur, mais dont la popularité est tombée à 23 %, décide de ne pas se représenter. Après vingt ans d'administration démocrate, les Américains choisissent un républicain héros de guerre, le général Dwight Eisenhower, ancien généralissime interallié, pour veiller aux destinées des États-Unis.

Eleanor respecte le militaire, mais elle doute de ses capacités politiques et de ses aptitudes à gouverner la plus grande puissance du monde. Afin de ne pas s'imposer dans le poste de déléguée qu'elle occupe au sein de l'ONU, par courtoisie elle lui offre sa démission. Le nouveau président l'accepte et Eleanor quitte à regret ses fonctions au début de 1953. Son dernier discours est pour réclamer l'égalité des droits pour les femmes économiques et politiques. Trois mois plus tard, le 12 avril de cette même année, Tommy, sa fidèle collaboratrice et amie, meurt huit ans jour pour jour après la disparition de Franklin. Profondément affectée, l'ex-First Lady prend la mesure du temps passé depuis qu'elle a quitté la Maison Blanche.

« Quand j'écoute McCarthy, je me demande ce qui va rester de nos libertés[1]... » Eleanor n'a pas attendu de quitter ses fonctions aux Nations Unies pour se préoccuper de la pente sur laquelle s'est engagée la société américaine depuis la mort de Roosevelt et la victoire de 1945. Il y a déjà longtemps qu'elle

1. *My Day*, 3 mai 1952.

s'est émue auprès du président Truman de la dégradation des libertés qui entache la démocratie américaine.

L'euphorie de l'immédiat après-guerre n'a pas duré longtemps. Très vite, le climat international s'est dégradé. En Europe orientale, l'URSS étend son emprise. Champions du monde libre, les États-Unis s'efforcent de limiter les empiètements du communisme. D'incidents en crises – obstruction soviétique à l'ONU, coup de Prague, blocus de Berlin, victoire de Mao en Chine, guerre de Corée –, le monde vit de nouveau sur un volcan. La peur gagne l'Amérique. La tension monte encore d'un cran quand Moscou annonce être en possession de la bombe atomique.

Comme souvent dans ce pays qui proclame si fort son idéal de démocratie, la société, dès qu'elle se pense menacée, manifeste son intolérance par des phénomènes de rejet. Peu à peu une véritable paranoïa entraîne le pays dans la chasse aux traîtres et aux espions. The House Committee on Un-American Activities[1], obnubilée par la crainte du communisme, lance en 1947 une enquête sur les milieux du cinéma de Hollywood, suspects de sympathie pour le régime de Moscou. Parallèlement le FBI, cet État dans l'État, dirigé par Edgar Hoover, maniaque du complot et du fichage, porte une attention particulière aux individus d'origine étrangère. Le soupçon est partout, il vise les rouges, mais aussi tous ceux, diplomates, écrivains, scientifiques, suspectés d'avoir manifesté à un moment où un autre un intérêt pour l'Union soviétique ou le socialisme. L'hystérie atteint son paroxysme entre 1950 et 1954 avec le sénateur du Wisconsin, Joseph McCarthy. Nommé président d'une sous-commission du Sénat chargée d'enquêter sur les opérations du gouvernement, il en fait une sorte de tribunal d'inquisition et vise en particulier le département d'État qu'il accuse de complaisance avec le communisme[2]. Sans citer leurs noms, il avance le chiffre de deux cent cinquante diplomates

1. Créé avant la guerre par le sénateur Dies. Voir page 160.
2. Pour plus d'informations, voir Claude Folhen, *Les États-Unis au XXe siècle*, p. 172-175.

qui pourraient être concernés. Dans cette époque de listes noires et de purges, reflet des tendances isolationnistes et des frustrations des plus conservateurs, bien peu de voix s'élèvent pour protester. Eleanor est l'une des rares.

Comme pour Roosevelt qui en avait fait un credo, la peur est aux yeux d'Eleanor l'ennemi le plus dangereux. Ainsi fustige-t-elle dans ses écrits, ses émissions de radio, « ces gouvernants qui exploitent la terreur pour réduire les velléités de liberté ». Favorable au dialogue tant qu'il demeure possible, mais consciente du danger que représente l'Union soviétique, elle refuse que cela serve de prétexte pour faire un coupable de tout citoyen américain exprimant une opinion : « Nous devons à tout prix préserver notre droit à penser et à être différent. » Malgré la folie ambiante qui est celle du maccarthysme, Eleanor tente de convaincre ses concitoyens de revenir à la raison. Dans *My Day,* elle s'en prend en 1951 au fanatisme des chasseurs de sorcières : « Je ne regarderais pas sous chaque lit pour débusquer un communiste. J'aime à penser que la grande majorité de notre peuple fait confiance à notre forme républicaine de gouvernement et à notre façon de vivre… » En 1952, elle prend la défense contre McCarthy de la dirigeante afro-américaine Mary McLeod Bethune, accusée elle aussi de communisme parce qu'elle est « une Noire et une femme ».

Constante de la politique américaine, la question noire est plus prégnante que jamais pendant cette décennie. Alors même que l'administration Eisenhower se refuse à toute avancée sur les droits civiques, l'antagonisme entre partisans et adversaires de la ségrégation s'exacerbe. Pour les sudistes, tout geste en faveur des Noirs, telle cette décision prise à Topeka, capitale du Kansas, d'en terminer avec la ségrégation dans quatre écoles publiques, représente une menace qui a pour conséquence la réapparition dans le Sud du Ku Klux Klan. En 1955 dans le Mississipi, un jeune homme noir de quatorze ans, Emmet Till, venu de Chicago, est lynché sans raison. Deux petits enfants noirs qui ont embrassé ou été embrassés par une petite fille blanche sont condamnés à douze et quatorze ans de prison, internés, enfin libérés grâce à l'intervention d'Eleanor. Mais parallèlement la résistance nouvelle des Noirs dynamise le mouvement pour abolir la déségrégation. Dans ce contexte le cas de Rosa Parks est exemplaire. Au mois de décembre 1955, cette couturière noire de quarante-deux ans prend place, après une longue journée de travail, dans un compartiment de quatre places d'un bus de Memphis. Un homme blanc refuse ce voisinage et exige qu'elle quitte son siège. Mme Parks se rebelle, le temps est venu où elle ne peut plus accepter de se soumettre. Arrêtée, elle est mise en prison. La réaction des organisations noires est immédiate, elles décrètent un boycott illimité des autobus de la ville où vivent cinquante mille Afro-Américains. Le mouvement se poursuit sans faiblir pendant des mois et triomphe : un an plus tard, la ségrégation n'existe plus dans les bus de Memphis. Pour la communauté noire, c'est un encouragement à éradiquer l'arsenal juridique qui existe dans les États du Sud. Au même moment, surgissent de nouveaux leaders, dont Martin Luther King. Par des méthodes non violentes, ils réussissent à unifier le mouvement et à le mener pas à pas vers la victoire.

Au mois de mai 1956, Rosa Parks rencontre pour la première fois Eleanor dans son appartement de New York. E.R., impressionnée par le courage de sa visiteuse, écrit dans *My Day*, le 14 mai : « Il arrive un moment où les êtres humains passent de la résistance passive à la résistance active [...] Ce qui est arrivé à Memphis va peut-être se généraliser dans le pays tout entier, on éviterait ainsi une guerre civile ou un bain de sang. L'injustice ne peut être éternelle. » Quelques jours plus tard, les deux femmes assistent côte à côte à un immense rally en faveur des droits civiques au Madison Garden. Il faudra encore dix ans pour qu'ils soient enfin garantis par la Constitution.

À soixante-dix ans, Eleanor s'est voûtée légèrement, ses cheveux sont gris, elle a cessé de monter à cheval. Mais indomptable – ses activités aux Nations Unies ne l'ont jamais empêchée d'influer sur la scène intérieure américaine –, elle combat sur tous les fronts : pour les droits civiques des Noirs – en 1958, elle est menacée de mort par le Ku Klux Klan dans le Tennessee –, pour l'égalité de salaire des femmes, pour une assurance sociale nationale, pour la coexistence pacifique. Elle écrit des livres, collabore en marge de ses chroniques quotidiennes à des hebdomadaires comme *McCalls,* donne une moyenne de cent cinquante conférences par an. Elle intervient à la radio dans une émission qu'elle codirige avec sa fille et anime une table ronde, produite par son fils Elliott sur la chaîne de télévision NBC : *To-day with Mrs Roosevelt*. Pour sa première émission, qui a lieu le soir du 12 février 1950, Albert Einstein est son invité. Deux semaines plus tôt, le président Truman a annoncé que l'Amérique comptait « devancer la Russie dans la course aux armements » en construisant une bombe à hydrogène « cent à mille fois » plus puissante que les bombes qui ont détruit Hiroshima et Nagasaki. Mais Einstein révèle qu'une superbombe de ce type serait capable d'anéantir l'humanité. Il exhorte chacun à prendre conscience du possible cataclysme. *The New York Daily News* titre son article : « Désarmer ou mourir, dit Einstein ». Le *Washington Post* confirme : « Le professeur Einstein a déclaré que la fabrication de la bombe H et les moyens techniques dont on dispose permettent l'annihilation de toute vie sur terre. » Dès le lendemain, Edgar Hoover envoie à tous les bureaux du FBI un document exigeant que lui soit fourni tout renseignement négatif sur Einstein. Quant à Eleanor, Hoover sait depuis longtemps à quoi s'en tenir, elle est à ses yeux « le plus dangereux ennemi du Federal Bureau of Investigation[1] ».

Son départ des Nations Unies l'a libérée d'un emploi du temps contraignant, mais l'organisation internationale demeurant à ses yeux un instrument indispensable pour garantir la paix, elle rejoint sans attendre The American Association for the United Nations, une organisation non gouvernementale. « Nous l'avons vue arriver un jour sans crier gare, elle a proposé au directeur Clark Eichelberger de travailler comme volontaire et de diffuser le message de l'ONU partout dans le monde », raconte une ancienne secrétaire de l'association, Loïs O'White, qui se souvient d'avoir été frappée par sa simplicité

1. Fred Jerome, *Einstein. Un traître pour le FBI*, p. 183-186.

et son énergie : « Elle était juste elle-même, rien de sophistiqué, attentive aux autres[1]. »

Eleanor entreprend de grands voyages, accompagnée parfois de David et le plus souvent de Maureen Corr, une nouvelle secrétaire qui remplace sa chère Tommy. Invitée par Nerhu, elle s'envole dès 1952 pour l'Inde. En chemin, elle s'arrête dans plusieurs pays du Moyen-Orient, dont la Jordanie, la Syrie, le Liban, puis Israël, où elle rencontre Ben Gourion. Touchée par l'état misérable dans lequel vivent les réfugiés palestiniens, elle découvre la complexité de la situation et manifeste un certain pessimiste pour l'avenir.

« Je suis venue ici pour apprendre », déclare-t-elle au Premier ministre indien, à son arrivée à Bombay. Elle s'adresse au Parlement de New Delhi et surprend favorablement les députés les plus réticents en déclarant qu'elle comprend très bien le choix de l'indépendance et du non-alignement. Avant de quitter l'Inde, elle se rend au Taj-Mahal qu'elle découvre au clair de lune. « Enfin, je sais pourquoi mon père a senti que c'était la chose la plus inoubliable qu'il avait vue en Inde. Il disait toujours que nous y viendrions ensemble. » À Tokyo, elle est touchée et étonnée par l'accueil bienveillant des Japonais, après l'horreur d'Hiroshima et de Nagasaki. Elle s'entretient avec les responsables du mouvement pour le droit des femmes et s'émeut de la tyrannie exercée par les belles-mères sur leurs belles-filles, traitées comme des esclaves.

Du Japon en passant par Hong Kong, Istanbul et Athènes, Eleanor débarque à Belgrade. C'est la première fois qu'elle se trouve dans un pays communiste. Elle parcourt cinq des six républiques qui constituent la Fédération yougoslave, visite des coopératives et rencontre des membres officiels du parti avant d'être reçue à un déjeuner informel et familial par Tito, qui passe ses vacances dans l'île de Brioni. Elle note qu'il n'est pas sans vanité, et qu'il aime visiblement le pouvoir..., mais,

1. Lois O'White a travaillé comme secrétaire dans l'association. Entretien du 27 mai 2011.

précise-t-elle, « on ne peut le rencontrer sans reconnaître que c'est une tête, un homme d'action et un pragmatique ».

En 1957, le *New York Post* lui demande de se rendre en Chine. Le Département d'État s'y oppose. Eleanor choisit alors de partir pour l'URSS afin d'interviewer Khrouchtchev. Les jours passent dans l'attente du bon vouloir du Secrétaire général. Accompagnée de Maureen Corr, de David qui parle russe et d'une interprète d'Intourist, Anna Lavrova, qui a escorté Franklin lors de la conférence de Yalta, Eleanor parcourt une grande partie de l'URSS jusqu'à Tachkent, visite des musées et des fermes d'État. À trois jours de son retour aux USA, on lui annonce qu'elle doit repartir pour Yalta où l'attend le maître du Kremlin. Très vite, après les salutations d'usage et l'hommage rendu par Khrouchtchev au courage du président défunt, la discussion s'anime. Eleanor lance le débat : qui est responsable de la guerre froide ? De la course aux armements ? De la violation des accords de Yalta ? Des tensions au Moyen-Orient ? Chacun défend pied à pied son point de vue. Khrouchtchev s'emporte, devient tout rouge. Cela n'empêche pas Eleanor de s'inquiéter du sort des Juifs non autorisés à sortir d'URSS. Plus conciliant, le Secrétaire général l'assure qu'un jour viendra où cela sera possible… Dans *On my Own*, Eleanor rappelle ce bref dialogue qui clôtura l'entretien :

« K. Puis-je dire à nos journaux que nous avons eu une conversation amicale ?

« E. Vous pouvez le dire, mais aussi que nous ne sommes pas d'accord.

« K. Au moins, nous ne nous sommes pas tiré dessus… »

L'année suivante elle proteste contre le refus de Khrouchtchev d'autoriser Boris Pasternak à se rendre à Stockholm pour recevoir le prix Nobel. Mais à l'occasion, en 1960, de son séjour aux États-Unis pour l'assemblée générale de l'ONU, elle invite le Russe à prendre le thé chez elle. Elle a pourtant jugé « outrageante » la manière dont le Secrétaire général du parti communiste soviétique s'est conduit, accompagnant ses attaques contre l'Occident de violents coups de chaussure assenés sur son pupitre. « Nous devons accepter le fait que nous allons soit tous mourir ensemble, soit que nous devons apprendre à vivre ensemble ; et, si nous devons vivre ensemble, il nous faut parler. » Pour Eleanor, les relations personnelles permettent parfois de réduire les différends, sinon les antagonismes.

Chapitre XXII

UNE DÉMOCRATE SUR LA BRÈCHE

« Dans les années cinquante, Eleanor Roosevelt a été une des personnalités les moins visibles du parti démocrate, mais une des plus importantes. Une force derrière la scène, juge le célèbre économiste John K. Galbraith[1]. Il aurait été impossible pour un démocrate de parvenir à une haute fonction sans son appui. Du moins, son opposition aurait contrarié tous ses espoirs… »

C'est à la demande expresse de Truman qu'Eleanor a participé au mois de juillet 1952 à la Convention démocrate de Chicago. Auréolée du prestige acquis dans ses fonctions aux Nations Unies, le président sortant lui a demandé de défendre la cause de l'ONU, alors qu'une minorité menace l'unité du parti en exigeant le retrait américain de l'organisation internationale. Avec fermeté, elle condamne une démarche qu'elle juge égoïste, destructive, susceptible de mener au chaos et éventuellement de déboucher sur une troisième guerre mondiale. « Si la civilisation doit survivre, conclut-elle en citant F.D.R., nous devons cultiver la science des relations humaines – la possibilité pour tous les peuples de vivre et de travailler ensemble dans le même monde en paix. »

En revanche, elle ne joue publiquement aucun rôle dans la nomination des candidats qui revendiquent la nomination démocrate, maintenant que Truman s'est mis lui-même hors de course. Elle a pourtant un favori, le sénateur de l'Illinois, Adlaï

1. John Kenneth Galbraith, *Name Dropping*, p. 51.

Stevenson, qu'elle juge le plus fidèle à l'idéal rooseveltien, à l'esprit du New Deal, éloquent et intègre, plus averti qu'aucun autre démocrate en matière de politique étrangère ; mais elle s'abstient de lui apporter publiquement sa caution. Aux journalistes qui insistent pour connaître la raison de cette réserve, Eleanor répond en riant qu'elle ne saurait prendre parti contre le choix de ses deux fils James et Franklin Junior. Le premier soutient la candidature du sénateur Kefauver, le second, celle de l'ancien ambassadeur à Moscou, Averell Harriman. Quand à John, il est passé du côté d'Eisenhower.

Stevenson remporte la nomination démocrate, mais il perd l'élection de novembre au bénéfice du général Eisenhower. Eleanor, quoique déçue, estime qu'il reste le plus capable des leaders démocrates. Vingt-sept millions d'Américains ont voté pour lui et ce score, le plus important jamais obtenu par un démocrate, permet tous les espoirs. Dorénavant, Eleanor s'engage sans réserve à ses côtés et joue un rôle central dans la perspective de l'élection présidentielle de 1956. Pour Stevenson, elle recueille des fonds, parcourt le pays, l'accompagne lors des primaires dans plusieurs États, notamment en Californie. Elle l'encourage aussi à se montrer plus déterminé : « Le peuple doit sentir que l'homme qui est leur candidat sait où il veut aller, par où il veut commencer, qu'il n'est pas torturé par ses propres interrogations. » Il doit aussi, à l'exemple de F.D.R., se montrer plus chaleureux, plus à l'écoute de ses concitoyens. Comme toujours, la question noire demeure la plus périlleuse pour les démocrates lors d'une élection présidentielle. Stevenson doit-il accélérer le mouvement en faveur des droits civiques[1] ? Il croit plus à une évolution des mentalités qu'à des décrets. Contrairement à ce qu'on pouvait attendre d'elle, Eleanor, dans le souci d'éviter à tout prix une rupture au sein du parti, lui conseille d'ailleurs la modération. Le réalisme lui commande de ne pas s'aliéner les démocrates

1. En 1954, un arrêt de la Cour suprême a décidé de mettre fin de façon progressive à la ségrégation scolaire à tous les niveaux, du jardin d'enfants à l'université.

du Sud, tout en manifestant son soutien moral à la cause de la communauté noire. On croit entendre Roosevelt : n'était-ce pas cette modération calculée qu'elle lui reprochait ? La confiance qu'elle a en Stevenson lui fait penser qu'il saura prendre les bonnes décisions, une fois élu. Plus tard, Eleanor estima avoir failli dans cette circonstance aux exigences du combat en faveur des Afro-Américains.

En revanche, elle ne ménage pas son ardeur lors du discours qu'elle prononce au mois de juillet 1955 à la Convention pour soutenir son poulain contre le jeune sénateur du Massachusetts, John F.Kennedy. Elle définit par ailleurs de nouvelles priorités pour le parti, qui doit rajeunir son appareil, rénover ses objectifs, lutter grâce à de nouvelles lois contre la pauvreté. « La victoire électorale, dit-elle, n'est pas le but final, l'Amérique ne doit pas se contenter d'être le pays qui possède le plus grand nombre de riches, mais celui où plus personne ne vit sous le seuil de pauvreté. »

Stevenson emporte à l'arraché la nomination, mais il est battu une fois encore par Eisenhower lors des élections de novembre.

Découragé, il veut jeter l'éponge, mais, poussé par Eleanor qui ne veut pas d'autre candidat que lui, il se présente à contrecœur et sans conviction pour la troisième fois dans la compétition démocrate de 1960. Cette fois-ci Kennedy part favori. Si elle reconnaît avoir été impressionnée par son discours, Eleanor n'en démord pas, elle reste fidèle à Stevenson. Même si elle a pris conscience de son peu de conviction, elle espère encore qu'il va se ressaisir. Aussi fait-elle une dernière tentative en proposant lors d'une conférence de presse un ticket Stevenson-Kennedy. Elle n'est pas entendue. La Convention choisit le futur J.F.K.

Pourquoi cette méfiance d'Eleanor à l'égard du séduisant sénateur du Massachusetts ? Elle s'en explique en détail dans ses mémoires et dans sa correspondance. Elle ne croit pas qu'un catholique puisse remporter l'élection – dans les années cinquante, hostile au versement de fonds fédéraux aux écoles confessionnelles, elle s'est violemment dressée contre le cardinal Spellman, dans une polémique qui a agité le pays pendant plusieurs mois. Elle estime aussi Kennedy trop inexpérimenté, et puis n'est-il pas resté muet pendant la période du maccarthysme ? Enfin, elle a des raisons plus personnelles. En 1940, Franklin a souhaité ne plus jamais se trouver en présence du père de John, Joseph Kennedy. Homme d'affaires magouilleur, celui-ci a manifesté des sympathies pour le Troisième Reich et contesté lors de son ambassade à Londres l'aide apportée par F.D.R. à l'Angleterre.

Nominé à la Convention, J.F.K. va tout faire pour conquérir Mme Roosevelt. Il sait trop l'influence dont jouit Eleanor dans le parti et n'ignore rien de sa popularité au sein de l'opinion ; de plus, la campagne contre son adversaire républicain, Richard Nixon, s'annonce très dure et aucun soutien ne doit lui manquer. Il lui faut à tout prix s'entretenir avec l'ex-First Lady, obtenir son appui. Il tente à plusieurs reprises de la joindre, mais Eleanor résiste longtemps avant d'accepter, pressée par Ted Sorensen, qu'il participe à une cérémonie à la mémoire de Roosevelt à Hyde Park, le dimanche 14 août. Elle le recevra ensuite à Val Kill pour déjeuner. La veille du rendez-vous, Sally, la fille de John et la petite-fille préférée d'Eleanor, se tue dans une chute de cheval. Quand il l'apprend, le futur président propose d'annuler le rendez-vous. Mais Eleanor maintient la rencontre. La conversation au cours d'un déjeuner en tête à tête dure une heure. Il la convainc. « Je le crois décidé à aider le peuple de son pays et plus généralement l'humanité. Le temps me dira si j'ai raison, mais je pense que je ne me trompe pas en disant qu'il fera un bon président s'il est élu », écrit-elle à une proche amie de Stevenson le lendemain de sa visite[1]. « Il cherchait une alliée, il a trouvé une amie dévouée[2]. » Elle s'affaire pour lui jusqu'à l'élection, parle en sa faveur auprès des Noirs, des libéraux et lui donne certains conseils :

1. Lettre à Mary Lasker, citée par Hazel Rowley.
2. Lawrence Fuchs, « The Senator and the Lady », *New Yorker*. Le professeur Lawrence Fuchs fut le collègue d'Eleanor Roosevelt à l'université Brandeis.

peut-être devrait-il prendre aussi quelques cours pour corriger sa voix, la rendre moins impersonnelle, plus chaleureuse, se montrer moins distant.

Le 6 novembre 1960, Kennedy est élu président. Il triomphe de peu contre Nixon. Mais qu'importe, Eleanor se réjouit de voir le retour des démocrates au pouvoir et la défaite d'un « dangereux opportuniste » qu'elle déteste. Elle est toutefois déçue que Kennedy ne choisisse pas son protégé comme secrétaire d'État. Adlaï Stevenson devient ambassadeur aux Nations Unies. Pour sa part, Eleanor a l'immense satisfaction de constater que son idée de la création d'un corps de « Volontaires pour la paix » est mise en pratique par le nouvel élu, qui prête une oreille attentive à ses conseils et à ses suggestions en faveur de l'extension des droits des plus démunis.

Chapitre XXIII

LES DERNIÈRES ANNÉES D'ELEANOR

Eleanor a joué là son dernier rôle au sein de l'arène démocrate. Mais elle n'a rien perdu de sa vaillance, de sa curiosité, de son dévouement aux autres : « I like to serve », aime-t-elle à dire. À soixante-seize ans, elle continue de séduire, comme le reconnaît Kennedy après sa rencontre à Hyde Park. L'écrivain Gore Vidal qui la voit souvent à cette époque, en trace ce portrait intimiste : « Il y avait ces yeux bleu-gris au regard astucieux qui vous fixaient quand vous ne la regardiez pas. Quand vous la surpreniez, elle rougissait – même à plus de soixante-dix ans, sa peau grisée se teintait de rose. Elle avait un petit rire et regardait ailleurs. Lorsqu'une personne ne l'intéressait pas, elle posait une question polie, puis ôtait ses lunettes qui retenait un appareil auditif, et s'échappait éventuellement dans un somme de trente secondes. »

Cette même année 1960, peu de temps après avoir déménagé dans la maison qu'elle partage avec les Gurewitsch, elle est renversée par une voiture. Apparemment il n'y a pas de mal, mais bientôt elle se plaint d'une grande fatigue. Le diagnostic, sévère, révèle une maladie incurable de la moelle osseuse. Elle continue pourtant à vivre à son rythme habituel, enseigne à l'université Brandeis où elle codirige avec le professeur Fuchs un séminaire de droit international et d'organisation, sans négliger de rédiger *My Day* où elle insiste sur la coexistence pacifique, l'aide aux pays en voie de développement, réclame un plus juste statut pour les femmes en politique. L'égalité raciale reste au centre de ses préoccupations et, si elle prend note de progrès faits en matière des droits civiques, elle reste vigilante : « C'est une bonne chose, écrit-elle dans sa chronique du 11 avril 1960, trois mois après l'arrivée au pouvoir de Kennedy, que le Sénat ait finalement voté la loi sur les droits civiques après huit semaines de combat, grâce à la voix de quarante-deux démocrates et vingt-neuf républicains [...] Ma seule crainte est celle de l'intimidation, car je suis certaine que les citoyens noirs seront empêchés de s'inscrire et de voter dans le Sud. J'espère que l'attorney général trouvera les moyens de les protéger pour qu'ils puissent exercer leurs droits constitutionnels... »

Vall Kill a toujours été pour Eleanor un refuge, un lieu de détente et d'amitié. Depuis qu'elle n'a plus de fonctions officielles, elle y passe volontiers les week-ends, les fêtes de fin d'année et plusieurs semaines en été. Moments privilégiés pour réunir sa famille et notamment ses petits et ses arrière-petits-enfants, trente au total, auxquels se joignent parfois des amis proches comme Lorena Hickock, Joseph et Gertrude Lash, et les Gurewisch. À Noël, c'est toujours le même rituel : ouverture des cadeaux et toast porté à la gloire des États-Unis. Parfois aussi elle invite les élèves de la Wiltfind Training School, une institution pour enfants difficiles, à qui elle conte les *Christmas Carols* de Charles Dickens. Il ne saurait non plus y avoir de 4 juillet, fête de l'Indépendance, sans qu'elle organise un grand pique-nique, depuis toujours sa distraction favorite, suivi de baignades et de courses dans les prés, mais aussi – Eleanor ne perd jamais l'occasion de faire œuvre utile – de la lecture de la Déclaration d'indépendance et de la Bill of Rights. Invités une année à partager ces réjouissances, l'attaché culturel soviétique et sa femme s'étonnent auprès de leur hôtesse : s'agit-il de les endoctriner ? Non, non, pas du tout, répond-elle, seulement mes petits-enfants.

« Mes enfants seraient plus heureux sans moi », confia un jour Eleanor à Joseph Lash[1]. Contrairement à Franklin, père complaisant et ludique, guère pressé de leur inculquer la discipline, Eleanor s'est toujours reproché d'avoir été trop peu tendre, trop

1. Joseph Lash, *A World of Love*, p. 387.

sévère avec ses enfants, élevés par des gouvernantes depuis leur plus jeune âge. Trop lointaine aussi à partir du moment où elle est entrée en politique. Avec le temps elle a compris, devenue une grand-mère très attentive qui emmène ses petits-enfants en Europe, combien il avait pu être difficile pour des adolescents d'avoir des parents plus préoccupés du monde que de leur descendance. Ainsi les divergences, les incompréhensions, et même les conflits n'ont pas manqué. Eleanor s'est souvent sentie responsable des échecs de leur vie privée. Ses fils James, Elliott et Franklin ont divorcé quatre fois, sa fille Anna deux fois et le deuxième mari de celle-ci, le journaliste Joe Boettiger pour lequel Eleanor éprouve beaucoup d'affection, s'est suicidé. Consciente qu'aucun n'avait les qualités d'homme d'État de Franklin, elle n'en a pas moins regretté leurs déceptions politiques. James, candidat démocrate en 1950 au poste de gouverneur de Californie, a perdu contre Earl Warren ; prétendant à celui de New York, Franklin Junior est battu en 1960 par Nelson Rockefeller, mais il est nommé deux ans plus tard sous-secrétaire d'État au Commerce par Kennedy. Avec Elliott, peut-être son fils préféré, qui ressemble si fort à son propre frère Hall par certains aspects dissolus de sa vie, elle prend ses distances quand elle s'aperçoit qu'il a vendu à son insu des terrains appartenant à la communauté familiale. Elliott parle quand même d'elle avec chaleur, affection et un zeste d'ironie. S'amusant de son appétit pour l'action, il fait de sa mère l'héroïne d'une série de romans policiers, comme *Meurtre au château* ou *Meurtre dans le Salon rouge*, où Mme Roosevelt joue au détective et découvre les véritables meurtriers.

Pendant l'été de 1962, la santé d'Eleanor se détériore. Elle est soumise à un traitement qui la contraint à être hospitalisée à plusieurs reprises. Contre l'avis de son médecin David Gurewitsch, plus que jamais attentif, elle insiste pour se rendre à Campobello, ce lieu privilégié où elle a passé tant de vacances avec son mari et ses enfants. On doit inaugurer le Franklin D. Roosevelt Memorial Bridge qui va dorénavant unir l'île au continent. Trop faible en fin de compte pour assister à l'événement, Eleanor a à peine la force de faire quelques pas devant la maison. Un matin, elle avoue à David qu'elle a cru mourir pendant la nuit…

Il y a encore quelques jours heureux à Val Kill, deux ou trois réunions à New York pour le parti démocrate. Mais le 26 septembre elle est de nouveau hospitalisée ; on sait maintenant qu'elle est atteinte d'une tuberculose des os. De retour chez elle le 8 octobre, elle a conscience que l'aventure approche de sa fin. Entourée de ses enfants, de Joseph et Trude Lash, des Gurewitsch omniprésents – trop parfois, au goût de ses enfants –, elle reste la plupart du temps alitée.

« Notre chère Madame Roosevelt est morte hier soir, écrit Edna Gurewitsch dans son journal le 8 novembre 1962. À environ neuf heures moins le quart j'ai vu ce matin de ma fenêtre le simple cercueil placé sur le corbillard, et Mme Roosevelt quitter pour la dernière fois la 64e rue, accompagnée seulement de David[1]. »

Les funérailles ont lieu dans la petite église épiscopale Saint James du village de Hyde Park le 11 novembre. Une cérémonie simple qui rassemble quelque deux cents personnes autour de ses enfants et petits-enfants. À la sortie, le cortège se dirige sous la pluie vers ce qui fut la propriété familiale. Dans le « Rose Garden », où repose depuis dix-sept ans l'homme du New Deal, sont présents pour rendre hommage à cette grande Américaine éprise de paix et de justice que fut Eleanor : trois présidents, Harry S. Truman, Dwight D. Eisenhower et John F. Kennedy et son futur successeur, Lyndon Johnson ; U Thant, le secrétaire général des Nations Unies ; la cantatrice Marian Anderson et une foule d'amis et d'anonymes de toutes races et de toutes classes sociales.

Franklin avait recommandé dans son testament qu'un simple monument de marbre blanc soit placé sur sa tombe. Il avait émis aussi le souhait que sa « chère femme » soit enterrée à ses côtés. Avec pour seule inscription :

Franklin Delano Roosevelt
1882-1945
Anna Eleanor Roosevelt
1884-1962

1. Edna Gurewitsch, *Kindred Souls : The Frienship of Eleanor Roosevelt and David Gurewitsch*, p. 285.

ÉPILOGUE

Adossée à un rocher de granite noir, solitaire et pensive, le menton appuyé sur la main gauche, Eleanor, ensevelie à Hyde Park aux côtés de Franklin, resurgit à New York, sa ville de naissance et de prédilection. Symbole d'un passé mémorable, on la découvre, haute silhouette enveloppée d'un ample manteau de bronze, à l'extrémité ouest de la 72e rue et de Riverside Drive, rond-point ombragé à l'orée de la promenade qui jouxte l'Hudson.

Philbee Roosevelt, l'arrière-petite-fille d'Eleanor et descendante de Franklin Junior, a servi de modèle pour cette statue, œuvre de la sculptrice Penelope Jencks. Commandité par la ville de New York et inauguré en 1996 en présence de Hillary Clinton, ce monument est unique en son genre aux États-Unis, aucune autre First Lady n'ayant été ainsi honorée. Tracées dans un cercle sur le granite du sol, quelques lignes signées E.R., datées de 1958, rappellent le rôle éminent qu'elle a joué aux Nations Unies : « Where, after all, do universal human rigtht's begin ? In small places, close to home, such are the places where every man, woman and child seeks equal justice, equal opportunity, equal dignity. (En définitive, où commencent les droits de l'homme ? Dans le lieu le plus modeste, dans la proximité de chacun. Dès que tout être humain – homme, femme ou enfant – recherche une même justice, une même chance, une même dignité »). Inscrits aussi dans la pierre, ces quelques mots d'Adlaï Stevenson : « Her glow has warmed the world. (Sa flamme a réchauffé le monde…) »

Le soleil brillait sur New York ce matin de mai 2011 où, comme je me trouvais sur les lieux, une jeune femme et ses deux enfants s'arrêtèrent devant la statue : « Regardez bien, dit la mère, c'est Eleanor Roosevelt, une femme d'un grand courage… A Great Lady ! »

BIBLIOGRAPHIE

Beasley Maureen H., *Eleanor Roosevelt Transformative First Lady*, University Press of Kansas, 2010.
Duroselle Jean-Baptiste, *De Wilson à Roosevelt, la politique des États-Unis, 1913-1945*, Paris, Armand Colin, 1960.
Faber Doris, *The Life of Lorena Hickok : E.R.'s Friend*, Morrow, New York, 1995.
Fohlen Claude, *Les États-Unis au XXe siècle*, Paris, Aubier, 1988.
Galbraith John Kenneth, *Name Dropping*, Boston and New York, HoughtonMifflin, 1999.
Glendon Mary Ann, *A World Made New : Eleanor Roosevelt and the Universal Declaration of Human Rights*, New York, Random House, 2000.
Goodwin Doris Kearn, *No Ordinary Time*, New York, Simon & Schuster, 1994.
Gurewitsch Edna, *Kindred Souls : The Friendship of Eleanor Roosevelt and David Gurewitsch*, New York, Saint Martin Press, 2002.
Hickock Lorena, *Empty Without You. The Intimate Letters of Eleanor Roosevelt*, New York, Da Capo Press, 2000.
Jerome Fred, *Einstein. Un traître pour le FBI*, Paris, Éditions Frison-Roche, 1950.
Kaspi André, *Franklin Roosevelt*, Paris, Fayard, 1988.
Kaspi André, Hélène Harter, *Les Présidents américains*, Paris, Tallandier, 2012.
Lash Joseph, *A World of Love. Eleanor and her Friends, 1943-1962*, New York, Doubleday, 1984.
Lash Joseph, *Eleanor and Franklin*, Norton, New York, 1971.
Lash Joseph, *Eleanor : The Years Alone*, Norton, New York, 1972.
Mac Gregor Burns James and Susan Dunn, *The Three Roosevelts. Patician Leaders who transformed America*, Atlantic Monthly Press, 2001.
Miller Arthur, *Focus*, Paris, Robert Laffont, « Pavillons Poche », 2011.
Morgan Ted, *FDR Biography*, New York, Simon & Schuster, 1974.
Paquet Philippe, *Madame Chiang Kai-shek*, Paris, Gallimard, 2010.
Perkins France, *Roosevelt*, Paris, Le Livre du Jour, 1947.
Perkins France, *The Roosevelt I Knew*, New York, Viking Press, 1946.
Robien Beata de, *Les Passions d'une présidente*, Paris, Perrin, 2000.

Roosevelt Eleanor, *My Day*, Pharos Book, 1989.
Roosevelt Eleanor, *On my Own*, New York, Harpers & Brothers, 1958.
Roosevelt Eleanor, *The Autobiography*, New York, First da Capo Press, 1992.
Roosevelt Eleanor, *This I Remember*, New York, Harpers & Brothers, 1949.
Roosevelt Eleanor, *This is my Story*, New York, Harpers & Brothers, 1937.
Roosevelt Elliott, *The Roosevelts of Hyde Park. An Untold Story*, Londres, W. H. Allen, 1974.
Roosevelt Franklin Delano, *His Personal Letters*, New York, Duell, Sloan & Pearce, 1950, vol. 2.
Roosevelt James, *Franklin and Eleanor. My Parents*, Chicago, Playboy Press Book, 1976.
Rowley Hazel, *Franklin and Eleanor, an Extraordinary Marriage*, New York, Farrar Strauss & Giroux, 2010.
Siegfried André, *Tableau des États-Unis*, Paris, Armand Colin, 1954.
Torrent Régine, *First Ladies. D'Eleanor Roosevelt à Hillary Clinton*, Bruxelles, Éditions Racine, 2010.
Urquhart Brian, *Ralph Bunche. An American Odyssey*, New York, Boston, Norton & Company, 1998.
Ward Geoffrey, *Before the Trumpet. Young F. Roosevelt, 1882-1905*, New York, Harpers & Row, 1985.
Ward Geoffrey, *The Emergency of FDR*, New York, Harpers & Row, 1989.
Wiesen Cook Blanche, *Eleanor Roosevelt*, 2 volumes, New York, Viking Press, 1992.
Williams J. & T. Youngs, *Eleanor Roosevel. A Personal and Public Life*, Boston, Little Brown & Co, 1985.

Articles

Vidal Gore, « Eleanor », *The New York Review of Books*, 18 novembre 1971.
Baker Russell, « The Loves of Eleanor Roosevelt », *The New York Review of Books*, 9 juin 2011.
Urquhart Brian, « Mrs Roosevelt Revolution », *The New York Review of Books*, 26 avril 2001.
Fuchs Lawrence, « The Senator and the Lady », *New Yorker*.

Films

Eleanor Roosevelt : An American Experience, WGBH /PBS.
A Restless Spirit, 1994.

REMERCIEMENTS

Ma vive reconnaissance va à Simonne Lacouture pour m'avoir vivement encouragée à me lancer dans l'écriture de ce livre.

Je tiens à remercier tout particulièrement Pierrette Destanque, Lawrence Fuchs, professeur à l'université Brandeis, Stéphane Hessel, André Kaspi, Jean Lacouture, Felix Rohatyn, Amalia Roosevelt, Curtis Roosevelt, Marcia Slatskin, Robert Silvers, Brian Urquahart, Andrea Valeria, Steve Whitfield, Olga Zilboorg, qui m'ont tous apporté aide, informations et conseils.

Mes remerciements vont aussi à l'équipe en charge de l'Eleanor et Franklin Roosevelt Library Hyde Park et à la Bibliothèque américaine de Paris.

Dépôt légal : mai 2012
ISBN : 978-2-84734-936-8
Numéro d'édition : 3521
Imprimé en Italie